배움의
목마름을
풀어준——
동
KB092216

배움의 목마름을 풀어준 야학운동

한국 근현대 학교 풍경과 학생의 일상 04

초판 1쇄 인쇄 2018년 12월 25일 ＼**초판 1쇄 발행** 2018년 12월 30일
지은이 김형목 ＼**펴낸이** 이영선 ＼**편집 이사** 강영선 김선정 ＼**주간** 김문정
편집장 임경훈 ＼**편집** 김종훈 이현정 ＼**디자인** 김회량 정경아
독자본부 김일신 김진규 김연수 정혜영 박정래 손미경 김동욱

펴낸곳 서해문집 ＼**출판등록** 1989년 3월 16일(제406-2005-000047호)
주소 경기도 파주시 광인사길 217(파주출판도시) ＼**전화** (031)955-7470 ＼**팩스** (031)955-7469
홈페이지 www.booksea.co.kr ＼**이메일** shmj21@hanmail.net

김형목 © 2018
ISBN 978-89-7483-974-1 94910
ISBN 978-89-7483-896-6 (세트)
값 25,000원

이 도서의 국립중앙도서관 출판예정도서목록(CIP)은 서지정보유통지원시스템 홈페이지(http://seoji.nl.go.kr)와
국가자료공동목록시스템(http://www.nl.go.kr/kolisnet)에서 이용하실 수 있습니다.(CIP제어번호: CIP2018041840)

이 저서는 2013년 대한민국 교육부와 한국학중앙연구원(한국학진흥사업단)의
한국학총서 사업의 지원을 받아 수행된 연구임(AKS-2013-KSS-1230003)

進賢
한국학

한국 근현대
학교 풍경과
학생의 일상
04

김형목
지음

배움의
목마름을
풀어준—
야학운동

서해문집

오늘날 한국의 교육은 1876년 국교 확대 이전 전통시대 교육과는 판이하다. 19세기 후반부터 오늘날에 이르기까지 일본을 거치거나 직접 들어온 서구의 교육이 미친 영향이 적지 않기 때문이다.

이러한 교육은 한국인의 물질적 생활방식을 바꾸었을 뿐더러 가치관마저 송두리째 바꿨다. 그것은 오늘날 학교의 풍경과 학생들의 일상생활에서 엿볼 수 있다. 매일 일정한 시각에 등교해 교사의 주도로 학년마다 서로 다르게 표준화된 교과서를 학습하고 입시를 준비하거나 취직에 필요한 역량을 키운다. 또한 복장과 용모 지도에서 볼 수 있듯이 여전히 남아 있는 일제 잔재와 군사문화의 일부가 학생들의 일상생활을 통제한다.

그러나 한국의 교육은 서구의 교육과는 동일하지 않다. 그것은 단적으로 해방 후 한국교육의 양적 성장에서 잘 드러난다. 초등교육은 물론 중등교육·고등교육의 비약적인 팽창은 세계교육사에서 유례를 찾아볼 수 없을 정도로 엄청난 규모를 보여준다. 그리하여 이러한 경이적인 팽창은 한국의 경제성장에 기여했을 뿐만 아니라 사회 전반에 걸친 압축적 근대화에 견인차 역할을 수행했다. 아울러 이러한 성장은 직간접적으로 국민들의 의식에도 영향을 미쳐 산업화와 함께 민주화의 동력이 되었다.

그런데 오늘날 한국교육은 급속한 양적 성장을 거친 결과 만만치 않은 과제를 안고 있다. 사회의 양극화와 더불어 교육의 양극화가 극심해져 교육이 계층 이동의 사다리이자 자아실현의 디딤돌이 되기는커녕 사회의 양극화를 부채질하고 학생들의 삶을 황폐화시키고 있다. 고등학생은 물론 초등학생·중학생들도 입시 준비에 온 힘을 기울임으로써 학생은 물론 학부모, 학교, 지역사회의 일상생활이 입시 전쟁에 종속되어 버렸다.

도대체 1876년 국교 확대 이후 한국의 교육에서 어떠한 변화가 일어났기에 오늘날 이러한 현상이 일어났는가. 한국의 교육열은 어디에서 그 기원을 찾아야 하는가. 고학력자의 실업률이 나날이 증가함에도 이른바 학벌주의가 여전히 기승을 부리는 이유는 무엇인가. 그럼에도 야학으로 대표되는 제도권 바깥 교육이 비약적인 경제성장에도 끈질기게 살아남으며 한국교육에서 차지하는 비중이 낮지 않음은 무슨 까닭인가. 또 이러한 비제도권 교육은 한국의 압축적 근대화에 어떻게 영향을 미쳤으며, 비제도권 교육의 양적·질적 변동 속에서 학생들의 일상생활은 어떻게 변화했는가. 그 과정 속에서 학생들은 어떻게 자신의 꿈을 실현했으며, 한편으로는 어떻게 좌절했는가. 아울러 한국의 교육 현상은 유교를 역사적·사상적 기반으로 하는 동아시아 각국의 교육 현상과 어떻게 같고 또 다른가.

이 총서는 이러한 문제의식에서 역사학자·교육학자 10명이 의기투합해 저술한 결과물로서 다음과 같은 점에 중점을 두었다. 먼저 근현대 학교의 풍경과 학생의 일상생활을 공통 소재로 삼아 전통과 근대의 충돌, 일제하 근대성의 착근과 일본화 과정, 해방 후 식민지 유제의 지속과 변용을 구체적으로 고찰함으로써 한국적 근대성의 실체를 구명하고자 했다. 더 나아가 한국의 교육을 동아시아 각국의 근현대교육과 비교하고 연관시킴으로써 상호작용과 반작용을 드러내고 그 의미를 추출하고자 했다.

따라서 이 총서는 기존의 연구 성과를 디딤돌로 삼되 새로운 구성방식과 방법론에 입각해 다음과 같은 부면에 유의하며 각 권을 구성했다. 첫째, 한국 근현대교육제도의 변천 과정을 통시적으로 고찰하면서 오늘날 한국교육을 형성한 기반에 주목했다. 기존의 한국 근현대 교육사에 대한 저술은 특정 시기·분야에 국한되거나 1~2권 안에 개괄적으로 정리하는 것이 보통이었다. 그러나 이러한 저술은 한국근현대교육의 흐름을 파악하는 데 도움을 줄 수는 있으나 자료에 입각해 통시적이고 종합적으로 이해하기에는 아쉬운 점이 적지 않았다.

특히 대부분의 저술이 초등교육에 국한된 나머지 중등교육과 고등교육, 비제도권 교육에 대한 서술은 매우 소략했다. 그리하여 이 총서에서는 기존 저술의 이러한 한계를 극복하기 위해 일반 대중의 눈높이를 염두에 두면서 초등교육은 물론 중등교육·고등교육을 심도 있게 다루었다. 다만 대중적 학술총서의 취지를 살려 분량을 고려하고 초등교육·중등교육·고등교육 각각의 기원과 의미에 중점을 둔 까닭에 개괄적인 통사 서술 방식에서 벗어나 특정 시기를 중심으로 구체적으로 서술했다.

둘째, 이 총서의 가장 큰 특징은 기존 연구에서 거의 다루지 않은 학생들의 일상을 미시적으로 탐색하면서 한국적 근대의 실체를 구명하는 데 있다. 따라서 이 작업은 교육제도와 교육정책에 치중된 기존 연구 방식에서 벗어나 삶의 총체성이라 할 일상 문제를 교육 영역으로 적극 끌어들였다고 하겠다. 물론 학생의 일상은 교육사 전체에서 개관하면 매우 작은 부분일 수 있다. 그러나 이들 학생의 일상은 국가와 자본, 사회와 경제 같은 거대한 환경에 따라 규정될뿐더러 학생이 이러한 환경과 상호작용하면서 자신의 체험을 내면화함으로써 새로운 세계를 열어가는 기반이라는 점에서 그 의미가 적지 않다. 그리하여 한국 근현대 시기 학생의 일상에 대한 서술은 일상의 사소한 경험이 사회 구조 속에서 빚어지는 모습과 특정한 역사 조건 속에서 인간 삶이 체현되는 과정으로 귀결된다. 나아가 이러한 서술은 오늘날 한국인의 심성을 만들어낸 역사적·사회적 조건을 구명하는 계기를 제공할 것이다. 이에 이 총서는 문화연구 방법론을 활용하기 위해 기존 역사 자료 외에도 문학 작품을 비롯해 미시적인 생활 세계를 담은 구술 채록과 증언 자료, 사진, 삽화 등을 적극 활용했다.

셋째, 이 총서의 마무리 저술에서는 학제 작업의 장점을 살려 일본·타이완과 같은 동아시아 국가의 교육과 비교·연관함으로써 동아시아적 시야 속에서 한국 근현대교육의 위상과 의미를 짚어보고자 했다. 왜냐하면 일본과 타이완, 한국은 유교를 기반으로 하면서도 각각 제국주의와 식민지라는 서로 다른 처지에서 전통과 다르면서도 공히 자본주의 체제를 내면화하면서 급속한 경제성장과 정치적 권위주의의 병존, 1990년대 이후의 민주화 여정에서 볼 수 있듯이 서구와 서로 다른 동아시아적 특색을 구비했기 때문이다. 따라서 동아시아 속에서 비교·연관을 통한 한국교육에 대한 재검토는 이후 한국교육의 방향을 국민국가 차원에서 벗어나 동아시아적·지구적인 차원에서 모색하는 데 중요한 시사점을 제공할 것이다.

그럼에도 이 총서는 기존 연구 성과를 밑거름으로 삼아 집필되었기 때문에 각 권마다 편차를 보인다. 지금에서야 새롭게 주목받기 시작한 일상생활 영역과 오래 전부터 연구돼 온 영역 간의 괴리로 인해 연구 내용과 자료가 시기마다, 학교급마다, 분야마다 균질하지 않기 때문이다. 다만 총서의 취지와 주제를 적극 살리기 위해 이러한 차이를 메우려고 노력했다는 점도 부기하고자 한다. 그리하여 이 총서가 한국 근현대교육사를 한때 학생이었던 독자의 눈과 처지에서 체계적으로 이해할뿐더러 학생의 일상과 교육의 상호작용을 구체적으로 묘사하는 데 중요한 문화 콘텐츠로 활용되기를 기대한다. 또한 이 총서는 총10권으로 방대하지만 독자들이 이러한 방대한 총서를 통해 한국 근현대교육사의 속내를 엿보는 가운데 한국교육의 지나온 발자취를 성찰하면서 오늘날 한국교육이 나아가야 할 방향을 모색하는 데 기꺼이 동참해 주기를 고대한다. 이 자리를 빌려 이 총서를 발간할 수 있도록 지원해 준 한국학중앙연구원 한국학진흥사업단에 감사의 말씀을 드린다.

끝으로 총서 작업을 해오는 과정에서 저자들에 못지않게 교열을 비롯해 사진·삽화의 선정과 배치 등 온갖 궂은일을 도맡아 주신 출판사 편집진의 노고에 감사의 뜻을 표한다. 아울러 독자들의 따뜻한 관심과 차가운 질정을 빈다.

저자들을 대표해 김태웅이 쓰다

머리말

왜 야학에 주목하는가

야학은 정규 교육기관이 아닌 사설 강습회나 강습소 등 비제도권 교육기관에서 이루어진 근대교육을 의미한다. 주도 세력은 신문사를 비롯한 계몽단체, 각종 노동·농민·청년·여성단체, 전·현직 관리, 실업가, 교사, 제도권 교육기관의 상급반 학생 등 매우 다양하다. 주요 대상자는 근대교육을 거의 받지 못한 무산학령아동, 문맹의 근로 청소년과 성인 등이었다. 대한제국기와 3·1운동 직후 교육열은 상상을 초월할 정도로 고조되는 분위기였다.[1] 사회변동에 따른 배움에 대한 갈망은 이러한 변화를 초래했다. 결국 야학은 민중교육론에 입각한 '사회교육' 일환으로 설립·운영되었다.

교육내용은 문맹퇴치를 위한 '초보' 수준의 한글교육에 치중되었다. 더불어 일상사에 필요한 기초 한자나 셈하기·일반상식 등도 가르쳤다. 교육생 요청과 현지 여건이나 교육 대상에 따라 영어·일본어·중국어 등 어학이나 실무를 위한 주산·부기를 가르치는 경우도 있었다. 현실 필요성에 의해 편성된 교과목은 야학에 대한 관심을 증폭하는 요인이었다.

학력이 사회활동을 담보하는 식민지 시기에는 다른 양상을 보인다. 이른바 학벌주의는 오늘날 상급학교 진학이나 편입을 위한 입시준비기관인 입시학원과 유사한 성격을 지닌 야학을 파생하게 했다. 이는 '보통학교승격운동'과 맞물려 확산되었다. 나아가 대중투쟁 이념을 전파하기 위한 교육현장으로 활용되는 등 분화·발전도 거듭했다. 1920년대 중반 이후 1930년대 중반까지 이러한 현상은 두드러졌다. 언론사와 연계된 학생들은 귀향 활동 일환으로 야학운동에 적극적으로 참여했다.[2] 문맹퇴치는 이들에게 최소한 '사회적인 책무'를 실천하는 교육현장으로 인식되었다.

주경야독이라는 관점에서 야학 연원은 전통교육기관인 글방·서당·사숙·의숙 등에서 찾아볼 수 있다. 민중은 이를 통해 지배층 '전유물'인 교육을 받을 수 있었다. 변화는 상당히 완만하게 진행되었다. 그런데 조선 후기 이후 지배층 전유물로 인식된 교육은 점차 민중에게 확대되는 추세였다. 농업생산력의 비약적 발전, 상품화폐 경제 활성화, 민중의식 심화 등으로 문중이나 마을 단위로 서당을 운영하기에 이르렀다. 배움에 대한 간절한 소망은 변화를 초래하는 밑거름이었다. 19세기 후반 이후 농민운동 확산·진전은 이와 밀접한 관계 속에서 이루어졌다. 농민들은 자신의 주장이나 요구 조건을 직접 표출했다. 지배층 비리에 대한 폭로나 저항은 모순된 현실을 비판하는 에너지원이었다. 교육기회가 확산되는 가운데 서당은 민중교육기관으로 발전해나갔다.

한편 교육대상이나 교과목 구성 등에 따라 야학 범주는 크게 두 영역으로 구분할 수 있다.[3] 첫째는 전통교육기관은 물론 비제도권 사립야학교나 부설인 야학과 등을 포함한다. 즉 야간에 이루어진 모든 교육은 여기에 해당된다. 둘째는 문맹퇴치를 위한 보통교육·초등교육을 위주로 한 근대교육을 실시한 경우로 한정한다. 물론 이와 같은 구분이 절대적인 기준은 아니다. 다양한 야학 기능이나 역할 등을 감안한다면 지나치게 도식적인 구분임에 틀림없다. 식민지 시기 광범위하게 운영된 서당·사숙·의숙 등은 물론 비제도권 교육기관인 야학교도 전자에 포함된다. 야간에 운영된 사립학교는 교육과정이나 교사진 구성 등 근대교육기관으로서 성격은 미흡하다.[4] 사립야학교 중 극히 일부만이 〈사립학교령〉에 의해 설립인가를 받았을 따름이다.

야학은 설립 목적, 설립자·후원자·교사 등 설립과 운영 주체, 교과목 구성과 교육내용 등에 따라 민족야학과 식민야학(일명 관제야학)으로 대별한다.[5] 민족야학은 계몽야학과 민중야학으로 구분할 수 있다. 민족야학과 식민야학 성격은 분명하게 구분되나 계몽야학과 민중야학의 차별성은 뚜렷하게 드러나지 않는다. 일부 연구자는 민간야학과 식민야학으로, 민간야학은 '계몽야학'과 '민중야학'으로 구분하기도 한다. 식민지 시기 전국적으로 운영된 수만 개에 달하는 대다수 야학은 문해文解교육을 통한 실력 양성이 앞선 목표이자 긴급한 과제였다. 3·1운동 이후 노동·농민·청년·여성·형평운동 등 각 부문별 민족해방운동은 크게 진전되었다. 이는 민족교육을 강조하면서 야학운동을 추동하는 요인이었다.[6] 더불어 계급의식 고취를 위한 민중야학은 교재나 교육내용 등에서 계몽야학과 분명하게 다른 성격을 보여준다.

1920년대 후반 이후 '혁명적' 노동조합운동과 농민조합운동 활성화와 더불어 야학의 발전 양상을 엿볼 수 있다. 이러한 야학은 일제 탄압으로 곧바로 해체되는 등 오랜 기간 존속할 수 없었다. 특히 1930년대 농촌진흥운동은 야학을 일본어 보급을 위한 식민교육기관으로 변질되게 했다.[7] 당시 민중의 80퍼센트 이상이 문맹 상태라는 사실도 고려할 필요가 있다. 1면1교제一面一校制에 입각한 공립보통학교 운영도 상황을 반전하기에 미흡했다. 오히려 경제 수탈이 가중되는 가운데 민중생활은 아사 직전의 상태로 내몰렸다. 중국 동북 지역으로의 집단이주는 당시 상황을 극명하게 보여준다.

일부 연구는 야학 설립자가 전·현직 관리와 자산가인 경우 이를 모두 '관제야학'으로 구분했다. 동화정책 일환으로 일본어 보급을 위한 1910년대 국어강습회(소)와 1930년대 중반 이후 관청·친일단체·친일인사 등이 운영한 식민야학은 이러한 구분에 매우 유용하게 적용된다. 그런데 이를 식민지 시기 전 기간에 적용할 경우는 오히려 혼란만을 가중할 뿐이다. 야학운동을 주도한 인물 상당수는 전·현직 관리나 실업가·자산가 등이었다. 이들은 직접적인 저항보다 식민지배가 허용하는 합법적인 영역에서 활동했다. 그런 만큼 '관제야학'이라는 구분은 실상과 괴리될 심각한 우려가 있다.

　중등학교 입시준비를 위한 야학, 노동·농민단체 회원의 의식화를 위한 야학, 점원이나 하급 관리들의 실무능력 향상을 위한 야학 등을 제외한 대다수 야학은 문맹퇴치에 우선 중점을 두었다. 3·1운동 이후 입학난에 따른 학령아동 구제와 새로운 민중문화 창출을 목적으로 한 경우도 있었다. 교육내용이나 교과목 구성은 이러한 목적에 부합하는 방향으로 편성되었다. 이는 야학 성격과 야학운동의 구체적인 지향점을 파악할 수 있는 요인임에 틀림없다.

　이 글에서 야학 범주는 근대교육을 시행한 경우로 가능한 한정했다. 강습회·강습소·학교·의숙·서당 등 다양한 명칭을 사용한 경우라도 교육내용이나 교육대상이 이에 부합할 경우에는 포함했다. '사립학교 야학과'는 가능한 연구 대상에서 제외한다. 다만 이러한 범주를 명확하게 적용할 수 없는 현실적인 한계도 고려했다. 대한제국기 노동학교·농부학교·목동학교는 명칭과 달리 주로 사랑방에서 초동목수나 문맹의 성인 등을 주요 대상으로 삼았다. 그뿐만 아니라 사립학교 부설 야학은 '야간학과'인지를 쉽게 구분하기 어렵다. '개량서당'도 사숙·의숙 등과 야학·야학교·강습소 등으로 불렸다. 특히 대한제국기에는 야학을 사립학교로 보도하는 기사를 적지 않게 발견할 수 있다. 서울 중동야학교, 경기도 양근 자신학교, 평남 삼화항 청청학교, 평남 숙천군 통덕학교, 강원도 강릉의 농인학교 등이 대표적인 야학이다.[8] 학교라고 불렸으나 실상은 모두 야학이었다. 명칭만으로 야학인지 사립학교인지 구분하는 것은 절대로 간단한 문제가 아니다.

이 글에서 개별 사례는 야학, 나머지는 야학운동으로 각각 정리했다. 실력양성운동의 주요 영역 중 하나는 야학운동이었다. 이는 종래 문맹퇴치에만 한정한 야학 의미에서 벗어나 역사적 성격을 객관적으로 파악할 수 있는 토대를 제공한다. 야학운동은 1차적인 교육 기능과 아울러 다양한 기능을 포괄하고 있었다.[9] 야학은 새로운 변화에 부응하는 민중문화를 창출하는 생활현장이자 학령아동 구제를 위한 사회복지적인 측면도 있었다. 민중문화는 주민들 대동단결을 도모하는 밑거름이었다.[10] 나아가 부문별 민족해방운동이 진전되는 '매개체'로서 상호 교류와 소통을 도모하게 하는 합법적인 통로는 바로 야학임에 틀림없다.

새로운 배움터로 부각되다

야학은 시무책의 일환인 근대교육 시행으로 1890년대 후반부터 역사 무대에 등장했다. 초기에는 사립학교 부설의 야학과이거나 독립 야학 (교)으로 출발했다. 근로 청소년은 주학보다 야학에 많이 호응할 정도로 상당한 주목을 받았다. 사립흥화학교 야학과와 세천야학교·한양학교 등은 당시 분위기를 그대로 보여준다.[11] 박은식朴殷植은《학규신론學規新論》에서 빈민 자녀나 노동자·부녀자 등을 위한 민중교육론으로 야학을 권장했다. 즉 "전국 인민이 교육을 받아서 배우지 않는 사람이 한 사람도 없게 된 이후에야 나라의 문명과 교화와 부강이 해와 같이 솟아오를 것"이라고 주장했다.[12] 새로운 배움터로서 야학이 주목받는 단초를 제공했다. 하지만 집권층의 의지 부족과 사회 불안으로 근대교육이 전반적으로 부진해 뚜렷한 진전은 없었다. 다만 야학을 통해 근대교육의 가능성을 제시한 사실은 근대교육사에서 중요한 의미를 지닌다.

근대교육운동이 확산되는 을사늑약 이후 야학은 근대교육운동의 중요한 영역인 야학운동으로 발흥했다. 러일전쟁 발발로 국망國亡에 대한 위기의식은 급속하게 확산되는 분위기였다. 국권수호를 위한 계몽운동은 근대교육운동·언론운동·종교운동·국학운동과 민족자본 육성을 지향한 경제운동 등으로 전개되었다.[13] 이를 전후로 근대교육은 교육구국운동으로 전개되는 등 발전적인 변화를 초래했다. 하지만 통감부 설치와 함께 시행된 식민교육정책인〈보통학교령〉으로 근대교육은 난관에 직면했다. '시세時勢와 민도民度'를 구실로 일제 당국은 저급한 실업교육에 중점을 두었다. 곧 보통교육을 최종 교육 목표로 삼아 오직 '순종과 복종'만을 강요하는 폭압적인 상황으로 내몰았다.

계몽론자들은 근대교육 보급·확산을 위해 의무교육을 주장하는 등 향학열 고취에 적극적이었다. 치열한 생존경쟁시대는 지적인 능력 배양이 앞선 과제였다. 문명사회 실현은 근대 국민국가 건설의 지름 길로 인식되었다. 이리하여 민지계발을 위한 계몽활동은 최대 관심사 이자 주요 활동 영역으로 자리매김했다. 대한자강회·대한협회나 서 북학회·기호흥학회·교남학회·호남학회·관동학회·해서교육총회· 강화학무회 등은 의무교육 시행을 강조하는 동시에 실천 방안을 제시 했다. 지방자치제를 표방한 한성부민회·마산민의소·김해농무회·갈 산농무회·강경민회·고령민회 등도 사립학교와 야학 설립에 앞장섰 다.[14] 서북학회의 물장수야학과 마산민의소의 마산노동야학은 당대를 대표하는 야학이었다. 물장수야학은 사회 관심과 주목을 받는 가운데 노동자에 대한 인식 변화를 초래했다.[15] 노동단체도 노동야학회를 조 직하는 등 노동자 문맹퇴치에 적극적인 노력을 기울였다. 이리하여 야학운동은 사립학교설립운동과 더불어 근대교육운동의 주요한 영 역을 차지하기에 이르렀다.

시세 변화로 계몽론자들에게 의무교육은 주요 관심사이자 활동 영 역이었다. 의무교육론과 더불어 국민야학교·국문야학교·노동학교· 노동야학교·농민야학교·초동야학 등의 설립으로 야학운동은 발흥 기를 맞았다. 학령아동은 물론 성인 문맹자를 대상으로 한 야학운동 은 '사회교육' 차원으로 전개되었다. 비록 교육내용이나 체제 등은 제도권 교육기관에 비해 '상대적'으로 미흡했다. 하지만 야학 설립 자·후원자·교사 등을 포함한 운영 주체의 열의와 학생들의 '향학열'

만은 절대 뒤지지 않았다. 대한제국기 1000여 개소 이상에 달한 야학은 당대인의 교육에 대한 열의와 관심을 반영한다.[16] 야학은 새로운 형태의 근대교육기관으로 발돋움하는 동시에 새로운 배움터로서 각광을 받았다.

'강제병합' 이후 야학운동은 일제의 무단 탄압책동과 계몽론자들의 항일전선 일탈로 침체기에 직면했다. 〈조선교육령〉 시행으로 많은 사립학교는 식민교육체제로 흡수되거나 폐교되었다.[17] 야학도 일본어 보급을 위한 교육기관으로 변질되게 한 결정적인 계기였다. 각 관청 일본인 관리나 자산가들의 국어강습회(국어는 일본어) 운영은 이러한 실상을 분명하게 보여준다. 대한제국기 성행한 계몽야학은 식민지 노예교육을 보조하는 역할로 대체되었다. 더욱이 야학생 중 일본어 능통자를 사환이나 하급관리로 채용하는 '특혜'는 이러한 상황을 심화했다. 이와 같은 분위기로 실력 양성을 위한 계몽야학마저도 점차 설자리를 잃어버리고 말았다.

오늘날 국제화라는 미명으로 '영어 만능시대'가 한국사회를 풍미하듯이 당시 '일본어 만능시대'는 사회적인 분위기로 굳어지고 있었다.[18] 국어강습회 졸업식장이나 학예회에서 일본 창가를 부르거나 일어로 답사·축사를 하는 '일'은 다반사로 이루어졌다. 체육시간이나 운동회에서 '일본어 낱말 맞추기'라는 운동경기도 성행할 만큼 '일본어 배우기' 광풍이 몰아쳤다. 일본어교육의 강화는 일찍이 통감부 설치와 더불어 확산되었다. 일진회는 이러한 상황에 편승해 일본어를 전문으로 교육하는 '일어학교'를 각지에 운영했다.[19] 문명개화를 내세운 근대교육 시행은 상당한 호응을 받을 만큼 확산되었다. '강제병합' 이후 강화된 식민체제는 이를 더욱 심화·조장했다. 식민지 노예교육에 저항한 주체는 일부 제도권 학교로 민족교육의 일익을 담당하기에 미미한 수준이었다. 사립학교도 식민교육정책에 대한 '동화와 저항' 속에서 올바른 방향을 제대로 찾지 못하고 허둥거렸다. 관공립학교는 더욱 이러한 분위기에 매몰되는 참담한 상황이었다. 폭압적인 분위기가 일상화된 학교생활은 식민지교육에 대한 저항을 원천적으로 차단하는 기제였다.

개량서당에서도 이른바 '순회교사'가 일본어교육을 확산했다. 물론 근대적인 교수법과 아울러 산술·이과·역사·지리·수신 등을 가르치는 근대교육기관으로 발전한 측면도 어느 정도 보여준다. 일부 서당 학생은 3·1운동에 동참하는 등 민족의식을 공유하고 있었다. 이러한 사실에 주목해 개량서당의 긍정적인 측면만을 강조하는 연구도 있다. 하지만 대부분은 일본어 보급을 위한 식민교육기관으로 기능했음이 엄연한 사실이다.[20] 그런 만큼 개량서당에 대한 긍정적이고 일면적인 평가는 역사적 사실과 부합하지 않는다.

3·1운동 이후 1930년대 중반까지 농민·노동운동 등 대중운동 진전과 실력양성운동 활성화로 야학운동은 '전성기'를 맞았다. 문화운동 확산은 교육열을 다시 고조하는 결정적인 요인이었다. 교육기관이 '상대적'으로 완비된 서울조차 공립보통학교 취학률은 겨우 지원자의

30~40퍼센트를 수용하는 수준이었다. 만성적인 입학난은 공립보통학교에서 입학시험을 실시하는 등 전대미문의 '살풍경'을 연출했다.[21] 조선교육회(조선교육협회)·조선여자교육회·교육조사위원회 등의 조직·활동은 이러한 상황과 맞물려 진행되었다. 각지에 조직된 입학난구제회는 이를 주요한 사회문제로서 부각했다. 나아가 구체적인 대안을 모색하는 등 교육 문제에 대한 주민들의 자발적인 참여를 유도했다. 반면 식민 당국의 해결책은 공립보통학교의 부설인 이부제二部制와 야학 시행이었다. 3면1교제三面一校制의 공교육제도조차도 완비되지 않은 현실을 제대로 인식하지 못했다. 이는 당면한 교육 문제를 일시적인 미봉책으로 해결하려는 의도였다. 일제의 의도와 달리 성과를 거두기에는 너무나 열악한 상황이었다. "1면1교제 확립으로 전면적인 보통교육이 완비"[22]되었다고 자화자찬한 1930년대 후반조차 입학난은 여전히 현안으로 남아 있었다.

이와 같은 상황은 곧 야학운동 활성화로 귀결되었다. 거의 모든 마을과 공장 등지를 중심으로 야학은 운영될 수밖에 없었다. 각지에 조직된 청년단체·사회단체를 비롯한 계몽단체는 야학운동을 분화하고 진전되게 하는 중심 세력이었다. 당시는 '들불처럼 진전하는 야학운동기'라고 칭할 정도로 야학운동 전성시대였다. 실력양성론자나 사회주의자들의 이념적인 이질성에 관계없이 주요한 관심사이자 활동 영역은 바로 야학운동이라고 해도 과언이 아니었다. 식민지 시기에만 설립·운영된 수만 개소에 달하는 야학은 당시 분위기를 보여준다. 관

런된 인원도 최소한 500만 명 이상에 달할 정도였다. 이는 야학운동
에 대한 열의가 어느 정도인지를 보여준다. 곧 민중의 광범한 관심과
지지는 이를 가능케 하는 요인이었다. 〈야학선생님〉과 〈우리야학당〉
이란 동요는 열기와 양상을 생생하게 보여준다.

〈야학선생님〉
우리 동리 야학선생 공장아저씨
몸이 아파 공장에는 못 오시지만
밤마다 야학에는 와주신다오
아프신 몸 더해지면 어찌할가요
며칠 동안 쉬시래도 말씀 안들어
우리도 할 수 없이 매밤 온다우
우리 보며 벙글벙글 늘 웃던 얼굴
지금에는 산한 얼굴 쓸쓸한 얼굴
밤마다 바라보면 눈물진다우.[23]

〈우리야학당〉
선생님도 열심 우리들도 열심
열심히 배우고 가르치는 우리야학당
선생님도 일꾼 우리들도 일꾼
일꾼끼리 모여 있는 우리야학당

선생님이 가르칠 때 우리들은 힘이 나는

우쭐우쭐 자라나는 우리야학당.[24]

　이 외에도 야학과 관련된 동시나 노래 등은 많았다. 1930년대 초중반 어린이와 관련된 잡지나 신문 등에 나타난다. 이는 야학운동에 대한 열의와 관심을 반영했다는 사실에서 의미하는 바가 크다.

　민족해방운동의 진전은 농민·노동·여자·형평·점원·무산자야학 등으로 야학운동을 분화하고 발전되게 했다. '단순한' 명칭 분화에만 그치지 않고, 교육생 구성이나 필요에 따른 다양한 교과목 편성은 이를 증명한다. 활동가들은 지역 단위로 야학연합회를 결성해 독자적인 교재를 만들었다. 대전노동야학연합회는 대전청년회를 중심으로 관내 야학운동의 내실화를 다진 대표 사례 중 하나다. 각 야학을 대표하는 20여 명으로 조직된 이 단체는 연합운동회나 수공예품전시회를 개최하는 등 주민 친선도모와 야학생 향학열에 부응했다.[25]

　야학운동은 부문별 민족해방운동과 밀접한 관계 속에서 이루어졌다. 곧 '혁명적' 노동운동·농민운동 등을 주도한 활동가들의 합법적인 활동 공간은 야학이었다.[26] 생존권 유지조차도 힘든 폭압적인 식민지하에서 야학운동은 민족해방운동을 위한 매개체로서 활용된 사실만으로 중요한 의미를 가진다. 다만 이러한 사실을 알려주는 자료가 극히 빈약하다는 점은 많은 아쉬움으로 남는다. 반면 야학운동은 식민 당국이 항상 이용할 위험을 내포하고 있었다. 야학 설립·운영

주체의 계급적인 성격은 이를 여실히 보여준다. 이리하여 일제 침략 정책이 강화되는 속에서 대다수 야학은 식민교육체제로 편입되었다. 결국은 동화정책을 보조하는 교육기관으로 전락하고 말았다. 1910년 대 국어강습회나 1930년대 간이학교簡易學校를 비롯한 강습소나 관제 야학 등은 이를 증명한다.

야학운동은 식민교육정책의 허구성과 모순을 파악하는 데 유용하다. '식민 당국조차 교육체제가 완비되었다'고 강변한 1930년대 후반 문맹률은 거의 80퍼센트였다.[27] 일제는 야학을 간이학교나 국어강습 회로 전환하는 등 식민교육정책의 보조기관으로 활용했다. 대다수 야 학은 이러한 과정에서 변질되었다. 곧 야학운동의 순응적인 측면을 일제가 이용하고 말았다. 다만 독서회나 윤독회와 같은 성격을 지닌 극히 일부만이 비합법적인 영역에서 운영될 수 있었다. 거미줄 같은 감시망과 민족 구성원에 대한 분열책동은 활동 영역 축소로 이어질 수밖에 없는 극단적인 상황으로 내몰았다.

한편 야학운동은 활동가들의 정세 인식과 민중 동향을 이해하는 데 중요한 단서를 제공한다. 거의 모든 사회단체는 야학을 설립·운영 하는 등 운동세력 확대와 더불어 민중 속에서 새로운 방향을 모색했 다. 민중과 연대는 더 객관적인 현실 인식을 바탕에 둔 민족해방운동 을 진전되게 하는 디딤돌이었다. 식민정책에 동화되는 가운데 저항하 는 양면성이 공존하는 상황을 활동가들은 부분적이나마 견제할 수 있 었다.[28] 이러한 노력도 중일전쟁 이후 전시 파쇼체제로 소기의 성과를 거둘 수 없었다.

이 글은 야학운동의 배경, 실태, 성격 변화, 기능과 운영 주체 등에 주목했다. 시기는 1898년부터 1945년 해방까지를 대상으로 삼았다. 근대교육 시행과 동시에 시작된 야학은 을사늑약을 전후로 야학운동으로 발전했다. 곧 사립학교설립운동과 더불어 야학운동은 근대교육운동의 주요한 영역을 차지했다. 고조된 교육열에 부응하는 대표 민중교육기관은 바로 야학이었다. 물론 실력양성론에 매몰된 채로 식민교육체제에 편입된 부분은 야학운동사에서 아쉬운 부분임에 틀림없다.

야학운동은 어떻게 전개되었나

야학운동은 을사늑약 이후 급속하게 발흥하는 계기를 맞았다. 일부는 일본어 보급에 치중하는 등 식민교육체제에 동화되는 부정적인 요인도 공존했다. 시작 초기부터 문명화 논리에 매몰된 활동가들의 현실 인식은 한계가 있었다. '일어학교'와 '일어야학' 등의 교과목과 일본인 교사 채용은 이러한 상황을 그대로 보여준다. 식민지 시기 국어강습회나 관제야학 등도 마찬가지였다. 이 글은 다음과 같은 사실에 주목하면서 야학운동의 역사적인 성격을 살펴보는 데 중점을 두었다.

1장은 대한제국 시기부터 시작된 야학의 대두 배경, 위기의식 고조에 따른 야학운동으로 발전과 전개과정, 민중교육기관으로서 위상 등에 주목했다. 이는 의무교육론 대두, 계몽단체의 조직과 활성화, 군 단위 의무교육 시행, 사립학교설립운동, 민중의식의 심화, 향학열 고조라는 측면에서 살펴보았다. 초기에는 근대교육기관으로서 별다른 주목을 받지 못했다. 을사늑약 이후 식민지화에 대한 점증하는 위기의식은 야학운동이 발전하는 결정적인 요인이었다. 특히 〈사립학교령〉이나 〈학회령〉 공포·시행에 즈음해 사립학교설립운동은 점차 퇴조하는 분위기였다. 이와 달리 야학 설립이나 운영은 전국에서 들불처럼 확산되었다. 이는 교육열 고조로 이어지는 등 향학열을 고취하는 밑거름이었다. 친일세력이나 매판자본가 등은 근대교육 보급을 구실로 일본어교육을 위한 사립학교와 야학을 운영하기도 했다. 이들은 일본인화를 획책하는 식민 당국의 침략정책에 편승하기를 주저하지 않았다.[29] 공립보통학교에 대한 불신이나 근대교육에 대한 비판적인 분위기는 이러한 상황과 무관하지 않았다.

2장은 경술국치 이후 일본어 보급을 위한 식민교육기관으로 전락한 국어강습회에 주목했다. '당당한' 국어로서 위상을 차지한 일본어는 원활한 식민지배를 위한 중요한 교과목으로 자리를 차지했다. 식민 당국은 부족한 교육시설을 보완하는 차원에서 국어강습회를 통한 일본어 보급에 많은 노력을 경주했다. 한일 양 민족의 소통에 의한 정서 공유 등은 내선일체를 기조로 하는 동화정책과 밀접한 연관성을 지닌다. 부일이나 친일로 변절한 대한제국기 계몽론자 다수는 여기에 포섭되었다. 관청이나 공립보통학교 등은 부설로 국어강습회 운영에 앞장섰다. 이와 맞물려 '일본어 만능시대' 열풍은 식민지 한국사회를 강타하고 있었다. 〈조선교육령〉과 〈사립학교령〉 개정 등을 통해 일선 동조론에 입각한 동화정책은 식민교육정책의 근간이었다.[30] 반면 한국어는 모국어로서 위상을 상실한 채로 '부수적인' 교과목이나 다름 없었다.

3장은 3·1운동 이후 들불처럼 확산되는 야학운동을 살펴보았다. 문화운동 확산에 따른 개조는 '뜨거운 감자'였다. 향학열 고조는 곧바로 초등교육기관마저 심각한 입학난을 겪게 했다. 입학난 구제를 위한 교육기관은 야학운동 진전을 견인하는 요인이었다. 더욱이 부문별 민족해방운동 진전과 더불어 야학은 분화·발전되어 나갔다. 80퍼센트에 달하는 문맹률은 민족해방운동 진전을 가로막는 커다란 장애물이었다. 이념적인 이질성과 달리 각 운동세력은 야학을 주요한 활동 영역 중 하나로서 인식했다. 결국 민족해방운동 매개체로서 야학은 다시 발흥하기에 이르렀다. 1930년대 중반 '아는 것이 힘, 배워야 산다'라는 구호는 당시 상황을 극명하게 보여준다.[31] 언론사의 문자보급운동과 브나로드운동, 종교계의 농촌부흥운동 등은 당시 상황과 맞물려 전개되었다. 특히 1920년대와 1930년대를 대표하는 윤봉길과 최용신의 민중계몽운동의 헌신적인 활동상도 조명했다.

4장은 수탈 강화를 위한 농촌진흥운동과 민족말살정책은 우리말과 우리글마저 사용할 수 없는 최악의 상황으로 내몰았다. 야학도 일본어 상용화와 더불어 간이학교나 일본어 보급을 위한 식민교육기관으로 또다시 변질되는 수난을 겪었다. 독서회나 윤독회 등과 같은 극소수 야학만이 민족의식을 고취하는 가운데 겨우 명맥만을 유지했다. 전시 파쇼체제 강화에 따른 민족말살정책은 오직 '충량忠良한 제국신민'만을 강요했다. 교육기관은 원활한 전쟁 수행을 위한 병영기지화로 변모하는 상황에 직면했다. 상명하달만이 난무하는 고립무원이나 마찬가지였다. 심지어 가족이나 친척마저도 서로 대화하기를 꺼렸다. 혹시 우리말을 하다가 불이익을 당하지 않을까 노심초사하는 분위기가 팽배했다. 체제에 대한 불평이나 불만을 하면 곧 '이단아'로 취급되는 살벌한 상황으로 내몰렸다.

맺음말은 야학운동의 기능과 성격에 주목했다. 주요한 기능은 문맹의 성인, 근로 청소년이나 민중 자녀를 위한 문해교육이었다. 또한 새로운 시세 변화에 따른 민중문화를 창출하는 현장은 바로 야학이었다. 나아가 야학 설립·운영 주체의 성격 등도 살펴보았다. 이어 야학운동이 민족운동사에서 차지하는 의의 등을 규명했다. 근대교육운동 확산과 실력 양성이라는 긍정적인 측면과 아울러 식민지배에 이용당한 한계도 지적했다.

이 글을 쓰는 데 활용된 자료 대부분은 신문과 잡지다. 야학운동의 발전·분화와 침체 배경, 학생의 호응 등은 주요 활동가의 기록물에 대한 면밀한 검토 작업이 요구된다. 하지만 이들이 직접 남긴 기록물은 희소하고, 그나마 있는 야학에 관한 부분은 너무나 단편적이다. 야학운동에 직접 참여한 박은식·장지연·유길준·윤봉길·최용신 등은 이에 관한 사실을 직접 기록했다. 이를 중심으로 야학운동 실태, 지역 특성, 교재 내용, 성격 변화와 기능 등을 중심으로 살펴보았다.

2018년 12월

김형목

차례

I

신학문 수혜 통로로 야학운동이 전개되다

2

식민지 노예교육으로 변질되다

3

들불처럼 야학운동이 확산되다

4

일본어 상용화에 부응하다

신학문 수혜 통로로
야학운동이 전개되다

I

제도권 공교육이
부진하다

19세기 중엽 이후 조선 사회는 새로운 사회질서를 모색하는 '변혁
시대'였다. 안으로 농민운동을 비롯한 민중운동이 고조돼 봉건지배
체제 모순은 민낯을 드러냈다. 엄중한 요구에 지배층은 뚜렷한 대안
을 제시하지 못한 채로 허둥거렸다. 올바른 방향성을 모색하려는 의
지나 실천적인 대안도 전무한 속수무책인 형국이었다. 밖으로 제국
주의 열강의 식민지 확보를 위한 개항 강요와 연안 측량 등 불법적인
무력시위가 눈앞에 전개되고 있었다. 변화를 위기로 감지하거나 인
식한 인물은 극소수에 불과했다. 더욱이 변혁운동은 각 운동론에 따
라 상호 보완적인 관계 속에서 진전되지 못하는 뚜렷한 한계를 보여
주었다. 오히려 극단적인 대립·분산으로 민족적인 역량은 반감될 수
밖에 없었다.[1] 위기를 타개하려는 뚜렷한 주체 세력은 부재한 상황에

직면했다.

개화자강운동론은 실학사상 중 북학파의 내재적인 계승과 외래 사조인 사회진화론을 수용하는 가운데 정립되어 나갔다. 우선 과제는 개인의 능력 향상을 통한 민족이나 국가의 역량 강화였다. '근대교육에 의한 인재 양성과 민족자본 육성'인 내수외학內修外學 또는 내수자강內修自强이 지향점이었다. 직접적인 저항보다 민족 능력을 배양해 장차 근대 국민국가를 건설하려는 준비론적인 민족운동 노선이었다. 이는 실력양성운동으로 계승·발전되는 계기를 맞았다.

정부는 개항과 더불어 신사유람단·영선사 등 문물시찰단과 유학생을 해외에 파견해 변화에 부응했다. 국내에는 통변학교인 동문학·육영공원·외국어학교를 설립하는 등 근대교육 시행에 노력을 기울였다.[2] 개화정책을 담당한 지배층은 《한성순보》를 통해 외국의 모범적인 교육 상황을 지속적으로 보도했다. 이러한 노력은 근대교육에 대한 인식 확산에 어느 정도 이바지했다. 일부 선각자는 세계사적 흐름에 부응해 국가 역량을 결집하기 위한 노력을 병행했다.

개화정책에 자극을 받은 원산항 향중부로와 덕원부사 정현석鄭顯奭은 의기투합했다. 이들은 변화에 부응해 1883년 우리나라 최초의 근대교육기관인 '원산학사元山學舍'를 설립했다.[3] 곧 새로운 교육기관인 학교가 역사 무대에 등장하는 순간이었다. 그러나 임오군란·갑신정변 등 정국 불안과 외세 침탈에 따른 보수반동체제 강화로 답보 상태를 면치 못했다. 1890년대 후반까지 10여 년간 근대교육은 거의 방치

〈그림 1〉 갑신정변 직전 개화당 인사들(독립기념관 소장)

상태였다고 해도 절대 과언이 아니다. 반면 선교사업 일환으로 설립된 배재학당·이화학당·경신학교·배화여학당·영화여학당·일신여학당 등은 대표적인 '근대교육기관'으로 발전했다.[4] 이처럼 초기 근대교육은 선교사업으로 진전되고 있었다. 선교활동으로 근대교육 시행은 일부 지배층이나 선각자들을 각성하게 했다.

갑오개혁은 근대교육 시행을 위한 법제 정비의 새로운 이정표였다. 김홍집 내각의 온건개화파는 요직을 차지한 후 자신들의 정치개혁 구상을 실천해나갔다. 정부는 근대교육을 담당할 부서로 1894년 7월

학무아문을 설치했다. 8월에는 〈학무아문고시〉를 통해 근대교육의 필요성과 중요성을 역설했다. 학무아문은 이듬해 4월 학부로 개편되었다. 고종은 1895년 1월 〈홍범 14조〉와 2월 〈교육입국조서〉 반포를 통해 보통교육 이념과 실천 의지를 천명했다. 주요 내용은 ① 교육은 국가 보존의 근본이며, ② 신교육은 과학적 지식과 신학문·실용을 추구하는 데 있고, ③ 교육의 3대 강령은 덕육·지육·체육이며, ④ 교육입국의 정신은 학교를 많이 설립해 인재를 육성하는 것이 국가 중흥과 국가 보전에 직결된다는 것이었다.[5] 곧 "왕실 안전과 국가 부강도 모두 우리 신민의 교육 여하에 달려 있다"[6]는 논리였다. 이를 계기로 근대교육 시행을 위한 각종 법령도 제정·시행되었다.

초등교육 전반에 관한 〈소학교령〉은 만 7세에서 15세까지를 '학령아동'으로 규정했다(16조). 소학교는 설립 주체에 따라 관립(정부)·공립(지방관청)·사립(개인)으로 구분하고(2조), 국가는 이들에게 8년간 국민교육의 기초와 생활에 필요한 보통지식과 기능 등을 교수할 방침을 밝혔다(1조). 수업연한은 심상과 3년, 고등과 2년이나 3년이었다(7조). 심상과 교과목은 수신·독서·작문·습자·산술·체조 등이다. 체조 대신에 본국역사·본국지리·외국지리·외국역사·이과·도화 등과 여학생을 위한 재봉 과목을 추가할 수 있었다(8조). 고등과 교과목은 수신·독서·작문·습자·산술·본국역사·본국지리·외국지리·외국역사·이과·도화과 등과 여학생에 한해 재봉 과목을 추가했다. 또한 시의에 따라 외국어 1과목을 추가하는 대신 외국지리·외국역사·도화

1과목이나 여러 과목을 제외할 수 있는 재량권을 부여했다(9조). 군·부 단위의 지방공공단체는 의무적으로 공립소학교 설립을 규정하는 등 근대교육 시행에 박차를 가했다. 다만 지방 실정에 따라 먼저 사립소학교 설립·운영을 권장하는 등 급속한 시행보다 점진적인 실시를 권유했다(17조와 18조).[7] 이와 동시에 각종 교육 관계 법령을 제정·반포하는 등 근대교육 시행에 필요한 법제적인 기초도 마련했다. 현실을 감안한 점진적인 시행은 근대교육을 널리 보급하려는 의도에서 비롯되었다.

정부의 의지와 달리 장동·정동·계동·묘동 관립소학교 재학생은 각각 23·76·40·48명에 불과했다. 이는 학령아동 중 극히 일부만이 호응한 사실을 의미한다. 교사 자질, 교육내용·교육시설 미비 등으로 교육 내실화나 교육 성과도 제대로 거둘 수 없었다. '하인 5~6명을 동반하는 경우도 있었다'는 일화가 있을 정도로 일부 학생은 학교의 규율에 적응하지 못했다. 1898년 10월 관공립학교와 사립학교의 전체 학생은 2000여 명에 불과한 수준이었다.[8] 학교와 학생 수는 약간 증가했으나 근대교육은 크게 진전되지 않았다. 참고로 제국주의 열강의 보통학교(초등학교) 수와 인구 1000명당 학생 수는 〈표 1〉과 같다.

〈표 1〉에서 열악한 우리의 근대교육 실상을 쉽게 엿볼 수 있다. 독일·네덜란드·영국·프랑스·스웨덴 등은 학령아동 대부분을 수용할 정도였다. 전체 인구에서 학령아동이 차지하는 비율은 20퍼센트 미만이기 때문이다. 곧 자본주의의 성립과 더불어 의무교육은 정착되는

<표 1> 각국의 초등교육 비교 현황

국가	학교 수(개)	인구 1000명당 취학자 수(명)	국가	학교 수(개)	인구 1000명당 취학자 수(명)
독일	58,000	161	네덜란드	4,097	138
이탈리아	35,748	77	스페인	29,828	102
영국	36,100	146	일본	24,046	83
프랑스	79,755	146	그리스	1,600	50
스웨덴	10,560	159	오스트리아	32,978	111
러시아	38,238	22	폴란드	5,316	46

출전: 독립협회, 〈외보, 세계 각국 소학교의 비교표〉, 《대조선독립협회회보》 5, 1897, 17~18쪽.

단계에 진입한 상황이었다. 심지어 일본·러시아와도 현격한 차이를 보일 만큼 미미한 수준에 불과했다. 우리의 교육은 도회지를 중심으로 몇몇 소학교가 운영되는 정도였다. 인재 양성과 직결되는 중등교육기관이나 고등교육기관은 거의 전무한 실정이었다. 민영환閔泳煥은 당시 교육 상황을 다음과 같이 언급했다.

전동 민영환 씨가 자기 친구를 대하여 말하기를 대한 형편이 정치와 법률과 사판과 재산 등 여러 학교가 아직 확장치 못하여 인재를 교육하지 못하였다. 도회지에 약간 소학교가 있으나 중학교와 대학교를 창설하지 못하고 교외와 하방으로는 도무지 학교 명색이 없으니 이러하고 어찌 백성을 모두 밝은 지경에 이르게 하며 정부 관원을 어찌 탁용擢用하리오.[9]

근본 원인은 임시방편적이고 즉흥적인 교육정책과 정부의 실천력 부족 등이었다. 학부 예산은 학교 운영에 필요한 최소한 예산마저 확보되지 않았다. 1896~1903년 학부 예산은 전체 예산의 2퍼센트에도 훨씬 못 미쳤다.[10] 더욱이 학부 예산 증가율은 전체 경상비 지출예산에 반비례할 정도였다. 지배층은 표명한 바와 달리 근대교육 시행에 거의 무관심했다. 〈소학교령〉에 의한 근대교육 시행 계획은 사실상 법제 정비에 불과했다. 결국 제도권에 의한 근대교육은 상당히 제한적으로 시행될 수밖에 없었다. 부족한 교육예산에 의한 중장기적인 계획은 교육 부실화를 초래하는 요인이었다. 특히 매관매직이 성행하는 상황에서 공립소학교장을 맡은 지방관 대부분은 근대교육에 무관심으로 일관했다. '교육은 백년대계'라는 구호만 거창할 뿐이지 교육현장에는 거의 반영되지 않았다.

지방에 설립된 공립소학교는 더욱 한심했다. 교장을 겸직한 지방관 대부분은 근대교육을 시행할 의지조차 없었다. 이들은 명색만 교장일 뿐 학교 운영에 관심조차 보이지 않았다. 더욱이 지배체제 이완에 따른 지방관의 빈번한 교체로 개교와 동시에 폐교와 같은 악순환이 반복되었다. 또한 학교운영비는 고사하고 교사진 충원도 제대로 이루어지지 않았다.[11] 심지어 교과서는 개학한 지 한참이 지나 보급되는 등 전반적인 공교육 부실로 초래하는 요인이었다.

일부 관료나 선각자의 근대교육 보급과 활성화 방안은 결국 사립학교 설립으로 귀결되었다. 이러한 변화는 우리 근대교육을 사립학교가 주도하게 한 결정적인 계기였다. 사립학교 설립은 근대교육 시행이라는 차원에 그치지 않고 부국강병을 위한 시무책 일환이었다. 교육은 선각자들에게 국가 존립과 관계된 근본문제로서 인식되었다. 유림의 본고장인 대구·안동·밀양 등지에 설립된 사립학교는 당시 근대교육사에서 변화를 보여주는 주요한 부분이다.[12] 이와 같은 변화는 정국 불안 등으로 널리 확산되지 못했다.

근로 청소년들에 대한 교육 수혜의 확대 방안은 야학이나 야학과 운영으로 이어졌다. 이는 근대교육기관으로 야학이 등장하는 주요한 역사적인 배경이었다. 주경야독인 야학은 문맹의 성인이나 청소년들에게 근대교육의 수학 기회를 더욱 확대할 수 있었다.[13] 이제 교육 혜택은 기득권자들의 전유물이 아니었다. 이는 개인의 의지에 따라 얼마든지 가능할 수 있는 문제로서 인식되었다. 민중의 현실인식 심화와 시세 변화에 대한 대응책은 근대교육을 통한 능력 배양에 집중되는 커다란 변화를 초래했다.

2

의무교육론이
대두되다

갑신정변 실패 후 일본에 망명한 박영효朴泳孝는 국정 개혁을 위한 상
소문(〈박영효 건백서〉)에서 처음으로 의무교육론을 제기했다. 그는 사회
질서 유지와 국가 발전의 원동력을 교육에서 찾았다. 즉 "사람이 어
려서 교육을 받지 않으면 성장하여 무식한 사람이 된다. 이러한 사람
은 서로 사랑하는 마음과 믿는 마음이 부족하여 경거망동하거나 일의
전후 순서를 제대로 구별하지 못하여 결국 죄를 짓는 경우가 비일비
재하다"[14]라며 근대교육 중요성을 강조했다. 6세에 달한 모든 아동을
취학하게 해 국사·국어 등을 중심으로 하는 의무교육 시행도 역설했
다. 의무교육이 어느 정도 달성된 후 장년교壯年校(중등교육과 고등교육을
병행)를 설립해 청년자제와 젊은 관료들에게 정치·내외법률·역사·
지리·산술·이화학 등을 교육한 후 장차 관리로서 채용할 것을 주장

했다.[15] 국내 여건은 이를 당장 실행할 수 없었기에 당분간 외국인교사 초빙을 모색했다. 근대교육 보급을 위한 혁신적인 개혁론도 박영효가 망명객 신세여서 사회 주목을 받는 것은 역부족이었다. 다만 근대교육을 통한 부국강병책을 도모한 사실은 근대교육사에서 중요한 위상을 차지한다.

〈그림 2〉《서유견문》표지
(독립기념관 소장)

일찍이 유학을 경험한 유길준俞吉濬은 《서유견문西遊見聞》에서 서구 열강의 의무교육을 소개했다.[16] 이의 즉각적인 시행은 조선 사회를 문명사회로 이끌 수 있는 원동력임을 강조했다. 근대교육 시행 여부야말로 국가 흥망성쇠를 좌우하는 근본요인으로 인식했다. 이어 모든 학령아동學齡兒童이 의무교육을 받을 수 있게 국가가 소학교를 설립하라고 주장했다. 또한 학부형에게 학교 설립은 물론 운영비 부담 등도 의무 조항이라고 강조했다. 대다수 개화론자처럼 그는 서구 사회를 지선극미至善極美한 상태로 인식했다. 그런 만큼 전통교육기관을 개조·개량한 근대교육 계획은 모색될 수 없었다.

독립협회는 기관지인 《독립신문》을 통해 의무교육의 중요성과 즉각적인 시행을 강조했다. 이에 따르면 의무교육이 조선 사회를 문명국으로 발전하게 할 수 있는 가장 지름길임을 주장했다. 당시 교육 부재가 초래하는 폐단을 크게 다섯 가지로 지적했다. 첫째 구습에서 벗어나지 못할 뿐만 아니라 목전의 이해관계만을 생각하는 등 사회 기강이나 법령이 제대로 운용될 수 없다. 둘째 일에 대한 안목을 가질 수 없다. 셋째 시시비비를 판단하지 못해 세력가의 판단에 오직 의존할 뿐이다. 넷째 의심이 많아 화합하지 못하고 서로를 비난하는 데 급급하다. 다섯째 사소한 문제에 일생을 허비한다.[17] 독립협회는 문명사회 건설을 위한 가장 빠른 방법은 바로 의무교육 시행임을 역설하는 등 민중계몽에 노력했다.

이러한 취지에 따라 외국의 모범 사례는 지속적으로 소개되었다. "사람마다 어릴 때 배우는 것이 장성한 후에 배우는 것보다 쉽다"[18]며 아동교육의 중요성도 일깨웠다. 이른바 동몽교육 강조는 시세 변화에 부응한 인재 육성과 밀접한 관련을 지닌다. 더불어 여성교육의 즉각적인 시행과 사회적인 관심을 촉구하고 나섰다.[19] 한글판《독립신문》 간행은 이러한 의도와 맞물려 이루어졌다. 곧 한글에 대한 연구와 일상사에서 활용은 아동교육이나 여성교육 시행에 의한 문명사회 건설과 맞물려 있었다.

나아가 조선 사회의 문명화는 근대교육 시행 여부에 달려 있다는 논리였다. 근거는 청일전쟁에서 승리한 일본의 원동력을 광범한 근대교육 시행에서 찾았다. 일본은 메이지유신 이후 전통교육기관을 근대학교로 전환하는 등 광범한 보통교육을 실시하고 있었다. 또한 각종 교육법령과 제도를 정비하는 한편 서구 열강에 유학생도 대대적으로 파견했다. 반면 우리의 근대교육은 미미하므로 초등교육기관을 많이 설립해 교육 기초를 세우는 것이 급선무임을 강조했다. 이를 기반으로 장차 중등교육과 실업교육 등으로 확대하는 소기 성과를 거둘 수 있다고 낙관했다. 《황성신문》·《제국신문》·《매일신문》 등도 이와 비슷한 관점에서 동조하는 입장임을 밝혔다.[20] 신문을 통한 의무교육 강조는 계몽론자들에게 신선한 충격이자 자극제로서 성큼 다가왔다.

계몽론자들은 주·야학을 겸설하거나 야학과·야학교를 운영하는 등 근대교육 확산에 노력을 기울였다. 사립학교를 통한 근대교육이 점차 확산되는 가운데 박은식은 의무교육 시행에 대한 구체적인 방법까지 제시해 커다란 반향을 불러일으켰다. 유년기는 교육 효과를 극대화할 수 있는 가장 적절한 시기이므로 초등교육 중심의 의무교육을 주장했다. 즉 학부모들이 학령기의 자녀를 교육받게 하지 않을 경우에는 부모에게 벌금을 부과하는 등 '강제성을 띠는 의무교육'을 강조했다. 아울러 학문을 태만하거나 유희·오락을 탐닉하는 학령아동은 부모에게 그 책임을 묻게 하자는 의견을 제시했다. 부모 역할 강조와 함께 연대책임으로 교육 효과를 극대화하려는 의도였다. 특히 상층사회는 변화를 기피하는 경향이 강하므로 이들에게 교육 효과를 기대하기란 어렵다고 보았다. 노동자·부녀자 등을 대상으로 하는 민중교육론은 이러한 인식에서 비롯되었다. 현실적인 대안은 곧 야학 시행이었다. 빈민 자녀로서 학교에 입학할 경제적인 여유가 없는 사람에게 야학과 선택을 권유하는 등 흥학을 도모했다.[21] 민중교육론에 입각한 박은식의 주장은 당시 상황을 충분히 고려한 탁견이었다.

〈그림 3〉 박은식(독립기념관 소장)

한편 러일전쟁 발발에 즈음해 대한제국 정부는 엄정한 국외 중립을 선언해 전쟁의 소용돌이에서 벗어나려고 노력했다. 일제는 전쟁의 원활한 수행을 위해 '시정개선'을 구실로 모든 시설을 강제로 점령·사용했다. 일제 침략의 강화와 친일세력 발호는 계몽운동단체의 조직과 활동을 강화하는 계기였다. 독립협회 이후 보안회·공진회·국민교육회 계열로 분화·발전된 계몽단체는 1905년 5월경 헌정연구회로 결집되었다. 특히 국민교육회는 야학교인 보광학교를 설립해 노동이나 상업계에 종사하는 청년들에게 교육기회를 부여했다. 이들은 서구 열강의 문명화 근원을 입헌체제라고 인식하고 있었다. 강연회·토론회나 신문을 통해 서양 정치이론을 소개하는 계몽활동에도 치중했다.[22] 또한 일진회의 보호국 청원에 반대하는 등 친일세력 견제에 앞장섰다.

3

국권수호를 위한
의무교육이
시행되다

근대교육의 광범한 시행을 위해 제기된 의무교육론은 을사늑약을 계기로 국권회복운동 일환으로 전개되었다. 장지연張志淵의 〈시일야방성대곡是日也放聲大哭〉과 조병세趙秉世·민영환 등의 자결 순국은 배일의식을 고조했다. 식민지화에 대한 위기의식에서 비롯된 사립학교의 설립·유지와 교육 내실화 문제는 결국 의무교육 시행으로 귀결되었다. 인식 전환과 관심 증대는 의무교육을 시행하는 계기였다. 특히 일진회가 사립학교 운영으로 세력이 확대·발호되자 계몽론자들은 커다란 충격을 받았다.[23] 일진회의 문명사회 건설을 주장한 논리에 동조하는 등 갈등과 대립은 증폭되고 있었다.

대한자강회는 결성 취지서에서 자강운동의 중요성을 강조하는 한편 주요한 영역을 근대교육 진작과 산업 진흥으로 규정했다.

무릇 나라의 독립은 오직 자강 여하에 달려 있다. 그런데 우리나라는 일찍부터 자강을 전혀 강구하지 않았다. 인민의 몽매와 국력 쇠퇴로 결국 우리는 타인의 지배를 받는 식민지로 전락할 위기에 처했다. 자강의 요체는 교육 진작과 식산흥업이다. 교육이 흥하지 않으면, 민지가 몽매하다. 식산이 흥업하지 못하면, 국력은 미약하기 마련이다. 현재 급선무는 자주적인 독립국가 건설일 뿐이다. 이를 위한 최선 방안은 곧 교육과 산업 발달이다.[24]

〈그림 4〉《대한자강회월보》에 실린 〈대한자강회취지서〉

《대한매일신보》·《황성신문》·《만세보》 등도 의무교육의 당위성을 강조해 여론 형성과 분위기 확산에 노력했다. 언론 활동은 대한자강회가 의무교육 시행 계획을 마련할 수 있는 기반이 되었다. 대한자강회는 1906년 10월 〈의무교육실시건의서〉와 〈의무교육조례대요〉를 정부에 제출했다. 의무교육 건의안은 중추원 의결을 거쳐 각의閣議에서 무난하게 통과되었다.[25] 이는 의무교육의 필요성과 시행 방안 등을 지배층에서 수용한 사실을 증명한다. 의무교육은 곧 변혁 운동의 주요한 영역이자 당면한 교육 문제였다.

계몽운동 활성화는 단체의 조직 확대와 더불어 의무교육론을 널리 확산할 수 있었다. 대한자강회는 기관지를 통해 의무교육의 중요성을 널리 부각했다. 서우학회나 대한협회 등의 설립 취지도 대한자강회의 취지에서 크게 벗어나지 않았다. 근대교육 시행을 위한 여건이 조성되는 가운데 망명 생활을 청산하고 귀국한 유길준을 중심으로 흥사단興士團도 결성되었다. 의무교육을 위한 교과서 발간, 교사 양성 등은 이 단체의 궁극적인 목적이었다.[26] 흥사단은 융희학교를 설립하는 한편 대한노동회가 설립한 노동야학을 지원했다. 또한 임원들은 거주지에 소재한 사립학교의 후원자나 운영자로서 활동했다. 이들 활동과 노력은 한성부민회의 의무교육 시행에 크게 이바지할 수 있었다.

각 단체의 이념 보급과 동조 세력을 확보하려는 방안은 지회 설립으로 이어졌다. 민중에 대한 불신으로 초기에는 상당히 조심스럽게 추진되었다. 그런데 근대교육 보급에 따른 새로운 사회 세력 성장은 지회 설립을 촉진하는 기반이었다. 각 단체는 시찰원이 연설회·강연회를 개최하게 하는 등 활발한 계몽활동에 진력했다. 주요 내용은 단체의 취지, 지회 역할, 단체 조직의 필요성, 근대교육의 필요성과 중요성, 식산흥업의 필요성 등이었다.[27] 특히 이들은 지역 유지의 적극적인 동참을 호소했다. 대한자강회 32개소, 대한협회 110여 개소, 서북학회 31개소, 기호흥학회 19개소, 태극학회 7개소, 관동학회 8개소, 교남교육회 2개소, 대한흥학회 6개소, 호남학회 1개소 등의 지회가

〈그림 5〉〈흥사단취지서〉(《대한매일신보》 12월 15일)

조직되었다.

　지회에 가담한 계층은 개신 유학자, 상공업자·관리·교사·언론인·학생 등이었다. 이들은 민회·민의소·시의소·농무회 등 지방자치조직을 운영하고 있었다. 이러한 단체의 지향점도 계몽단체와 거의 비슷했다.[28] 이들의 참여와 지원은 지역사회의 사립학교설립운동이나 야학운동 등 근대교육운동을 추동하는 원동력이었다. 지역사회 근대교육은 사실상 이들에 의해 확산을 거듭할 수 있었다.

지방에서도 의무교육에 대한 인식이 널리 확산되었다. 남양군수 김관현은 근대교육 보급에 노력을 기울였다. 사립양성학교를 공립보통학교와 통합하는 한편 교내에 노동야학교를 설립했다. 운영비 확보는 각 가정의 경제 능력에 따라 차등 징수하는 등 사실상 의무교육을 시행했다.[29] 용인군수도 군회에서 면장과 이장의 월급 중 의연금을 모금해 이를 기반으로 한 의무교육 실시를 결의했다. 포천군수 최두영은 각 면장·이장을 소집한 회의에서 의무교육 실시 계획을 밝혔다. 이어 유지들과 협력해 신야의숙 등 관내 교육기관을 청성제일학교·청성제이학교·청성제삼학교로 개편하는 한편 장차 제사·제오의 청성학교 설립도 모색했다. 진위군수 김영진은 의무교육 시행을 위한 준비에 착수했다. 사범양성학교 설립은 교사를 양성하기 위한 중장기 방안이었다.[30]

평양군수 백낙균은 3개월 속성과정인 사범학교를 설립했다. 그는 관내 26개 면에 소학교를 설립한 후 사범학교 졸업자를 교사로 파견하는 등 교육운동을 주도했다. 평양민의소는 각 방리를 단위로 하는 의무교육을 시행할 계획을 밝혔다. 소식을 접한 박은식은 "우리 정부는 교육 사업에 태만한 데 비해 인민 사회는 교육 의무를 스스로 담당한다"[31]면서 민중의 자발적인 분발을 격찬했다. 1908년 1월 서북학회가 협성학교를 설립하자 박은식은 교장으로 취임해 직접 교육현장을 진두지휘했다. 협성학교는 속성과정인 사범과 운영으로 장차 지교에 교사를 파견해 의무교육을 위한 든든한 기반이 되었다.[32] 이와 더불어 서북학회 지회도 1909년 12월까지 협성학교 지교를 70여 개교나 설립할 정도로 매우 적극적이었다. 서북 지역이 근대교육 중심지로서 거듭 발전할 수 있었던 배경은 이와 밀접한 연관을 가진다. 특히 협성학교 수학여행단은

〈그림 6〉《서북학회월보》

강화도 보창학교를 방문했다. 상호 교류에 의한 소통은 민족사적 과제를 주제로 토론회·간담회를 개최했다.[33] 다양한 의견 개진은 학생들 현실인식을 심화하는 계기였다.

장연군 장의택 등도 군수와 함께 사범강습소를 설립하는 등 의무교육 시행에 앞장섰다. 이들은 각 면리에 사립학교와 노동야학을 설립·운영했다. 안악군 유지들도 안악군면학회安岳郡勉學會를 조직한 후 500호 단위로 의무학교를 세웠다. 교사 양성은 3개월과 6개월 속성과정의 사범강습소 운영으로 이어졌다. 신천군수 김우희도 면장들과 협의해 군립승명학교를 설립했다.[34] 설립한 지 1년 만에 이 학교가 재정난에 봉착하자 그는 읍내 각 호에서 9전과 5전씩의 '의무교육비'를 춘추로 거두었다.

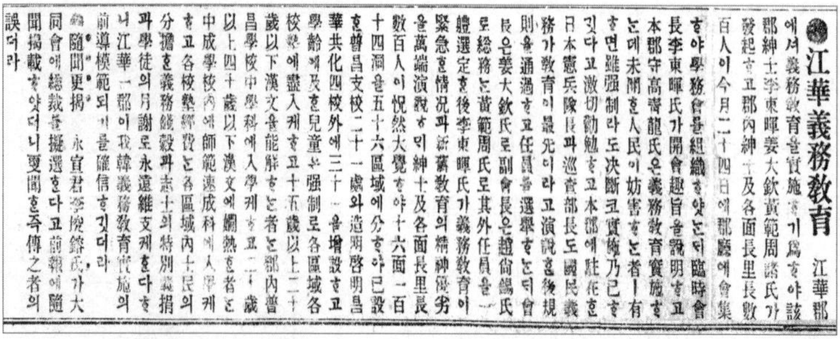

江華義務教育 江華郡

에셔義務敎育을實施ᄒᆞ기爲ᄒᆞ야該郡紳士李東暉姜大欽黃範周諸氏가發起ᄒᆞ고郡內紳士及各面長里長數百人이今月二十四日에郡廳에會集ᄒᆞ야學務會를組織ᄒᆞ얏ᄂᆞᆫᄃᆡ臨時會長李東暉氏가開會趣旨를說明ᄒᆞ고本郡守高壽龍氏ᄂᆞᆫ義務敎育實施ᄒᆞᄂᆞᆫᄃᆡ未開ᄒᆞᆫ人民이妨害ᄒᆞᄂᆞᆫ者ㅣ有ᄒᆞ면雖强制라도決斷코實施乃已ᄒᆞ깃다고激切勸勉ᄒᆞ고本郡에駐在ᄒᆞᆫ日本憲兵隊長과巡査部長도國民義務가敎育이最先이라고演說ᄒᆞᆫ後規則을通過ᄒᆞ고任員을選擧ᄒᆞᄂᆞᆫᄃᆡ會長은姜大欽氏로副會長은趙尙鎬氏로總務ᄂᆞᆫ黃範周氏로其外任員을一體選定ᄒᆞᆫ後李東暉氏가義務敎育이緊急ᄒᆞᆫ情况과新舊敎育의精神優劣을萬端演說ᄒᆞ미紳士及各面長里長數百人이悅然大覺ᄒᆞ야十六面一百十四洞을五十六區域에分ᄒᆞ야已設ᄒᆞᆫ普昌支校二十一處와造硏啓明昌華共化四校外에三十一을增設ᄒᆞ고學齡에及ᄒᆞᆫ兒童은强制로各區域各校에盡入케ᄒᆞ고十五歲以上二十歲以下漢文을能解ᄒᆞᄂᆞᆫ者ᄂᆞᆫ郡內普昌學校中學科에入學케ᄒᆞ고二十一歲以上四十歲以下漢文에嫺熟ᄒᆞᆫ者ᄂᆞᆫ中成學校內에師範速成科에入學케ᄒᆞ고各校塾經費ᄂᆞᆫ各區域內士民의分擔ᄒᆞᆫ義務錢穀과志士의特別義捐과學徒의月謝로永遠維支케ᄒᆞᆫ다ᄒᆞ니江華一郡이我韓義務敎育實施의前導模範되기를確信ᄒᆞ깃더라

錄 ◦隨聞更揭◦ 永宣君李埈鎔氏가大同會에總裁를擬選ᄒᆞᆫ다고前報에隨聞揭載ᄒᆞ얏더니更聞ᄒᆞᆫ즉傳之者의誤더라

〈그림 7〉〈강화의무교육〉(《황성신문》 1908년 3월 8일)

마산민의소와 밀양시의소도 각각 야학과 사립학교·사립유치원을 설립했다. 마산노동야학과 한국인이 최초로 설립한 밀양유치원이 대표적인 사례다. 의령민의소도 주민 부담으로 의신학교를 설립하는 한편 노동야학을 부설로 운영하는 등 의무교육 시행에 노력했다.[35] 의무교육을 표방하지 않았으나 능력에 따른 '의무교육비' 징수는 사실상 의무교육 일환이었다. 이러한 현상은 지방관의 교육에 대한 관심과 더불어 확대 실시되었다. 관내에 설립된 상당수 사립학교는 지방관과 계몽단체의 연합으로 이루어졌다.

강화도 진위대장으로 부임한 이동휘李東輝는 보창학교(초기 육영학원)를 설립했다. 그는 진위대장을 사임한 후 대한자강회·신민회·한북흥학회·서북학회 임원과 회원으로 활동하는 등 강화도 계몽운동을 주도했다. 의무교육을 위해 강대흠·황범주 등과 강화학무회도 조직했다.

강화군에서 의무교육을 실시하기 위해 해군該郡 신사 이동휘·강범주·황범주 제씨가 발기하고 군내 신사와 면장·이장 수백 명이 이번 달(2월-인용자) 24일 군청에 모여 (강화-인용자)학무회를 조직했다. 임시의장 이동휘가 개회 취지를 설명하고, 본 군수 고청룡은 의무교육을 실시하는 데 미개한 인민이 방해하면 비록 강제일지라도 결단코 실시하겠다고 격렬하게 권면하고 … 각 학교 경비는 구역 내 사민士民이 분담한 의무 전곡錢穀과 지사의 특별 의연과 학도의 월사금으로 영원·유지케 한다 하니 강화군이 우리 대한제국의 의무교육을 실시하는 데 훈도모범訓導模範이 되기를 확신하겠더라.[36]

강화군수 고청룡은 강제적인 방법을 동원해서라도 의무교육을 시행하겠다는 굳은 의지를 천명하는 등 지원을 아끼지 않았다. 발기회에서 선출된 임원은 회장 강대흠, 부회장 조상석, 총무 황범주 등이었다.[37] 의무교육 시행을 위한 주요 내용은 다음과 같다. 첫째 강화도 내 16면 114개 마을을 56개 학구로 나눈다. 둘째 학구마다 사립학교를 설립한다.[38] 셋째 학령아동은 강제로 각 '구역학교'에 입학하게 한다. 넷째 15세 이상 20세 이하 한문에 능숙한 자는 보창학교 중학과에 입학하게 한다. 다섯째 20세 이상 40세 이하 한문에 능한 자는 중성학교中成學校 사범속성과에 입학하게 한다. 여섯째 학교경비는 주민 생활 정도에 따라 부과한 의무금, 유지 의연금, 학생 월사금 등으로 충당한다.[39] 보창학교 중학과와 중성학교 사범과 설치는 의무교육을 위한 중장기 계획에 따라 추진된 사실임을 보여준다. 또한 신·구학 절충은 지역 특성을 반영한 부분이다. 한문 능통자에 대한 우대책과 그들의 교사 양성은 신·구학 절충이라는 현지 상황과 절대 무관하지 않았다.

강화학무회와 이동휘의 순회강연에 영향을 받은 개성·금천·장단·풍덕·안악 등지에서도 지교를 설립했다. 순회 결과로 보창학교 지교는 무려 100여 개교나 설립되기에 이르렀다.[40] 이동휘의 고향인 단천을 비롯한 함경도 일대에도 우후죽순처럼 사립학교가 설립되는 등 발흥기를 맞았다. 그는 상무교육을 강조하는 가운데 군사훈련에 버금가는 체육활동에도 남다른 관심을 기울였다. 지교 부설로 운영된 노동야학은 '국민개학國民皆學'을 표방한 의무교육 일환이었다. 야학 조차도 '단순한' 문맹퇴치 차원에만 머물지 않았다. 야학생들은 연합운동회 참가 등을 통해 '군사훈련'에 버금가는 병식체조를 중심으로 하는 체육 수업을 받았다. 연합운동회는 인천·통진·김포·개성 등지에서 80여 개교가 동참하는 등 대성황이었다. 1만여 명에 달하는 주민도 참여해 정정당당한 경쟁에 갈채를 보냈다.[41]

이처럼 의무교육은 지방자치제 시행을 위한 민지계발 일환으로 시작되었다. 1910년 8월까지 6000여 개교에 달하는 근대교육기관 설립은 이러한 배경에서 가능했다. '근대교육 시행 = 국권회복 = 교육의무'라는 인식은 사회적인 공감대를 형성하는 것과 동시에 계몽론자들의 중요한 활동 영역이 되었다. "공립학교는 정부를 위한 학교로서 정부의 이익 때문에 교육을 하는 것이요, 사립은 인민을 위해 교육한다"[42]는 인식의 확산은 관공립학교에 대한 편견을 심화했다. 곧 중류 이상의 가정은 이러한 교육기관에 대한 입학을 기피하는 분위기였다.

반면 사립학교의 설립·운영이 여의치 않을 경우에는 야학으로 대체되었다. 즉 학교 설립에 대한 재원 부족을 비롯해 교사 확보의 어려움 등 현실적인 제약 조건은 야학·강습소·개량서당 등을 통한 근대교육으로 이어졌다. 농한기나 야간을 이용한 야학은 노동자나 농민, 근로 청소년 등에게 근대교육을 더 많이 제공할 수 있었다.[43]

4

야학생 향학열로
한글 상용화의
밑거름이 되다

일제의 침탈 강화로 민중에 대한 근대교육 수혜는 절대 간단한 문제가 아니었다. 생존권 유지조차 힘든 상황에서 본인은 물론 자녀 교육은 부차적인 문제로 인식될 수밖에 없었다. 계몽론자들은 사립학교 부설인 야학·강습소(회) 등을 통해 민지계발에 힘을 쏟았다. 육영사업가나 교육가들에 대한 사회 인식은 민족지도자로서 높이 평가하는 분위기였다. 당시 신문사에서 조사한 내용도 이러한 사실을 가감 없이 보여준다. 그런 만큼 이들의 사회적인 영향력은 점차 증대되었다.

야학은 사랑방·마을회관·교회·공회당이나 기존 학교 시설을 이용해 손쉽게 운영될 수 있었다. 이는 사립학교에 비해 설립·운영이 비교적 쉬웠기 때문이다. 더욱이 통감부의 인가 등 통제를 거의 받지 않았다. 사실상 방임하는 분위기였다. 게다가 보통학교 고학년은 야학 교사로서 활동해 교사진 충원이 쉬웠다. 소액의 운영비로도 즉각 시행이 가능한 문제였다.[44] 사립학교 설립이 여의치 않은 지역을 중심으로 야학은 성행했다. 향학열은 이러한 변화와 맞물려 고조돼 나갔다.

… 곳곳에 여자학교가 일어나며 면면에 노동자학교가 세워져서 장장춘일에 규중에서 조국역사를 열람하며 깊고 깊은 가을밤에 등불 아래에서 세계대세를 담론하니 숙향전 소대성전을 상등학문으로 알던 구시대를 생각하면 과연 얼마나 굉장하고 쾌활하다 할까. 또 저 노동계의 소식은 더욱 격절탄복할 만한 일이 심히 많다 하니 혹 피땀을 흘리고 얻은 삭전을 한푼두푼 수합하여 야학교를 설립하며 혹 추수하여 얻은 곡식을 한 되 두 되 수합하여 야학교를 설립하여 낮에는 노동하고 밤에는 야학하기로 결심하니 저 조반석죽早飯夕粥하고 기색이 만면한 자의 설립한 학교로 어찌 남과 같이 굉대하고 화려하리오마는 만일 그 학과를 배울 때에는 열심이 외면에 나타나고 지성이 간장에 미쳐 격렬 분발하며 고성으로 낭독하는 모양이 중악산중에 김유신金庾信이 국가를 위하여 기도함과 같으며 삼초대상에 임경업林慶業이 무예를 연습함과 같아 더운 볕 논둑에 피땀을 흘린 후에 호미와 낫을 놓고 야학에 가서도 피곤하고 싫어하는 기색이 전혀 없다고 각처 향곡鄕谷의 찬양하는 말이 날로 들린다. 이에 대하여 누가 찬미하지 아니하며 공경하지 아니하리오. 이것은 국민전도의 복음이니라.[45]

세상사에 전혀 관심 없이 오직 복종만을 미덕으로 알던 부녀자들이 이전과 달리 밤마다 면학에 힘쓴다. 노동자(농업노동자도 포함)는 면마다 노동야학(교)을 설립해 자신이나 자녀의 교육에 노력을 기울이고 있다. 이러한 노동자나 부녀자 등의 맹렬한 교육열은 한국의 장래를 밝게 하는 '새로운 희망'이라고 격찬을 아끼지 않았다. 이들은 품삯 중 한두 푼이나 추수한 곡식 한두 되를 수합해 야학교를 설립하는 데 앞장섰다. 주경야독이지만 이들은 전혀 피로한 기색 없이 학문에 정진을 거듭했다. 이리하여 각처에 노동야학과 부녀야학 등이 설립됨으로 근대교육운동은 새로운 전환기를 맞았다.

노동자들은 재정난에 직면한 사립학교에 대해 자신들의 품삯을 기부했다. 강원도 춘천의 북내면과 서장면의 초군들은 짚신 판매대금을 학교 보조금으로 의연하는 데 주저하지 않았다. 삼화항의 부두노동자들은 금주단연운동으로 모금한 금액을 부근 학교에 보조하는 한편 강연회를 개최했다. 이를 통해 노동자들 스스로가 새로운 시대 상황에 부응해 나갔다. 서울의 현석리 노동자들은 관내 학교를 지원할 노동찬학회를 조직했다. 이들은 임금 중 일부를 매월 징수해 의연금을 마련하는 등 지원을 아끼지 않았다. 개성 광명학교는 목수·미장이 등 노동자 200여 명이 임금 중 일부를 공제해 모은 의연금을 학교 경비로 충당했다. 운산 지역 복진금광 노동자들은 금주단연회를 조직한 후 기금을 모아 사립학교와 여학교를 설립했다. 또 신문종람소를 설치해 시세 변화에 부응했다. 노동자들 스스로 자금을 모집해 학교·야학·강습소 등을 설립하는 경우도 적지 않았다.[46] 이처럼 민중 교육열은 근대교육운동의 분위기를 주도하는 등 대단한 기세로 전개되었다.

사회적으로 가장 천대받던 백정도 자녀 교육을 위한 사립학교를 세웠다. 1909년 서울 사현동에 설립된 숭정학교崇正學校가 대표적이다. 수육판매상 균흥조합은 도축세를 기반으로 이 학교를 설립했다. 숭정학교는 초기에 교재비, 교사 급료 등 운영비 조달조차 어려운 상황이었다. 개성에 거주하는 수육판매상의 의연금은 교육 내실화에 크게 이바지했다. 특히 사현동의 송동·홍태윤은 유지들의 기부금으로 교사를 신축하는 동시에 근대교육기관으로 전환했다. 신분에 대한 인식 변화와 더불어 관리 자녀들도 이 학교에 입학할 정도였다. 결국 고조된 교육열은 강고한 신분제를 약화하는 기폭제가 되었다.[47] 곧 교육 성과는 실생활에 잔존한 인습을 제거하는 데 크게 이바지했다.

교육열을 극대화하는 방안은 교육 성과와 관련된 한글교육이었다. 한글에 대한 관심과 연구는 주시경周時經·지석영池錫永·최광옥崔光玉·유길준 등에 의해 이루어졌다. 민족정신을 고취하는 방편으로 한글 연구에 집중하는 분위기였다.[48] 이들은 한글을 통한 교육 효과에도 주목했다. 민중은 변화에 잘 적응하기 때문에 이들을 교육한다면 단시일에 교육 성과를 거둘 수 있다고 보았다. 당시 한글판 신문 간행은 이러한 취지에서 비롯되었다. 일찍이 정부도 국문학교 설립을 계획하는 등 한글 대중화에 노력을 기울였다.[49] 《관보》 등 공식적인 문서의 국한문 혼용은 이러한 의도와 맞물려 있었다. 이리하여 '언문·

암글'이라는 인식은 점차 반감되면서 한글이 나라글로서 위상을 찾아가는 계기가 되었다.

심지어 외국인 선교사인 헐버트 Homer Bezaleel Hulbert와 스코필드石虎弼, Frank William Schofield는 한글의 우수성과 실용성에 주목했다. 헐버트는 한글로 된 최초 교과서인《사민필지士民必知, Knowledge Necessary for All》를 발간했다. 내용은 세계지리, 천체와 각국 정부 형태와 풍습·산업·교육·

〈그림 8〉《사민필지》(독립기념관 소장)

군사력 등이었다. 서문에서 "… 중국 글인 한문으로는 모든 사람이 빨리 알지 못하고 널리 볼 수 없으며, 조선 언문은 본국 글일뿐더러 알기 쉬우니 슬프다! 조선 언문이 중국 글자에 비해 크게 요긴하건만 사람들이 요긴한 줄도 알지 아니하고 오히려 업신여기니 어찌 아깝지 아니하리오"[50]라며 한글에 대한 무한한 애정을 표시했다.

근대교육운동의 확산은 한글에 대한 관심을 촉발했다. 당시 주장은 한글의 우수성을 강조하는 반면 한문의 폐단을 집중적으로 거론했다. 전주사 윤영택은 노동자를 위한 국문학교 설립을 정부에 적극적으로 건의했다. 이어 국문속성학교 운영을 위한 구체적인 방안도 제시하는 등 한글교육에 적극적이었다. 이 계획안에 따르면 마을에 있는 한글

해득자를 교사로 삼고 모든 국민을 대상으로 하는 전국적인 시행을 목표로 삼았다. 여자교육을 담당할 교사는 남자 중 연로한 사람으로 당분간 대체하는 방안이었다. 이는 '남녀유별'의 인습을 타파하기 위한 여성교육에 대한 배려였다.[51] 특히 많은 사람이 참여하게 하는 방안은 농한기나 야간을 이용한 교육으로 귀결되었다. 공부를 게을리하는 당사자는 물론 교사에게도 벌금을 부과하는 등 '강제적인' 교육을 강조했다.

정부도 1907년 학부에 국문연구소를 설치하는 등 한글 보급을 위한 구체적인 방법을 강구했다. 초기 임원으로 위원장은 윤치오, 위원은 장헌식·이능화·현은·권보상·주시경 등이었다. 주시경만 민간인이고 모두 학부 관료였다. 지석영·유성준·이종일 등의 가세는 연구를 심화하는 밑거름이었다. 주시경은 독립신문사 재직 때부터 국문동식회國文同式會를 조직해 한글 연구에 많은 노력을 기울였다. 체계적이고 과학적인 연구는《국어문법》·《국어문전음》·《말의 소리》등 역작으로 출간되었다. 또한 상동청년학원에서 한글을 가르치는 한편 국어강습소·국어강습원도 직접 운영함으로써 한글 대중화에 앞장섰다. 그는 여러 사립학교 국어강사로서 혼신을 다하는 진정한 국어학자이자 교육자였다.[52] 일제강점기는 물론 현대 국어학사에 뚜렷한 자취를 남긴 인물 대부분은 그의 제자였다.

한글 연구에 대한 심화는 잡지나 교양서적 발간으로 이어졌다.《가정잡지》·《여자독본》·《교육월보》등 잡지의 보급은 이러한 노력의 성

〈그림 9〉《여자독본》

과물이었다.[53] 잡지 보급은 민중의 지식에 대한 갈망이 그대로 반영된
부분이기도 하다. 한글을 통해 고취된 민족문화에 대한 자긍심은 민
중의 지식에 대한 갈망과 맞물려 확산을 거듭했다. 이렇게 확산된 자
긍심은 각지에 국문학교가 설립되게 하는 등 한글에 대한 관심을 증
대했다.

정택용·윤병한·김정식 등은 공옥학교에 국문야학교를 설립했다.
이들은 보통학문이 제대로 보급되지 못해 외세의 압제를 받기에 이르
렀다는 인식을 가지고 있었다. 이를 극복하는 방안은 먼저 1~2년 만
이라도 한글교육을 집중적으로 시행하자는 주장이었다.[54] 한문 중심
의 교육에서 탈피해 하루 빨리 한글교육을 시행한다면 누구라도 시세
변화나 시무를 능히 파악할 수 있다고 보았다. 나아가 한글에만 국한

하지 말고 우리의 지리·역사는 물론 산술·일본어 등의 교과목으로 확대를 강조했다. 이를 전후해 국문야학은 지속적으로 설립되었다.

함남 함흥군 조양면의 한정봉은 흥인학교를 설립한 후 자기 집에 국문야학교를 세웠다. 이에 주민 사이에 성행하던 잡기가 사라지고 대신 문풍이 흥기했다. 시흥군 서면 소하리 주사 이연철은 1907년 음력 3월 국문야학교를 설립한 후 각종 교재를 한글로 번역·교육하는 데 앞장섰다. 이에 주민이 30여 명이나 호응하는 등 높은 관심을 보였다. 같은 면 중종리에 사는 안윤서도 1908년 4개 동리에 국문야학교를 설립했다. 포천군에도 의무교육기관인 신야의숙(청성제일학교로 개칭)에 국문야학 3개소가 부설됐다.[55]

충남 직산의 원경연은 국문야학교 설립 취지서를 통해 한글교육의 중요성을 널리 홍보했다. 다음은 국문야학이 성행하는 상황에 대한 기사다.

근래에 교육의 경황이 증가함에 따라서 국문의 발달을 더욱 재촉하는데 혹 오직 국문과로만 초동목수를 가르치는 학교도 있고 혹 주학과 야학을 나누어 야학에는 국문 한 과정만 강습하는 학교도 있으며 혹 여러 학과 중에 특별히 국문 한 과정만 두고 가르치는 학교도 있어 각처에서 오는 편지와 전설을 이로 응접할 겨를이 없으니 본 기자는 이런 잡보를 게재하기에 재미가 있도다. …[56]

교육운동 확산으로 한글 연구와 더불어 국문학교도 각처에서 운영되었다. 주로 보통학문을 교육했으나 오직 한글만을 전문으로 교육하는 경우도 있었다. 초동목수나 노동자를 대상으로 한 야학은 이러한 범주에 속한다. 당시 언론은 이를 격찬하는 등 국문야학에 대한 지속적인 관심을 보였다. 이리하여 한글로 된 교재의 편찬·보급은 계몽론자들에게 시급한 현안으로 부각되었

〈그림 10〉《교육월보》

다. 한글은 단순히 문자 습득을 위한 수단이 아니라 민족문화나 민족정신의 정수精髓로서 인식됐다.[57] 우리말과 우리글이 창제된 배경은 애민정신에서 비롯되었기 때문이다. 나아가 부녀자·노동자를 위한 한글교육은 빠른 시일 내에 교육 성과를 거둘 수 있었다. 이에 계몽론자들은 교육열에 부응하는 교재를 발간하기 위해 분발을 촉구했다.

《교육월보》발간 취지서도 이러한 인식이 그대로 반영되었다. "국어는 애국심과 밀접한 관계가 있기 때문에 민족정신·민족의식을 보전하는 기반이다. 민족성 보전은 국어교육을 통해 가능할 뿐만 아니라 국어 발전은 각 나라 발전과 불가분의 관계에 있다."[58] 이에 따라 국문학교(국문야학교) 설립은 가장 급선무로서 부각되었다. 이와 더불

어 농민들이 농부학교나 노동학교를 설립할 것도 촉구했다. 배우기 쉬워 교육 효과가 큰 국문야학은 당대인들의 주목을 받았다.

　이러한 상황 전개는 야학 설립에 많은 영향을 미쳤다. 노동자·부녀자 등 이른바 민중 교육열의 고조는 야학에 대한 관심을 높이고 야학 설립을 촉진하는 배경이었다. 한글로 된 잡지·신문은 야학 교재로 널리 활용할 수 있었다. 특히 민중은 경제적으로 몰락해 제도권 교육을 받기 어려운 상황이었다. 사회교육의 일환으로 야학은 민중에게 교육을 제공할 수 있었다. 야학은 사립학교설립운동과 더불어 전국 각지에 우후죽순처럼 설립되었다.[59] 이는 당시 민중의 성장과 고조된 향학열을 실증하는 부분이다. 나아가 새로운 민중문화운동의 영역으로 야학운동이 추진될 수 있는 기반이었다.

5

야학운동이
발흥하다

갑오개혁 이후 정부 의지와 달리 교육정책은 중장기적인 관점에서 추진되지 못했다. 정국 불안과 지배층의 실천력 부족은 이를 가로 막는 장애물이었다. 흥학을 도모하는 방안으로 일부 사립학교는 주·야학을 겸설하거나 부설기관인 야학을 설립했다. 사립학교 운영자들은 근대교육을 통한 위기 상황 극복을 시급한 과제로 인식했다. 야학이라는 새로운 '배움터'는 근로 청소년들에게 좀 더 폭넓은 교육기회를 부여할 수 있었다. 전통교육기관은 물론 근대교육기관도 주경야독하는 분위기를 조성하는 등 새로운 변화에 직면하고 있었다.

  야학은 부국강병의 일환인 시무책으로 시행되기에 이르렀다. '단순한' 문맹퇴치 차원이 아닌 교육입국 이념과 더불어 야학은 시작되었다. 야학을 통한 근대교육 시행은 이러한 성격을 잘 반영하고 있었다. 야학교로 시작한 광성학교는 주학으로 전환을 검토했다. 학생은 물론 학부모의 거센 반발로 계획은 무산되었다. 이에 교장 박기양, 교감 서상면, 교사 신해영 등은 야학교 발전을 위한 찬성원으로 유지 25 명을 임명했다. 이들의 후원으로 광성학교는 남대문 상동으로 교사를 이전·확장할 수 있었다. 세천야학교는 한양학교로 개명한 이후 주·야학을 겸설했다. 안영중·김명집은 명예교사로 자원해 일어·산술 등을 가르쳤다. 설립자는 학교를 이전·확장하는 동시에 학부에 승인을 청원했다. 아울러 유문상·박정선·김동규·박기준·유영찬 등 교사를 대거 충원하며 교육 내실화를 도모했다.[60] 당시 주학의 학생 수는 12 명인 반면 야학은 무려 64명에 달할 정도로 대단한 호응을 받았다.

1898년 설립된 사립흥화학교도 주학보다 야학생이 훨씬 많았다. 속성과정의 양지과는 90여 명에 달하는 등 야학과에 대한 관심은 대단히 높았다. 특히 졸업자를 측량기사로 발탁한다는 계획은 청소년들에게 큰 반향을 불러일으켰다. 이에 자극을 받은 재동소학교 인근 유지들도 야학교를 설립하는 등 근대교육 보급에 노력을 기울였다. 교과목은 경학·일어·산술·물리학·화학·정치학·법률학·지지(본국과 만국)·역사(본국과 만국) 등이었다. 입학 자격은 15세 이상으로 제한하는 '중등교육기관'이었다.[61]

광흥학교는 야학으로 법률과와 특별과를 두었다. 특별과 교과목은 일어·부기·산술로 특별과에 일시에 30여 명이나 호응해 성황이었다. 교사진은 남순희·신해영·어용선·김용제 등이었다.[62] 광흥학교

는 야학교로 시작한 이래 점차 교세가 확장되어 주학으로 전환되었
다. 홍종복 등이 설립한 사립시무학교는 실무교육에 치중했다. 교사
는 강홍수·어윤적·윤방현·김용제 등이 있었고, 교과목은 각 부현 행
장정, 각국 통상조약, 공법·법률·산술 등으로 편성되었다. 수업은 오
후 8시부터 10시까지 2시간씩 진행했다. 이 학교는 관리 양성과 실무
자 능력 배양을 목적으로 설립된 야학교였다. 그런 만큼 교과목 편성
에도 그 목적이 그대로 반영되었다. 교세의 확장과 함께 이 야학교는
주학으로 전환되는 계기를 맞았다.[63] 동서 유지들도 1898년 겨울에
가숙을 설립한 후 야학으로 영어·일어·산술 등을 가르쳤다. 주민들
의 적극적인 지원을 받아 가숙이 점차 발전함에 따라 유지들은 교장
으로 이재극을 추천하는 한편 도동학교로 명칭을 바꾸었다.

　이처럼 야학교나 야학(과)은 근대교육 보급이라는 측면에서 중요
한 의미를 지닌다. 곧 근대교육 시행을 위한 현실적인 대안의 하나는
바로 야학이었다. 그런 만큼 야학은 우리의 근대교육사에서 중요한
위상을 차지한다. 다만 일어가 주요 교과목으로 편성된 사실은 일제
의 침략과 관련해 문제로 지적하지 않을 수 없다. 경성학당 부설의 6
개월 속성과정인 일어야학이 대표적인 경우다.[64] 이후 각지에 설립된
일어학교나 일본어를 전문으로 가르친 경우도 전혀 예외일 수 없다.
야학 운영 주체들의 의도와 달리 야학은 일본어 보급과 더불어 무분
별한 일본 문화가 일상사에 그대로 침투되는 통로로서 작용했기 때
문이다.[65] 이러한 과정에서 '왜색문화'에 대한 비판이나 경계심은 상

대적으로 반감되었다. 물론 다양한 사조 수용을 위한 일본어 연구나
교육을 배척하자는 주장은 절대 아니다.

을사늑약 전후로 사립학교설립운동과 더불어 야학운동은 진전되
었다. 양홍묵은 의법회야학교를 정동 기독교교회에 설립했다. 하지만
선교사의 반대로 곧 학교를 수하동소학교로 이전할 수밖에 없었다.[66]
향토현에 설립된 진명야학교 교과목은 일어 · 영어 · 한문 · 역사 · 지
리 · 산술, 현행 법률, 박물학 등이었다. 관립한어학교 교사인 이명칠 ·
최윤원 등은 1906년 3월 학교에 한어야학(현 중동중 · 고등학교)을 설립
했다. 동료인 유광열 · 김원배 · 오신규 등이 교사로서 자원했다. 초기
교수과목인 중국어 · 산술에서 점차 일본어 · 역사 등이 추가되었다. 특
히 운영자와 교사들이 노력한 결과 60여 명이나 출석하는 등 대성황
이었다. 이듬해 1월에는 교장 오세창, 교감 최홍모, 한어교사 유광열,
일어교사 박재숙으로 하는 중동야학교로 발전했다. 중동이란 교명은
국가와 민족을 위한 대들보나 기둥과 같은 인재를 양성한다는 의미였
다. 이어 주학인 영어과를 특설하는 등 다양한 어학과 실무교육에 중
점을 두었다.[67] 학칙 제정은 명실상부한 근대교육기관으로서 자리매
김하는 동시에 교육 내실화를 도모하는 계기였다.

마포 유지들도 보성학교에 보명야학교를 세웠다. 한문 장기일, 상
업 이필준, 일어 김병제, 산술 오명근 등으로 한 전담교수제(교과전담
제)의 실시는 야학생은 물론 주민들에게서 상당한 호응을 받았다. 이
필준은 운영비를 거의 전적으로 부담하는 등 매우 열성적이었다. 북

부 누각동 유지들은 의무교육 일환으로 신명학교를 설립했다. 교장 엄준원과 사무원들의 노력으로 일시에 학도가 100여 명에 이르렀다. 또 근로 청소년을 위한 일어·산술을 중심으로 한 신명야학을 세웠다.[68] 야학은 주민의 부담으로 이루어진 의무교육의 일환이었다.

보성소학교의 교주인 이종호는 유지들과 보성소학교에 설립한 일어야학강습소를 운영했다. 교사는 박태병·윤세용으로 지지·일어·역사 등을 중심으로 가르쳤다. 자금난으로 이를 폐쇄하려 하자 학생들은 운영비 모금·조달에 솔선수범하고 나섰다.[69] 이러한 노력으로 야학은 계속 운영될 수 있었다. 유일선은 상동청년회관에 정칙ML야학교를 설립한 후 안일영·홍병선 등과 명예교사로서 활약했다. 교육기간은 1년으로 교과목은 일어·산술·대수·기하학·삼각법 등이었다. 설립 취지는 민지계발과 수학의 대중화를 통한 문명사회 건설이었지만 사실 중등학교 진학을 위한 입시준비기관이나 마찬가지였다. 매월 일정한 수업료를 징수하는 등 오늘날 입시학원의 성격을 지녔다. 청풍학교는 부설로 영어야학교를 설립했다. 영어교사는 물론 일부 교사도 명예교사로서 자원하고 나섰다. 수업료는 물론 교재도 무료로 제공하는 한편 환등기로 영어교육을 실시했다. 시청각 자료로 이루어지는 교육은 내실을 다질 수 있는 주요한 방편이었다.[70] 특히 영어 이상래, 산술 오원하, 지지 이병규 등으로 구성된 전담교사제는 학생들에게서 대단한 호평을 받았다.

종교기관이나 단체도 야학을 설립하거나 후원하고 나섰다. 황성기독교청년회는 회관에 상업야학과를 설립했다. 수업기간은 2년으로 교과목은 산술·부기·상업학·상법·상업지리·경제학·어학·성경 등이었다. 영국교당도 성경·일어·영어·산술 등을 가르치는 성공개진야학을 세웠다. 교사진은 선교사를 비롯해 이원창·김문식·오주환·최피덕 등이며, 교과과정은 초등과와 중등과로 구분했다. 재학생은 130여 명에 달하는 비교적 대규모였다. 대동교는 중부 교동회관에 야학강습소(일명 대동강습소)를 설립했다. 야학생은 주야 80~90명이었고, 교사는 김봉진·임명호·이용호 등이었다.[71] 종교기관에서 운영한 야학은 대부분 종교교리를 필수과목으로 편성했다.

한성부는 근로 청소년을 위한 실업야학교(실업보습야학교)를 관립미동보통학교·관립수하동보통학교·관립어의동보통학교에 부설했다. 교사진은 사범학교 교사들로 이루어졌고 교과목은 국문·체조·산술 등이었다. 입학 자격은 근로 청소년으로 한정했다. 경성상업회의소는 야학 운영에 관한 전반을 감독했다. 학생은 어의동야학 76명, 수하동야학 71명, 미동야학 70명 등으로 운영비는 한성부의 지방비로 충당되었다.[72] 이는 노동자들의 생활 안정을 위해 관청에서 최초로 실시한 야학으로 주목된다.

변화에 부응해 노동자들도 학교·학회를 비롯한 사회단체 등에 야학 설립을 요청하거나 스스로 기금을 마련·설립했다. 서강방의 초동목수 100여 명은 우산학교 학생들의 활동상을 보고, 자신들의 처지와 무식을 타개하는 방안으로 야학을 설립했다. 이들은 우산학교에 야학인 우산학교 지교를 설립한 후 우산학교에 교사 파견을 요청하는 청원서를 보냈다. 청원서에서 "학교란 인재를 양성하는 기관으로 동서고금을 막론하고 국가는 8세가 된 아동을 학교에서 교육해 인재로 양성하는 것이 만고불변의 진리"[73]라고 주장했다. 특히 그들은 누구보다 향학열이 강렬하지만 사회 여건상 교육은 거의 받지 못했음을 밝혔다. 이리하여 그들은 무지몽매한 인간으로 항상 사회에서 천대받는 존재일 수밖에 없고, 국가 병폐의 근원은 여기에서 비롯된다고 강조했다.[74] 결국 야학으로 한글·한문·산술 등 보통학문만이라도 배울 수 있게 기회를 달라고 요청했다.

서북학회는 물장수의 요구에 호응해 서북학교에 물장수야학을 운영했다. 박은식은 물장수야학의 번성을 기원하는 동시에 이들을 격려하는 취지에서 '미담 소식'을 널리 알렸다. "사회의 가장 하층인 물장수들조차도 시대 변화에 부응해 문명 진보를 위한 교육에 대한 관심이 고조되었다. 이들은 생계 대책이 막연할 뿐만 아니라 생활상 여유도 없지만, 향학열은 어느 계층보다 높다. 반면 일반인의 자녀들은 학업에 종사할 생각 없이 무익한 생활로 시간을 허비하니 부끄럽지 않은가. 물장수야학은 우리 사회의 귀감이다. 이 소식을 듣는 즉시 보통지식이라도 발달되게 해 개인 자유는 물론 국가 자립을 위한 분발을 촉구"[75]했다. 사회적으로 천대받는 물장수들도 시대 변화를 인식하고 문명사회 건설에 동참한 점을 강조했다. 이러한 활동은 우리 사회를 밝히는 귀감이자 새로움을 밝히는 '희망봉'이라는 찬사를 아끼지 않왔다. 이리하여 물장수야학은 대한제국기를 '대표'하는 야학으로 널리 회자되었다. 물장수 대명사인 북청물장수를 찬미한 다음 시는 이러한 상황을 잘 보여준다.

새벽마다 고요히 꿈길을 밟고 와서
머리맡에 찬물을 쏴 퍼붓고는
그만 가슴을 디디면서 멀리 사라지는
북청물장수.

물에 젖은 꿈이
북청물장수를 부르면
그는 삐걱삐걱 소리를 치며
온 자취도 없이 다시 사라져 버린다.

날마다 아침마다 기다려지는
북청물장수[76]

노동단체도 노동자나 그 자녀의 교육을 위한 야학운동에 앞장섰다. 서울은 미장이·목수·인력거꾼·모꾼·석수 등 각종 노동자가 운집한 곳이다. 이들은 권익을 보호하는 차원에서 거주지별·업종별로 노동회를 조직하는 한편 지방에 지회를 설립했다. 서울노동회(대한노동회)

회원은 1만여 명에 달하는 대규모였다. 이 단체는 노동야학을 운영하는 한편 때때로 강연회를 개최했다. 노동야학회가 운영한 야학은 국어·산술·일어 등이 주요 과목이었다.[77] 연초직공조합소도 3000여 명에 달하는 노동자교육을 위해 양정·보인·삼흥 세 학교에 직공야학을 설립했다. 이 야학은 당시 가장 큰 규모였다. 운영비는 직공의 월급에서 10전(20전 또는 30전)씩 거둔 수업료와 유지의 기부금으로 충당되었다.[78] 직공야학은 중장기적인 운영비를 확보하며 교육 내실화를 이룰 수 있었다.

경기도 야학운동을 이끈 주요 세력은 군수·주사 등 관리와 실업가·교사 등이었다. 독립협회 자매단체인 박문협회博文協會는 회관에 1898년 영어야학을 설립했다. 교장은 박문협회장, 교사는 이학인·강준 등이었다. 이는 인천 개항장이라는 지역 특성과 맞물려 발전을 거듭했다. 백범 김구金九와 양봉구 등은 인천감옥에서 죄수들을 위한 야학을 세웠다.《독립신문》은 이를 극찬하는 등 야학에 대한 관심을 환기했다.[79] 김교원은 유지신사와 선교사 지원으로 야학인 수제학교를 설립했다. 해관에 재직 중인 이학인·강신목 등이 명예교사로 자원하며 향학열을 고취했다. 1907년 인천의 곽중근·전규영 등도 박문학교에 영어·일어·산술을 중심으로 하는 야학을 설립했다. 이들은 장기빈과 함께 교사로서 활동하는 등 시세 변화에 부응했다. 인천 다소면 송림동 허환·이갑규·이명호·신영우·조재영 등은 노동자교육기관인 이문학교가 폐지되자 이를 복설한 후 야학으로 운영했다. 목적은 노동자 민지계발과 능력향상을 통한 생활 안정이었다.[80] 즉 문맹 상태는 노동자 개인의 불행일 뿐만 아니라 사회적인 대손실이라고 인식할 정도로 새로운 계층으로 노동자를 인식하고 있었다.

신영야학교는 1906년 안산군 와리면 신각리 유지들이 설립했다. 경비는 실업가인 함원식이 전담했다. 주민들이 호응하고 야학에서 교육 성과가 나타나자 신영주학교를 설립한 후 정운엽을 교사로 초빙하는 등 근대교육 보급에 노력했다. 신영야학교를 비롯해 관내에 운영된 7개 야학교는 이러한 사실을 그대로 보여준다.[81] 주요 교과목은 국문·한문·체조·창가 등으로 보통학교와 유사했다. 공립보통학교와 기독학교·양산학교의 고학년은 명예교사로서 지원을 아끼지 않았다. 이러한 변화는 안산 지역에 개신교가 전래되어 생겨난 교육활동 덕분이었다.[82] 새로운 계층으로 등장한 학생들은 근대교육 보급과 맞물려 있었다. 이들은 교육 수혜를 사회에 환원하는 등 사회적인 책무를 저버리지 않았다.

남양군(현 경기도 화성시) 신리면 사곳동의 홍재량 등은 사숙 부설로 노동야학교를 세웠다. 보통학교 교사인 신기하가 명예교사로 자원했다. 이에 출석생이 30여 명에 이르는 등 교세는 확산되는 분위기였다. 같은 군 재무주사 황윤동은 보흥학교에 야학을 특설하고 일어와 산술을 위주로 가르쳤다.[83] 주민들의 호응과 지원은 교육 내실화와 더불어 야학 발전을 위한 든든한 밑거름이나 마찬가지였다.

가평군 가릉학교 임직원은 부설로 야학교를 설립했다. 야학생이 통학에 불편함을 느끼자 마을 주민들은 공동 부담으로 길가에 장명등을 세웠다. 주민들의 아낌없는 지원은 야학생의 향학열을 고취하는 중요한 계기였다. 양평군 주사 이은철과 우편취급소 이승덕은 의병전쟁으로 거의 폐교에 직면한 용문학교를 복구한 다음 일어야학속성과를 운영했다. 이어 노동야학과를 설립한 후 한글로 번역한 교재까지 만들었다. 일시에 40여 명이 호응하는 등 향학열의 고조에 따라 장차 각 동리에 야학을 운영할 계획이었다. 진위군 전 우편국 주사 유준홍은 자기 집 사랑을 수리한 후 노동야학회를 창설하고 교사로 유정기와 김정현을 초빙했다.[84] 설립자와 교사들의 열성으로 재학생은 설립된 지 보름 만에 50여 명에 달했다.

안성군 남면 신촌에 거주하는 강태범은 성균관에 재학 중인 학생이었다. 그는 여름방학을 이용해 고향에서 30여 명의 초동을 모집한 후 김정필과 함께 야학을 운영했다. 이들은 경비를 자담하는 동시에 명예로 가르쳤다. 이러한 활동은 주민들에게 커다란 반향을 불러일으켰다. 주민들은 기금을 조성해 사립학교·강습소 등을 설립할 만큼 매우 열성적이 되었다.[85] 곧 야학 운영은 근대교육에 대한 관심 고조와 더불어 이를 위한 구체적인 실천으로 발전하기에 이르렀다.

노동자들도 직접 야학을 설립했다. 양근군 분원 등지의 초동목수 40~50명은 분원공립보통학교 부설의 야학과 운영에 자극을 받았다. 이에 자본금을 모집해 자신自新학교를 설립하는 등 모범을 보였다.[86] 이천군 초면 대대리의 노동자 30여 명은 사립일신학교에 야학교를 세웠다. 야학생 수는 일시에 30명에 달해 성황이었다. 최기정과 최의순을 교사로 초빙하는 등 교육의 내실화를 위한 노력도 아끼지 않았다.[87] 이는 노동자들이 점차 사회 구성원으로 자각하면서 사회적인 책무를 실천한 점에서 중요한 의미를 가진다.

한편으로 지역 주민의 지원을 바탕으로 한 야학운동도 전개되었다. 이는 사립학교설립운동과 마찬가지로 취지서를 선전하는 가운데 진행되었다. 교하군의 선성야학이 대표적인 경우다. "생존 경쟁과 우승열패가 국제질서로 정착된 오늘날 국가의 독립을 보존하는 요체는 청소년 교육에 달려 있다. 군수를 비롯한 유지들은 각급 교육기관을 설립하는 등 이에 부응하고자 한다."[88] 즉 시세 변화에 따른 시무책 일환으로 야학을 설립한다는 취지였다. 이들은 교육 효과를 빨리 거둘 수 있는 한글교육의 유용성에 주목했다. 특히 노동자교육을 위해 각 면리에 학교를 세우는 한편 교사 양성을 위한 사범속성과도 운영했다. 통진군 양릉면 양홍학교 부설인 분양야학(통진야학)도 취지서를 발표했다. 취지서는 선성야학과 비슷한 내용을 담고 있었다. 이는 신문에 보도돼 당시 세인의 주목을 받았다.[89]

충청도 야학운동은 진명야학교 설립에서 시작되었다. 탁지부 주사인 김영두·김우진, 은행원 이남식, 공주군 유지 이현주·박동환 등은 진명야학교를 세웠다. 교과목은 경제·산술·부기·상업일반 등 주로 상업계 종사자를 위한 야학이었다.[90] 임천군수 김응규는 조두영·이병오 등과 정법학교를 설립했다. 이들은 취지서를 발표하는 등 근대교육 보급에 매우 적극적이었다. 특히 군수 김응규는 직접 천흥학교를 설립한 후 교장에 취임했다. 그의 노력으로 개교한 지 불과 7~8개월 만에 학생 70여 명이 출석할 정도였다. 군 주사 조동익과 재무서장 김상익은 천흥학교 부설로 노동야학을 설립한 후 40여 명을 수용·교수했다.[91]

옥천군수 신현구는 부임한 이후 관내에 7개 사립학교를 설립하고 노동야학을 부설로 운영하는 등 야학운동에 앞장섰다. 보은군 주사 최병철은 야학을 설립한 후 명예교사로 활동했다. 그의 열성에 감복한 청년 수십 명이 이에 호응하는 등 발전을 거듭할 수 있었다. 이남면 평산리 박정진·이교철·조창렬 등은 노동야학교를 설립했다. 일시에 90여 명이나 호응하자 인근 적령리와 소도리에 각각 지교를 설립하는 등 노동자교육에 전력을 기울였다. 청주군 이상우는 4~5년 동안 노동야학교를 설립해 노동자교육에 헌신적인 활동을 펼쳤다.[92] 노동야학교 학생은 80여 명이었고 간이농상공학과 학생은 수백 명에 달할 정도로 향학열이 고조되었다.

예산군 순사 강인섭, 헌병소 통역 송병주, 조합소 통역 박영수, 유지 김현동 등은 동명야학교를 세웠다. 이들은 교사로서 활약하는 한편 월급 3분의 2를 야학 운영비로 충당했다. 진잠군수 조돈승은 유지 김영기·박충서·송일호·김철수 등과 협의해 향교와 하남면에 각각 학교를 세웠다. 유지비는 군수의 월급 중 의연금과 주민들의 '교육비'로 조달했다. 학도는 120여 명에 달하는 등 교육열은 널리 확산되었다.[93] 관내 유의유식하는 청소년을 위한 야학도 설립하는 등 교육 활동에 헌신적이었다.

당진군수 서재덕은 지방위원 인노수와 협의해 지방자치를 위한 군회·면회·리회 등과 농사 개량과 부업 장려를 위한 농회를 각각 조직했다. 농회 입회자는 무려 170여 명에 이르렀다. 그는 이를 기반으로 47개소에 달하는 노동야학강습소를 관내에 설립하는 등 지식 보급에 심혈을 기울였다.[94] 직산군수 지희열은 부임한 이후 유지들과 사립학교를 설립하는 등 교육운동에 적극적이었다. 주민들이 법률에 대해 무지함을 안 그는 향교에 법률강습소를 설립한 후 여가를 이용해 직접 교사로서 활동했다.[95] 그의 노력으로 주민들이 법령에 대한 중요성을 인식하는 등 관내 사회질서가 점차 정립될 수 있었다.

교사·유지들에 의한 야학운동도 활성화되었다. 괴산공립보통학교 교사 이응운·안홍원 등은 부설로 국문야학을 설립·교수했다. 이들은 교과서는 물론 학용품 일체도 무료로 제공하는 등 한글 보급에 노력을 기울였다. 이를 계기로 괴산 일대에 야학이 널리 설립되는 등 근대교육 중심지로서 발전을 거듭할 수 있었다. 괴산군 남중면 전법리 조종호·김상현·김연희 등은 초동목수를 위한 국문야학교를 세웠다. 학교 운영진은 교장 김상현, 학감 김낙서, 교감 김인희, 교사 조준욱·정운한 등이었다. 이들의 노력은 한글 중요성을 인식하게 하는 한편 야학생이 대거 호응케 하는 계기였다. 같은 군 신상우·유우근 등도 괴산야학을 설립했다. 군 재무주사인 이기욱과 마사무라 요조正村要藏는

명예교사로 자원해 각각 법률과 일어를 전담 교수하는 등 지원을 아끼지 않았다.[96]

제천군의 근대교육은 기호흥학회 제천지회의 활동으로 활성화되었다. 특히 지회원인 이희직은 기호흥학회를 비롯해 서북학회·교남학회·관동학회·호남학회 등에 거금을 의연하는 등 교육운동을 적극적으로 후원한 인물이다. 그의 활동은 유지들이 교육운동에 투신하는 주요한 계기였다.[97] 같은 군 탑내촌 승지를 지낸 이종화는 자기 집에 노동야학을 설립했다. 이에 일본인 관리는 물론 유지들도 경쟁적으로 의연금을 출연하는 분위기로 이어졌다. 야학 발전을 위해 정강·정집·정상위·최영상·이은우·정태용·이종하 등을 중심으로 한 찬성원이 조직되었다. 교사 정규석·이광우 등의 열성적인 교수는 50여 명의 야학생을 분발하게 했다. 이리하여 유지들이 25~26개교에 달하는 노동야학을 설립·운영하는 성과로 귀결되었다.[98] 대한제국기 격화되는 의병전쟁 참화 속에서도 야학을 통한 근대교육은 제천군 일대에서 성황이었다.

직산군 월경리 원긍연은 오한영·김동식의 도움으로 사립학교를 설립했다. 이 소식을 접한 서울에 거주하는 목사를 역임한 오석영은 학용품 일체를 지원하고 나섰다. 원긍연은 국문야학교 설립을 위한 취지서를 발표했다. "문자는 각 나라의 애국정신을 고취하는 근원이다. 국가정신이 없는 나라는 절대 부강할 수 없다. 이는 조국의 중요성을 인식하지 못한 채 외국을 숭배하는 사대성이 팽배하기 때문이다. 애국정신의 근원은 곧 자국어를 제대로 익히고 사용하는 데 있다."[99] 이러한 취지에 따라 그는 국문야학을 설립한다고 역설했다. 같은 군에 소재한 사립학교 임원들도 여러 야학을 설립하는 데 앞장섰다. 이들의 노력으로 야학생이 무려 300여 명에 달하는 대성황을 이루었다. 이러한 분위기는 같은 군 삼동면 내구동 유지들이 지방자치제의 일환으로 의무교육 실시를 모색하는 계기가 되었다. 이들은 사립학교 설립을 위한 의연금을 모집하는 동시에 주민 능력에 따른 '교육비' 부과 방안을 세웠다. 같은 군 산정리에 거주하는 민계동은 자기 집에 야학을 세웠다.[100] 그는 사숙에 재학 중인 학생과 초동목수를 두 반으로 나누어 국어·한문·어학·산술 등을 교수했다.

연산군 유지들도 노동야학을 설립하자 일시에 50여 명이나 호응했다. 군 주사 김성수, 재무서장 김고계 등은 경비를 부담하는 한편 스스로 명예교사로 나섰다. 두 사람의 열성적인 활동은 야학생이 향학열을 고취하는 기폭제였다. 홍주군 궁성면 외상리 덕명학교 교장 이승욱, 교사 이창규·이은규 등 상명노동야학교 설립자는 취지서를 발표했다. 노동자는 학문이 없어 종일토록 노동하나 뚜렷한 성과를 이루지 못한다, 나아가 사람의 직분을 제대로 인식하지 못하고 사는 모습이 애처롭다, 이에 노동야학을 설립하니 빨리 야학에 와서 공부에 힘쓰라는 요지였다.[101] 홍주군수 윤심은 야학 발전과 야학생을 격려하는 차원에서 〈애국가〉를 지었다.

영남 지역 야학운동은 김해공립소학교 부설인 일어야학과에서 본

격 시작되었다. 공립소학교 교원인 이
준호가 일본인 교사를 채용해 일어를
가르쳤다. 지방자치제를 표방한 농무
회를 조직함과 더불어 근대교육은 활
성화되었다. 각 동리를 단위로 조직된
농무회는 학업을 게을리하는 자에게
벌금을 부과하는 등 향학열 고취에
열성적이었다. 함입학교 교사인 이윤

〈그림 11〉 이윤재(독립기념관 소장)

재는 보통학교에 야학교를 설립했다.
열성적인 교수로 개교한 지 불과 1개
월 만에 노동자 50여 명이나 호응하는 성황을 이루었다. 북외리 농민
들은 농무회 사업으로 야학교를 세웠다. 환난상휼함은 물론 민사상
소송도 자체적으로 해결하는 한편 주색잡기를 엄금하는 등 규칙을 제
정·시행했다. 특히 임원진은 근로 의식을 고취하고자 〈농부가〉를 만
들어 보급하는 등 새로운 민중문화 창출에 노력을 아끼지 않았다. 부
삼면 도화동 농무회도 농무야학교를 설립하는 등 농민교육에 앞장섰
다. 교과목은 국한문·역사·산술·체조 등이었고, 월말고사 시행은 야
학생들에게 향학열을 고취했다.[102] 성적 우수자에 대한 시상은 이러
한 의도와 맞물려 시행되었다. 좌부면 동상리 농무회도 주민 부담으
로 농무(용진)야학교를 설립한 후 공립보통학교 출신인 배병준을 교사
로 영입했다. 교과목은 국어·산술·체조 등이었다.[103]

동래 부윤 김교헌의 아들은 자기 집에 주·야학 겸설인 사립학교를 세웠다. 그는 작문·산술·지지 등을 중심으로 가르치는 등 근대교육 보급에 노력했다. 부산항의 정기두·김영규·김덕우 등도 물장수야학 시행에 자극을 받아 초량동립학교에 야학교를 설립했다. 개교와 더불어 청년들이 명예교사로서 자원함으로써 교육내실화를 다질 수 있었다. 이들은 경향신문사에 신문의 무료 배부를 요청하는 등 시세 변화에 부응하는 일반상식 보급에도 노력했다. 영주동 고윤하·조진우·곽중환·박승옥·박동식 등은 명진야학교를 설립했다. 박승옥·이장춘·한진표 등의 명예교사 자원과 설립자의 열성으로 남학생 56명과 여학생 82명이 재학할 정도로 교세를 크게 떨칠 수 있었다.[104] 야학교가 운영비 부족으로 폐교에 직면하자 의연금이 답지해 오히려 교세는 확장되었다.

앞서 언급했듯이 마산민의소는 보통야학과(일명 마산노동야학)를 설립했다. 마산항 실업가인 옥기환·구성전 등은 지방자치제를 표방한 단체를 조직한 후 부대사업으로 야학운동을 전개했다. 이들의 활동으로 마산노동야학은 근대를 '대표'하는 야학으로 발전했다. 마산항에 거주하는 이승규도 노동야학을 설립한 후 운영비 일체를 부담하는 등 야학운동에 전력을 기울였다.[105] 마산 지방에서는 노동야학을 다수 설립하는 등 시세 변화에 부응했다.

진주군 노동자들은 교육의 필요성을 절감해 야학강습소 설립을 위한 발기회를 개최했다. 이들은 대한협회 진주지회의 적극적인 지원으로 독립 교사를 마련할 수 있었다. 개교와 동시에 60여 명이나 호응하는 등 성황을 이루었다. 대안면 유지들도 농민야학교를 설립하는 등 시세 변화에 부응했다. 명예교사인 강경호의 열성적인 지도로 개교한 지 3~4개월 만에 90여 명이나 호응할 정도였다. 춘계대운동회 개최는 야학생들이 자긍심을 고취하는 계기였다. 유지인 이주설은 노동자의 무식함을 개탄해 노동야학을 세웠다. 그는 교사로서 활동하는 한편 운영비 일체를 부담했다. 이에 노동자 70여 명이 출석하는 등 발전을 거듭할 수 있었다. 옥봉면 개경동 김묵호는 농민교육을 위한 야학교를 설립했다. 김준호·김영학·권득구 등은 명예교사로 자원하면서 교세를 널리 떨칠 수 있었다. 특히 여학생 20여 명이 출석하는 등 야학을 통한 여성교육의 시금석을 마련할 수 있었다. 심지어 감옥의 죄수들에게도 야학을 실시했다. 죄수 중 미성년자 16명은 일어, 성인은 농학 등을 배웠다. 특히 남녀공동야학 운영은 여성차별의 강고한 인습이 잔존한 당시에 대단한 변화였다.[106] 보수적인 지역성이 뚜렷한 진주는 야학을 통한 근대교육으로 새로운 변화를 시작하는 계기를 맞았다.

삼가군 유지 박기준·임직순은 자치야학 설립 취지서를 발표했다. "우리나라는 단군 이래로 학문을 숭상해 왔다. 서구 열강은 태평양을 횡단하는 등 급변하는 오늘날 우리 교육은 오히려 부진을 면치 못하는 실정이다."[107] 이들은 청소년의 흥학을 위한 자치야학 설립에 많은 지원과 참여를 호소했다. 합천군 흥명학교는 군수 박종룡과 유지들의 지원으로 교세가 확장되었다. 또한 그들은 부설로 국문야학을 설립하는 등 지식 보급에도 열정적이었다. 특히 주학 교사인 박종기는 '종합 강의록'인 《교육월보》를 교재로 사용하는 등 학생들의 교육열에 부응했다.[108] 야학생이 주학생보다 많은 56명에 달하는 성황은 야학에 대한 높은 관심을 그대로 보여준다.

대구 현경운은 노동야학을 설립한 후 교사 4~5명을 초빙했다. 그는 매일 출근해 학생들의 수업 현황을 점검하는 한편 교사들에 대한 지원을 아끼지 않았다. 노동자 70~80명의 호응은 일시에 교세를 확장하는 요인이었다. 특히 역사·지지·산술·체조 등을 한글로 교수하는 등 교육 효과의 극대화를 도모했다. 10년 이전은 대구군 이후는 대구부 군 화현내면 일신학교 설립자 서순범·정자열·이윤식·이용서·정명룡 등과 학교장 정해식, 교감 서내홍, 학감 이능경 등은 노동야학을 설립했다. 교사 박용진의 열성으로 야학은 노동자의 적극적인 관심 속에 발전을 거듭할 수 있었다. 달성친목회도 동회관에 법률야학 강습소를 운영했다. 이들은 사법관을 교사로 초빙해 보성전문학교 강의록을 중심으로 운영하는 등 법률상식 보급을 도모했다.[109]

개령군(현 경상북도 김천시) 서부 문철한은 개진학교 학감으로 재직하는 중 노동자를 위한 국문야학을 세웠다. 같은 군 서면 부암리 우정태는 보성학교 학생으로 자기 동리에 야학을 직접 설립했다. 그는 야학생을 위해 노동과 관련된 책자를 구매·기부하는 등의 노력을 기울였다. 순흥군수 원은상은 교육을 장려할 목적으로 면장·이장에게 면려회의 조직을 권유했다. 이와 동시에 노동자 자녀를 위해 노동야학교와 직조강습소를 설립하는 등 농가 부업 향상에 노력을 아끼지 않았다. 예천군 김정구는 양양야학교 학감으로 교육운동에 헌신적인 인물이었다. 참서를 역임한 장승환, 군 주사 이환, 체신주사 백한진 등은 김정구의 활동에 동조해 명예교사로서 자원했다.[110] 실무를 중심으로 한 교과 운영은 야학이 발전되는 주요한 배경이었다.

호남 지방 야학운동은 목포 영화학교 부설인 야학에서 시작되었다. 이 학교 교사인 남궁혁과 조병우는 영어와 일어를 각각 담당했다.[111] 이들의 열성으로 야학은 시작과 동시에 발전을 거듭할 수 있었다. 전주관찰사 김규희와 전주공립보통학교 교사 등은 부설로 전주야학교(진명야학교로 개칭)를 설립했다. 교사진은 공립보통학교 재직 교사는 물론 검사 윤헌구, 통역관 김봉진과 재정고문지부 주사인 신태빈·이종은 등으로 구성되었다. 교과목은 법률·산술·일어 등이었다. 일본어는 공립보통학교 교사인 후타마치 고스케二町耕夫가 담당했다. 주민들의 야학에 대한 관심이 고조되자 신임 관찰사 이두황과 진명야학 설립자는 취지서를 발표하는 등 대대적인 선전활동을 병행하며 분위기 확산에 노력을 아끼지 않았다.[112]

순사 안희진과 서상문은 고산읍 유지들과 노동학교와 농민학교를 설립했다. 이들은 1년간을 명예교사로서 활동하는 등 교육 보급에 남다른 열정을 보였다. 경비 부족으로 운영난에 직면하자 학생 일동은 품팔이를 통해 재원을 마련했다. 교장 고종하, 교감 허원, 총무 이도

성, 사무원 김치삼·이봉길, 교사 이학노 등도 교무에 열성을 다하는 등 교세를 크게 떨쳤다. 만경군수 권주상은 30~40대 성인 남자들을 대상으로 한 야학을 운영했다. 교과목은 산술·일어·법률 등으로 편성되었다.[113] 권주상이 직접 교사로서 활동하는 등 야학에 적극적이었다.

목포항 사상회사는 진흥학교와 상업학교를 각각 설립하는 등 사립학교설립운동에 동참했다. 임원들은 진흥학교에 한문·법학을 중심으로 하는 야학을 운영하는 데 노력했다. 근로 청소년들은 이를 통해 더욱 다양한 근대교육을 받을 수 있었다. 용담군 서면 유지들은 주양야학교를 설립한 후 노동자 40여 명을 모집·교수했다. 이에 자극을 받은 같은 면 괴정과 성암 등 5~6개 동리 유지도 각각 야학교를 설립하기에 이르렀다.[114] 야학생은 야학마다 20~30명에 달했다.

군산항 유지들도 상업 종사자를 대상으로 하는 야학을 설립했다. 교사 신태근은 명예로 교수해 이들의 향학열에 부응하는 데 앞장섰다. 부안군 우포 유지신사 김정제는 자기 집에 주학으로 측량과를 설립하는 한편 초동목수를 위한 노동야학도 운영했다. 운영비를 부담한 것은 물론 교사로서 열성을 다해 주민들에게서 대대적인 칭송을 받았다. 광주군 유지 최종섭은 대한협회 광주지회 회관에 노동야학교를 설립했다.[115] 지회원의 참여와 주민들의 지원으로 야학생이 130여 명에 달하는 대성황을 이루었다.

호남 지방 야학운동은 다른 지방에 비해 미약한 실정이었다. 이러한 원인은 여러 측면에서 살펴볼 수 있다. 먼저 자강운동이 부진한 지역적인 특성이 반영됐다. 이는 의병전쟁의 후유증이 심각한 상황과 맞물려 있었다. 일제의 경제적인 침략 강화는 현지 경제적인 기반을 붕괴해 나갔다.[116] 교육운동을 포함한 계몽운동의 전반적인 부진은 이를 증명한다. 제주도 또한 마찬가지 현상을 보였다.

황해도 안악군 유지인 차경철·표치정·김병욱·고기태 등은 배영학교 부설로 야학교를 설립했다. 이들은 무보수로 교수하는 등 열성을 다해 40여 명에 달하는 야학생을 확보할 수 있었다. 군수인 이인규는 유지들과 협의한 후 500호를 단위로 1개교씩 사립학교 설립을 계획했다. 의무교육 일환으로 이를 추진할 기구인 학무회도 조직했다. 이러한 분위기는 사립학교는 물론 강습소·야학 등의 설립을 촉진하는 계기였다. 같은 군 용문면 원천동 유지들도 초동목수를 교육할 원천야학교를 설립했다. 강인원은 자신의 사랑방을 교사로 사용하고, 유원계는 교재를 제공하고, 강일규는 명예교사로서 활동하는 등 야학 운영을 위한 준비에 만전을 기했다. 같은 면 덕동의 조문명·전운혁·오운영·김영식은 청년교육을 위해 일신학교를 설립한 후 김택모를 교사로 초빙했다. 개교한 지 불과 2~3개월 만에 60여 명의 학도가 출석하는 등 성황을 이루었다.[117] 근로 청소년을 위한 근대교육 수혜는 노동야학 개설로 이어지는 분위기였다.

재령군은 군수 이용필과 유지 조광표·유몽택 등이 목동자립학교를 설립하는 등 1907년을 기점으로 사립학교설립운동이 점차 확산되었다. 군수의 지속적인 지원, 해주 총순 전봉훈과 세무 주사 장석환의 후원, 유몽택을 비롯한 교사들의 열성으로 70~80여 야학생이 출석하는 등 발전을 거듭했다. 야학교 명칭도 교육계의 모범이 될 뿐만 아니라 국권회복에 기초한다는 의미인 '자립'이었다. 재령군 내 학교 연합으로 실시한 건원절 행사에서 노동자들은 야학생을 격려하는 한편 다수의 의연금을 지원했다. 특히 연합운동회 개최는 재령 일대에 근대 교육을 확산하는 기폭제였다. 같은 군 희창의 유지들도 주민들과 협회를 설립한 후 의연금을 모집해 창명학교를 설립했다. 교장 김주현과 교사 한병집의 노력으로 창명야학교를 설립하자 30여 명의 초동 목수가 일시에 호응할 정도로 교세가 확장되었다. 같은 군 좌율면장 김정홍은 매월 1차례 동장회를 개최해 교육과 농업 발전을 위한 여러 방안을 강구했다. 자기 집 사랑방에 사립학교를 세워 남녀 60여 명을 수용하는 한편 부설로 야학을 운영하는 등 근대 지식 보급에 열성적이었다.[118] 이러한 분위기에 호응한 군 주사 정건유 등은 학무회를 조직하는 등 사립학교와 야학 유지책을 강구하기에 이르렀다.

장연군에서는 장의택 등이 공립보통학교에 설립한 노동야학이 개교하자 당일에 180여 명이나 호응했다. 장의택을 비롯한 이기종·임국승·백남훈·장원용 등은 명예교사나 후원자로서 활동하는 가운데 군수 박희택은 지원을 아끼지 않았다. 전 주사 임원석도 노동야학교를 설립하자 이준헌·김태연 등이 명예교사로서 자원했다. 이들의 활동으로 50여 명이나 호응하는 등 야학에 대한 인식은 널리 확산되어

나갔다. 같은 군 추화계면 김학경은 동리의 정영학교에 야학을 설립
한 후 교사로 자원했다.[119] 그는 단독으로 수십 명을 교수할 뿐만 아니
라 운영비도 부담했다.

　해주군은 경시 이덕웅, 경부 전봉훈, 재판소 주사 황이연 등이 주·
야학인 제민학교를 설립했다. 이들의 열성과 주민들의 적극적인 후원
으로 이 학교는 중등·소학·야학으로 분화되었다. 향학열은 결국 청
소년의 술집 출입과 도박 등을 일시에 추방하는 결과를 낳았다. 농한
기 향촌 사회의 고질적인 문제인 음주와 도박은 야학 실시와 더불어
일소되었다. 특히 1908년에는 해주군 노동자와 무산아동 수백 명이
출석하는 등 교세가 거듭 확장되기에 이르렀다. 야학교의 임원인 오
헌영·안승규·김영승 등은 기본금을 분담하고, 명예교사 송영태·조
창호·김창원 등은 주야 교수에 노력을 아끼지 않았다. 같은 군 화양
면 만동 오무환이 광명야학교를 설립하자 그의 열성적인 활동에 자
극을 받은 농부가 40여 명이나 출석했다. 주민들은 의연금으로 학계
전學契錢을 마련해 재정 기반을 확충하는 등 야학교 운영에 적극적으
로 동참했다. 이러한 가운데 이성면 유지들은 농민들의 권익 옹호와
지방자치를 표방한 농무회를 조직해 전폭적인 교육기관 지원에 나섰
다.[120] 이 단체도 농사 개량, 농가 부업, 생활 개선을 위한 여러 활동을
병행했다.

　은율군에서는 1907년 초동목수들이 자력으로 설립한 배영야학교
가 운영난에 직면하자 박문서사 사장인 홍진삼이 자금과 교재를 기부

해 부흥하는 계기를 맞았다. 경신중학교 정문원은 방학 중 귀향 활동 일환으로 자기 고향인 남상면 계양촌에 야학을 설립하고 초동목수 50 여 명을 모집·교수했다. 이에 자극을 받은 유지들은 읍내에 야학장려 회를 조직하는 동시에 사범강습소를 설치했다.[121] 강습소장은 배영야 학교 후원자인 홍진삼으로 그는 가정 형편이 곤란한 40여 명을 무료 교수하는 등 지식 보급에 앞장섰다.

배천군수 전봉훈은 각 면에 사립학교 1개교씩 14개소를 설립하는 동시에 각 동리에 야학과 신문종람소를 설치했다. 이어 읍내에 노동 야학교를 설립해 과목별 전담제도 실시했다. 교사는 일어 전응교, 국 어 오창륜, 산술 김세식, 한문 김우호 등으로 이루어졌고 학생이 140 여 명이나 호응할 정도였다. 무구면 언묵동 사립보창학교에도 노동 야학을 설립해 40여 명에게 농업 과정을 가르쳤다. 장동식·유규정은 유지의 기부금으로 진명학교가 증축되자 교내에 노동야학교를 설립 한 후 100여 명을 모집했다.[122] 배천군수와 유지들의 열성적인 활동으 로 군내는 물론 인근 연안군까지 교육이 고조되는 분위기였다.

노백린은 고향인 풍천에 사립학교를 설립하는 한편 노동야학도 운 영했다. 야학 운영은 노동자에 대한 인식을 새롭게 하는 동시에 노동 자들에게 자신감을 심어주었다. 노백린이 직접 작사한 〈농부가〉는 민 중에 대한 무한한 신뢰감을 보여준다.[123] 서흥군 서명학교 임원들과 학생이 연합해 야학속성과를 세웠다. 이에 판사 이한길과 서기 송태 용이 명예교사로 자원하는 등 교육운동에 적극적이었다.[124] 교과목은 일어·법률·상식 등으로 편성되었다. 야학생은 일시에 40여 명에 달할 정도로 대대적인 호응을 받았다.

평남 증남포성당 사역인 오일환은 성당 부설인 안희학교에 영어야학교를 세웠다. 개교에 즈음해 40여 명이나 호응하는 등 성황을 이루었다. 신도인 안중근安重根은 경비 일부를 부담하는 등 재정 확충에 크게 이바지했다.[125] 그의 외유로 영어야학교가 경비난에 직면하자 신상회사 임원진은 경비뿐만 아니라 10여 명이 교대로 학교 사무를 담당할 만큼 열성적인 지원을 아끼지 않았다. 이는 교육 내실화와 재정 기반을 구축하는 밑거름이 되었다. 이들은 소학교인 오성학교를 야학교에 주학으로 인수해 운영하는 등 근대교육 보급에 남다른 열정을 보였다.[126] 주민들에게 시세 변화를 강조하자 일시에 80여 명이 입학해 교세를 크게 확장할 수 있었다.

용강군 금천곡면 주흥동의 강석주도 농민들의 문맹퇴치를 위해 노동야학교를 설립했다. 교사 이봉래와 교감 임관모 등은 무보수로 열심히 교수해 설립한 지 불과 2개월 만에 40여 명이나 출석할 정도였다. 노동야학 운영은 주경야독이라는 새로운 분위기를 조성하고 더불어 도박·잡기 등이 점차 사라지게 했다. 곧 야학은 문맹퇴치 차원을 넘어 새로운 민중문화를 창출하는 공간으로 활용됐다.[127]

숙천군 숙명학교 사무원 이병건은 자기 집을 교사로 명진야학교를 설립한 후 농민·상인·초동을 무료 교수했다. 같은 군 송리면 백석리 함익모도 자기 동리에 야학교를 설립·교수하자 야학생 30여 명이 호응했다. 영유군 신병균은 자기 집에 야학교를 설립하는 한편 숙정여학교 명예교사로 활동했다. 김정련은 여학교에 3칸 건물을 무료로 제공하고, 김지황·백성기 등은 교무를 각각 맡았다. 군수 박용관의 모친과 부인은 야학생들에게 학용품을 제공하는 등 지원을 아끼지 않았다.[128] 이러한 활동으로 영유군이 근대교육의 중심지로 발돋움하는 계기가 되었다.

의주군 다지동 황기원은 70세 노인으로 시국 정세를 개탄하고 교육 보급에 노력을 아끼지 않았다. 그는 청년교육을 위한 야학 설립은 물론 경제적인 후원에도 적극적이었다. 그의 이러한 활동은 청년들을 각성하게 하는 동시에 군내 교육열을 고조하는 계기였다. 같은 군 비현면 전대학교장인 김지은도 7~8년 전에 학교를 설립한 후 3처에 주·야학을 겸설해 300여 명을 수용했다.[129] 당시 신문은 김 교장의 이러한 노력에 극찬을 아끼지 않았다.

철산군의 심치규는 노동청년을 위해 보제야학교를 설립해 교사를 초빙하고 직접 교수할 뿐만 아니라 학교 사무를 전담하는 등 야학의 유지·발전에 전력을 기울였다. 청년들이 주경야독하게 하는 분위기 조성은 교육운동을 활성화하는 기반이었다. 성천군 봉명학교 교주인 한정렬은 부설로 노동야학교를 세웠다. 교사인 노병익은 명예로 가르치는 등 한정렬의 지원에 부응했다. 일시에 노동자 40여 명이 호응한 것은 주민들에게 야학의 중요성을 일깨우는 요인이었다. 이 외에도 전 참봉 이종묵이 정주군 신리촌 자기 집에 세운 야학교, 운산군

고면 상리 부상동에 15세인 백종술이 설립한 노동야학교, 초산군 강면 광영학교장 이변익이 동리 유지의 협조로 세운 야학교 등 다수가 있었다.[130]

노동자·농민이 근대교육의 필요성을 자각함에 따라 야학을 설립한 경우도 있었다. 평양 동포루 부두의 노동자 400여 명이 자신들뿐만 아니라 자녀들의 교육을 위해 야학을 설립하자 도방都房 임원인 이창만·심군련 등은 교사로 자원해 국어·한문·산술·일어를 교수했다. 인근 다른 노동단체나 조직도 노동자 1000여 명을 수용할 수 있는 노동야학 설립을 계획했다. 강서군 동십리 박명선은 노동자의 이러한 활동에 자극을 받아 군 주사 백순흠과 군내의 유림소를 수리해 신흥야학교를 설립했다. 군내의 사범학교·청년학교·공립학교 상급생이 교사로 자원하는 등 주민들의 야학에 대한 관심을 촉발했다. 평양 임원면 도룡동 한원모는 농민교육 부재를 항상 개탄했다. 그가 농민교육을 위한 의연금을 출연하자 수십 명 농민의 호응과 지원으로 농부야학교는 곧바로 설립될 수 있었다. 이에 부응해 인근 양재학교 교감 한윤모와 교사 최계업·정리목 등은 명예교사로서 자원하고 나섰다.[131] 야학생 30여 명은 매일 출석하는 등 적극적으로 호응하는 분위기였다.

강원도 야학운동은 1907년부터 강릉 지역을 중심으로 시작되었다. 강릉공립보통학교 찬성원 신태영은 자기 집에 야학과를 설립해 학령아동을 수용했다. 설립 목적은 교육을 통한 부국강병과 문명사회의 실현이었다. 그는 일본인 교사에 의한 강릉공립보통학교의 교육 부진을 항상 개탄했다. 이에 부훈도 홍준표·최대하 등의 협조로 야학을 운영하기로 계획을 세웠다. 이들은 사숙과 같은 전통교육기관으로써 시세 변화에 부응하는 교육은 부적절하다고 인식했다. 그런 만큼 신학문을 통한 인재 양성은 지역뿐만 아니라 국가의 행복임을 강조했다. 이 야학은 공립보통학교 학생들의 교육 내실화를 꾀하는 데 목적을 두었다. 신태영은 강릉군 망상면 사립점동학교장 심홍탁, 교사 한태동, 유지 김재인 등과 노동야학 3개소를 설립한 후 교장에 취임해 강릉 지역 야학운동을 주도했다.[132]

양양군 남면 유지 조종인·조순원·정관시·최돈오 등은 노동야학을 설립한 후 노동자 60~70명을 가르쳤다. 양양군수 최종락은 공무 여가를 이용해 현산학교 교사로서 활약했다. 그는 학생들에게 흑색의복 착용과 단발을 적극 권장하고 토산품 애용을 강조했다. 또 유지들에게 학교 설립을 권유해 70여 개소 노동야학이 운영되는 성과를 거두었다. 노동야학 총 재학생은 500여 명에 달했으며 각 노동야학은 아주 소규모로 이뤄져 산간지대인 지역 특성을 보여주기도 한다. 회양군 주사 박순근은 회양공립보통학교에 일어야학과를 설립했다. 그는 명예교사로서 성인은 물론 관공리를 대상으로 일본어 보급에 앞장섰다. 삼척군 주사 최기집은 각 동리를 순회하면서 보통학교·노동야학교 설립을 권장했다.[133] 신설된 교육기관에 자기의 월급 중 일부를 의연금으로 제공하는 등 교육운동에 매진했다.

통천군 흥사단 지부는 순달면 고저리에 통명학교를 설립한 후 부설로 측량학교를 세웠다. 노동자를 위한 야학교 설립에 50여 명이나 호응했다. 교사 이춘삼·유시택은 한문과 일어를 각각 명예로 교수하는 등 교육 내실화에 적극적이었다. 학감 박창규와 서기 김연주의 지원은 야학이 발전하는 계기였다. 이들은 야학 명예교사인 한주동과 더불어 운영비는 물론 학용품까지 지급할 만큼 열성적이었다. 김순근·장윤승·노영헌 등은 자본금을 모아 향교에 천명학교를 세웠다. 군수 최기집과 군 주사 김동화 등도 학무회를 조직한 후 관내 자녀들의 입학을 권유했다. 재판소 서기 이종연과 번역관보 김유선 등도 천명학교에 야학연구소를 세웠다. 이들은 법률과 일어를 각각 가르치는 명예교사로서 활동했다. 통천군 양지동 엄영섭·장태원·주기훈 등도 동리의 사숙에 노동야학관 설립을 주도했다.[134] 박순병의 열성적인 교수로 40여 학생이 출석하는 등 발전을 거듭할 수 있었다.

원주군 원내훈·장세훈 등 청년들은 노동야학교를 세웠다. 설립자들은 명예교사로서 일어·산술·지지 등을 교수했다. 야학생 110여 명이 출석하는 등 교육열 고조와 더불어 야학도 발전하는 계기였다. 횡성군수 심흥택은 부임 이후 읍내에 보통소학교를 설립하는 등 교육운동에 적극적이었다. 그는 현내면 개화리에 노동국문전습소를 설립한 후 한글을 교수했다. 한글해독자에게는 본국역사와 본국지리를 가르치는 등 능력별 수업으로 교육 효과를 극대화할 수 있었다. 운영비는 심흥택의 월급에서 충당했으며, 박용좌·정호면·윤두혁 등도 찬성원으로 그를 적극적으로 지원하고 나섰다. 횡성군 갑천면 부동리 정난기·장기엽·정인용·심능기 등은 노동야학교를 설립한 후 경비 일체를 자담했다.[135] 학생이 30여 명에 달하는 등 발전을 거듭하자 군수는 관동학회 지교로서 운영 방안을 강구하고 특별 연조금을 기탁하는 등 특별한 관심을 기울였다.

춘천군 남상목은 고루한 인습을 타파하고자 관동학회 춘천지회를 설립했다.[136] 그는 사숙의 근대교육 시행을 장려하는 등 교육운동에 헌신적이었다. 그의 활동으로 군내 노동야학은 신설·확장되었다. 이천군수 석명선은 군 주사 이창엽과 공립보통학교를 설립해 수백 명의 학생을 수용하는 등 근대교육 보급에 노력했다. 하읍면 개양리 천주교인들이 명의학교를 설립하자 군수는 학교 시설비 지원에 나섰다. 그의 지원과 주민들의 관심으로 명의학교는 50여 명에 달하는 학령 아동을 수용할 수 있었다. 명의학교 임원진은 근로 청소년 교육을 위해 속성야학교를 설립했다. 군수, 군 주사와 최한필·김광봉 등은 명예로 가르쳤다.[137] 특히 군수는 월급을 운영비로 충당할 정도로 관심을 쏟았다.

야학운동 활성화는 관동학회 지회 설립과 원주에 광동기범光東基範 친목회 설립으로 이어졌다. 이 친목회의 설립에 대해 한 기사는 "원주에 있는 유지 청년들이 한 모임을 조직하고 이름을 광동기범친목회라 했다. 목적은 검약과 덕의를 숭상해 자강의 실력을 배양하고 개명한 법규를 실시하고자 함이라. 열심히 권면한 후에 일제히 단발까지

했는데, 며칠이 지나지 않아 회원이 90여 명이나 된다더라"[138]라고 했다. 이는 야학운동이 지역사회의 문화계몽운동을 견인한 통로였음을 보여준다.

함경도 야학운동은 함흥군 신중면 보성야학에서 시작되었다. 보성야학은 1930년대까지 운영되었으며, 식민지 시기를 대표하는 농민야학이었다.[139] 경흥 부윤 김영진은 각 면·사에 사립학교를 설립한 후 부설로 야학과를 각각 설치했다. 주요 교과목은 국어·산술로 김영진이 직접 교수하는 경우도 적지 않았다. 그는 여학교도 설립한 후 60여 명을 교수하는 등 교육 활동에 매우 적극적이었다. 40세 이하의 관내 주민이 다닐 수 있는 국문학교를 설립해 근대교육을 널리 보급했다.[140] 언론은 이러한 교육 활동에 극찬을 아끼지 않았다. 문천군수 서정숙은 문천공립보통학교에 다수 금액을 의연하고 하기방학을 이용해 부설로 강습소와 측량과를 설치했다. 또 그는 동리마다 야학을 설립하는 등 관내의 야학운동을 주도했다.[141]

유지들은 사립학교를 설립하는 한편 야학운동을 주도했다. 함흥군 조양면 유지들은 근대교육의 중요성을 인식하고 흥인학교를 설립했다. 유지 한정봉은 흥인학교에 의연금을 출연하는 동시에 자기 집에 국문야학교를 설립하는 등 지원에 적극적이었다. 이러한 노력은 도박 등 잡기가 사라지게 하는 동시에 교육에 대한 관심을 고조하는 계기가 되었다. 함흥 고역 풍호리에 소재한 보창학교에 부설로 농민야학교가 세워졌다. 야학생들은 교육 내실화를 위한 단지동맹을 결행하기에 이르렀다. 이들은 혈서로 "1조 애국사상, 2조 학문진취"[142]를 강조하는 등 향학열을 표출했다. 같은 군 오류촌 임경렬은 시장 부근에 주·야학 겸설인 농상학교를 설립한 후 학령아동 30여 명을 모집·교수했다.[143] 함흥군 가평면 능동 농부야학교는 주민들이 설립취지서를 널리 홍보하는 등 주민들의 지원을 받으며 설립되었다.

북청군 북청읍 김태섭·안도성·장경응·김영표·한창세 등은 북청 강습소를 설립한 후 근로 청소년을 가르쳤다. 같은 군 총순인 김인승은 명예교사로 자원해 경찰학을 강의했다. 중산면 발영동 주원섭·이찬재·김정묵 등은 농민들과 더불어 지식연구회를 조직했다. 회원들은 기본금을 모집해 학교를 설립하는 등 교육운동에 적극적이었다. 이후 이 단체는 청우장학회 지회로 전환돼 본부의 많은 지원을 받을 수 있었다. 같은 군 승평리 유지들은 농사 개량을 위한 농무회를 조직했다. 의연금과 회비를 기반으로 이 단체는 국문야학교를 설립할 수 있었다. 운영자는 교장 손석용, 학감 주용환, 회계 이류필, 교사 이영배·손승린 등이었다. 이들의 활동으로 야학생은 40~50명에 달하는 성황이었다. 이에 손승봉·이일훈·이영배·이류실 등은 다수의 의연금을 모아 승문회昇聞會를 조직한 후 향중부로를 대상으로 신문 구독과 근대교육 보급을 권장했다. 같은 군 덕성면 나하대 이주철은 학령아동 구제를 위해 농부야학교를 세웠다. 그는 보통학교 교과서와 잡지 등을 참고해 한글로 번역한 교재를 직접 만들었다.[144] 85명에 달하는 학생이 출석할 정도로 농부야학교는 대단한 반향을 불러일으켰다.

경성군 유지신사 김정구·김경수·김하건·유태학은 국가사상 고취와 교육 보급을 위해 성내·성서·성남 등 3처에 국문야학교를 각각 설립했다. 함일학교 교사인 이들은 직접 야학교사로서 활동하는 등 실질적인 운영자였다. 호응한 학생은 3개 국문야학교에 140여 명이었다. 교사들의 효과적인 교육방법과 학생들의 열성은 함북 일대에서 가장 모범적인 사례로 칭송되었다. 김정구·김경수 등은 함일학교에 국문야학을 설립·교수하는 등 한글을 통한 민족의식 고취에 노력했다.[145] 이처럼 경성군 일대는 국문야학의 성행과 더불어 한글이 널리 보급되었다.

길주군 태성상회는 상업계에 종사하는 근로 청소년을 위해 야학을 설립했다. 교과목은 국어·산술·역사·지지와 상업에 필요한 과목 등이었다. 교사 김자문·김병연·양태운 등의 열성적인 활동으로 야학생은 50여 명에 달하는 성황을 이루었다. 같은 군 유지들도 상업 종사자를 위한 야학인 양성학교를 설립했다.[146] 세무주사 박승원의 명예교사로서 자원과 운영자의 열성은 야학이 발전되는 요인이었다.

홍원군 유지들은 사립연구야학을 설립·운영했다. 야학이 운영난에 직면하자 학생 3명은 이를 호소하는 방안으로 단지동맹을 결행했다. 이들은 '보국안민'을 혈서로 쓰는 등 유지들의 지원을 촉구하고 나섰다. 이로써 군수는 의연금을 지원했으며 사회적인 관심과 지원을 받을 수 있었다. 같은 군 주남면 이재엽·박진후·유경만 등은 천중야학교 설립에 즈음해 취지를 널리 홍보했다. "자강자립의 기초는 인재 양성과 민지계발로 가능하다. 이는 오로지 교육의 진흥과 보급 여하에 달려 있다. 이에 사숙을 폐지하고 야학교를 설립해 노동자에게 보통교육을 실시하려고 한다."[147] 이들은 유지들의 참여·지원만이 이를 원만하게 도모할 수 있다고 호소했다. 정평군 유지들도 야학연구회를 조직했다. 야학생 5명의 단지동맹 결행은 군수가 학부에 보고하는 등 사회적인 관심을 환기했다.[148]

　단천군 초동목수는 스스로 자금을 모금해 용진학교를 세웠다. 교장 김병수, 학감 심의철, 교감 박윤신, 회계 서문순 등을 운영자로 선임했다. 이들은 가정을 방문하거나 강연회를 개최해 학령아동들이 야학교로 입학할 수 있게 유도했다. 이에 보성중학교 교주인 이종호는 단천인 이동휘를 통해 교과서 20질을 기부했다. 학교 운영진 조직과 교재의 구비는 야학교의 내실화를 다지는 주요 기반이었다. 같은 군 기평리 양주륜은 주·야학 겸설로 창명의숙을 설립·교수했다. 그의 노력은 야학을 보급하는 기폭제였다. 또 같은 군 유지들이 설립한 노동야학교의 교사 이명균과 학생인 조창준·임병협·이병락·오윤택 등은 하기방학 동안 노동자 계몽에 진력했다. 이들은 경성·나진 등지의 노동자 수백 명을 회집한 가운데 국가사상과 학문방법을 고취하는 순회 강연을 개최했다.[149] 이러한 노력으로 군내 노동자들이 직접 노동학교를 설립해 야학운동의 저변을 확대할 수 있었다.

　문천군 경로동 채원병·채승준 등은 1907년 문흥학교를 운영하는 등 교육 활동에 종사한 인물이다. 채병원은 근로 청소년을 위한 노동야학교를 자기 집에 설립하는 한편 운영비를 부담했다. 문천군수와 그의 노력으로 문천군 내 근대교육은 점차 확산될 수 있었다. 회령군 유지들은 교육의 보급을 위해 사민교육회四民敎育會를 조직한 다음 회령여학교를 설립했다. 회원인 허흡·진정섭은 명예교사로서 활동하며 주민들의 호응을 얻었다. 진정섭은 자기 집에 동흥야학교를 설립해 농민 30여 명을 대상으로 매일 밤 10시까지 교수하는 수고를 마다하지 않았다.[150]

  지금까지 살펴본 바처럼 대한제국기 야학운동은 부국강병을 위한 시무책의 일환으로 1890년대 후반부터 시작되었다. 초기에는 서울·인천·부산·대구 등 대도시를 중심으로 전개되는 양상을 보였다. 근로 청소년이나 문맹의 성인 등을 주요 대상으로 삼았으나 큰 반향을 불러일으키지 못했다. 러일전쟁 발발과 을사늑약을 전후로 고조된 위기의식은 야학운동이 진전하는 결정적인 계기였다. 다양한 계몽단체의 조직과 활동은 이러한 변화를 초래하는 주요한 배경이었다. 또한 일제의 사립학교에 대한 통제도 야학운동의 활성화로 이어지는 요인 중 하나로 작용했다. 계몽운동이 전반적으로 활성화된 지역은 바로 야학운동 중심지였다. 이러한 지역적인 편재성은 당시 상황을 그대로 보여준다. 곧 야학은 문맹퇴치와 아울러 국권수호의 일환임을 의미한다.

6

민중교육기관으로
　거듭나다

민중 '자립화'의 초보 단계에서 시행된 야학운동은 문맹퇴치를 통한
계몽적인 역할에 중점을 두었다. 이에 따라 교육내용도 문자해독이나
습득을 위한 초등교육을 위주로 했다.[151] 대다수 야학에서 한글은 가
장 중시된 교과목이었다. 이와 더불어 우리나라 지리나 역사도 민족
의식을 각성하게 하는 방편으로 중요시되었다. 또한 초보적인 한문이
나 가감승제를 중심으로 하는 산술 등도 상당한 비중을 차지했다. 다
만 상무정신을 고취하는 당시 분위기와 관련해 병식체조인 체육도 야
학에서 가르쳤다.[152] 강화도 보창학교 지교 부설인 노동야학, 한성부
가 설립한 3개소 실업야학교, 밀양의 노동야학교, 신천의 목동학교,
해주의 광명야학 등은 체조를 가르친 대표적인 야학이다. 대부분 야
학도 과외활동으로 연합운동회나 야유회 등을 정기적으로 실시하는

등 체육을 중시했다.

한편 구체적인 교과목을 알 수 있는 야학은 소수에 불과하다. 대다수는 사립학교 부설로 학령아동을 교수한 사실에서 보통학교 교과목과 비슷하게 편성되었다고 짐작된다. 야학을 수료한 후 보통학교에 입학하거나 3~4학년에 편입하는 경우도 있었다.[153] 이러한 사실은 보통학교 1~2학년 교과목을 위주로 운영되었음을 의미한다. 인천 박문야학, 통진 초동야학, 가평 보성야학, 남양 야학교, 임천 노동야학교, 경주 야학교, 동래 야학과, 대구 여자일한문강습소, 밀양 노동야학교, 금천 사립보창학교, 원주 노동야학교, 통천 통명야학교, 배천 노동야학교, 신의주 의주야학 등은 지방에서 일본어를 가르친 대표적인 야학이다. 이러한 사실을 통해 보통학문이나 보통학교 과정은 대부분 일본어를 포함한 것으로 볼 수 있다. 반면 문맹의 성인들을 대상으로 한 경우는 문자해독에 비중을 둔 만큼 한글이 중시되었다. 일상생활에서 가장 시급한 습자·셈하기·일반상식 등도 중시된 과목이었다.

교과목은 학생이나 야학의 시행 목적에 따라 편성되는 경우도 있었다. 즉 현실적인 필요가 야학의 교과목 구성에 그대로 반영되었다.[154] 연안군 읍내 희명야학교의 교과목은 부기·산술·일어 등이었다. 교장 명해일이 '상업이 가장 중요한 문제'라고 인식한 데다 야학생이 상업에 종사했기 때문이다. 상업·부기 등을 가르친 야학은 휘문의숙의 관영야학사, 화동야학교, 광남학교의 야학부, 황성기독교청년회의 상업야학과, 장통학교의 야학교, 융희강습소의 상업야학과, 개성학회의 상업야학교, 맹동야학의 상업야학교, 공주 진명야학교, 군산 노동야학교 등이다. 노백린이 풍천에 설립한 노동야학은 주로 노동 전반에 관한 문제를 교육했다. 배천의 노동야학교처럼 교과전담제가 시행된 경우도 있었다.

교육기간에 대한 구체적인 사례는 거의 파악하기 어렵다. 다만 방학 때나 속성과로 운영된 사실을 통해 6개월에서 1년 정도였다고 짐작할 수 있다. 경우에 따라 그 이상도 있었다. 즉 교장·학감·부교장·교사·직원 등을 두고 정기적으로 학업성적을 평가하는 등 수학기간이 2~3년에 달한 경우도 있었다. 상동국문야학, 중교의숙은 6개월, 정칙야학, 관영야학사, 수원의 야학교는 1년, 개성의 상업야학교와 황성기독교청년회의 상업야학은 2년 등이었다. 서울 중동야학교나 대구 달서여자야학 등은 제도권 교육기관과 유사한 2~3년제로 운영되었다. 중동야학교는 교육 시설 확충과 교육 내실화를 도모해 〈사립학교령〉에 의해 설립인가를 받았다.

교재는 보통학교 교과서를 주로 이용했다. 특히 한글로 된 신문·잡지가 유용한 교재였다. 일종의 '종합강의록'인 《교육월보》가 4000여 부나 발행된 사실은 야학운동 진전과 밀접한 연관을 지닌다.[155] 《유년필독》도 가장 널리 활용된 교재였다. 한편 교사가 학생의 수준에 따라 직접 교재를 만들기도 했다. 풍천군의 노동야학이나 시흥군 국문야학이 대표적인 경우다. 자산군의 농민야학은 《삼자경三字經》과 《초학계제初學階梯》 등 교사들이 만든 교재를 사용했다.[156] 이러한 사실에서 교재는 매우 다양했음을 알 수 있다. 시흥군 국문야학이나 직산군 국문야학 등도 자체적으로 교재를 만들었으나 현재 전혀 발견되지 않았다. 반면 유길준은 《노동야학독본》을 3000여 부나 간행해 무료로 배포했으나 교재로 사용한 사실을 찾아볼 수 없다.[157] 향후 다양한 교재가 발굴돼 야학운동 내용이 더욱 풍부해지기를 기대한다.

〈그림 12〉《노동야학독본》

한편으로 일본어·영어·중국어 등 어학도 교수했다. 특히 러일전쟁 발발 이후 일본어는 상당한 비중을 차지한다. 당시 관공립소학교는 대부분 일본어를 교수한 사실에서 어학이나 보통학문으로 표기된 경우도 일본어를 교수한 것으로 짐작된다. 통감부 시기 일본어는 '제2 국어'로서 한글과 같은 비중을 차지했다. 더욱이 일본어 능통자는 사회적으로 우대받는 분위기에 이를 추종하는 경향마저 농후했다. 서울 지역 야학의 대부분은 일본어를 가르쳤다. 일본인의 공장이나 상점 등에서 종사하는 직원들도 현실적인 필요에 따라 '일본어 배우기' 열풍에 적극적이었다.

교사진은 야학생 수에 따라 많은 차이를 나타냈다. 단독 교사거나 2~3명인 경우가 절대 다수를 차지했다. 비록 소수에 불과하지만 교장·학감(교감)·사무원 등 제도권 교육기관의 직제를 갖춘 경우도 있었다. 야학생 수는 적지만 교과전담제를 채택한 야학은 7~8명의 교사진이 포진하기도 했다. 특히 교사보다는 교장·부교장·학감·사무원 등 임직원이 훨씬 많았다. 이처럼 야학생 수와 교사진은 반드시 비례하지 않았다.

민중의 새로운 배움터로 정착한 대한제국기 야학운동의 특징은 여러 측면에서 살펴볼 수 있다. 지금까지 연구 성과를 중심으로 정리하면 다음과 같다.[158]

첫째 교육 장소는 공공기관이거나 학교 부설인 경우가 많았다. 1908년 이후 독립 건물을 마련한 야학(교)이 약간 증가했다. 이러한 요인은 사립학교와 달리 집·마을회관·사무실·교회 등지에서 쉽게 야학을 설립할 수 있었기 때문이다. 또한 야학에 대한 인식 확산과 근대교육의 보급에 따라 인적 기반인 교사 확보가 이전보다 쉬워진 점 등이 이를 가능하게 했다. 물론 대다수 야학은 여전히 공공기관을 교실로 이용하는 형편이었다.

둘째 1908년 이후 노동야학이나 국문야학 등이 성행했다. 서울 동명학교 부설의 국어야학과, 상동교회의 국문야학과, 서울 국민야학교, 시흥군 서면 소하리 국문야학교, 시흥군 중종리 4개소의 국문야학교, 포천군 사창촌과 좌석지·만교리의 국문야학, 보창학교 지교의 국문야학, 직산 국문야학교와 국어야학교, 개령 국문야학, 함북 경성 국문학교 등이 대표적이다. 국문야학 성행은 《공립신보》·《신한민보》·《해조신문》 등을 통해 국외 한인사회에 널리 알려졌다. 노동야학이나 국문야학은 민족정체성 정립을 위한 차원에서 한글교육을 강화하는 등 상호 교감을 위한 통로로서 활용되었다.[159] 한글연구와 국문야학에 주목해야 하는 이유도 여기에 있다. 노동야학·농민야학은 단지 명칭의 구분에 불과하다. "1920년대 중반까지도 노동자·농민은 계급적 미분화 상태였다"[160]는 점에서 더욱 그렇다. 하지만 노동야학 확산으로 노동자에 대한 사회 인식이 전반적으로 바뀌었다는 사실에 주목해야 한다. 이전에는 노동자에 대한 인식이 멸시적·냉소적이었던 반면, 노동야학의 확산으로 노동자를 '사회적인 존재'로서 인정했다.[161] 노동을 천시하던 인식에서 노동의 '신성한' 가치와 중요성을 인식하는 단초가 되었다.

셋째 여자야학은 매우 부진했다. 여자교육의 중요성은 일찍부터 개화자강론자의 주요 관심사였으나 전반적으로 부진을 면치 못했다. 최초 여자야학은 남녀공학에서 출발한 목동야학이었다. 여자야학은 1909년 서울 소안동 조봉식의 사숙 개설에서 시작되었다. 이에 관한 자세한 내용은 알 수 없지만, 10~40세 여자만을 대상으로 한 여자야학이었다. 이각경이 양원학교에 설립한 여자야학이나 양심여학교 내 여자강습소는 일본어·영어 등을 중심으로 한 여자야학이나 자세한 내용은 역시 알 수 없다.[162] 연초직공야학은 여자야학에 대한 언급이 없으나 근로자 대다수가 여성임을 감안한다면 독립적인 여자야학으로 운영되었다고 생각된다. 일본에서는 도쿄의 청년회관에 야학이 설립되자 일본 유학생의 부인들을 남편들이 가르치는 정도였다. 여성차별의 인습이 강고한 상황에서 야학을 통한 여성교육은 상당히 제한적일 수밖에 없었다. 더욱이 오후 10시를 전후한 심야에 수업이 끝나는 야학에 성숙한 여자들이 다닌다는 것은 거의 금기나 다름없었다. 여자야학의 주요한 설립 주체는 사회적으로 냉대를 받던 기생이었다. 대표 지역은 부산·평양·진주·대구·경주 등지로 일본인과 빈번하게 접촉하는 개항지와 관광지였다. 이들은 스스로 자금을 모금한 후 교사를 초빙·운영했다. 기생들은 상대적으로 경제적인 여유가 있어 야학을 통해 근대교육을 받을 수 있었다.[163] 다만 일어에 치중된 점은 일본인을 대상으로 한 영업 활동과 관련을 지닌다는 측면에서 비판되어야 할 부분이다.

넷째 어학 중 일본어의 비중이 상당히 높았다. 특히 서울에서 운영된 국문야학·영어야학 등을 제외한 상당수 야학은 일본어를 주요 과목으로 편성했다. 올바른 외래 문물의 수용과 학술 교류에서 영어를 비롯한 어학은 매우 중요하다. 하지만 일제 침략으로 식민지로 전락한 당시 상황을 상기할 필요가 있다. 즉 문맹퇴치를 위한 야학이 한글보다 일본어를 중시한 사실이다. 일부 일어야학·일어강습소의 교사는 일본인들이 직접 담당했다. 이는 야학운동을 추진한 주체들의 현실 인식의 한계를 극명하게 보여준다. 따라서 '야학이 식민교육정책에 저항한 민족교육기관'이라는 종래 견해는 철저하게 비판되어야 한다. 일제는 이른바 고문정치를 통해 조선의 교육계를 사실상 장악한 상황이었다. 식민교육정책의 목표는 일선동조론에 의한 '차별화'된 동화주의였다. 친일세력 육성과 한일 양 국민의 동화를 위한 주요 방안이 바로 일본어 보급이었다.[164] 풍전등화와 같은 현실을 직시하지 못한 채 야학운동을 주도한 일부는 '일어와 산술만 배우면 국가는 부강해진다'는 인식을 가지고 있었다. 이는 '극일'보다는 사회진화론에 매몰된 낙관적인 현실 인식을 반증한다.

다섯째 야학 설립 주체나 교사진은 거의 전·현직 관리거나 유지, 보통학교 교사들이었다. 설립자가 교사를 병행하는 경우도 80퍼센트 이상을 차지했으며, 계몽론자들은 곧 야학운동을 추진한 중심체였다. 지방관인 일부 군수는 설립자·교사·후원자로 야학운동의 중심 인물이었다. 이들은 각 단체의 지회 설립·운영은 물론 군 단위의 계몽운동 활성화에 크게 이바지했다. 특히 이동휘는 강화도에 보창학교 본교를 설립한 이후 각 동리 단위로 설립된 지교에 부설로 노동야학·국문야학을 세웠다. 이는 주민 부담에 의한 의무교육의 일환이었다.[165] 지방자치제를 위해 조직된 민회·향회·민의소·시의소·농무회 등도 야학운동을 포함한 근대교육운동을 주도했다. 민지계발을 위한 일환으로 야학운동이 추진된 상황을 보여준다.

여섯째 노동자가 야학을 설립했다. 서울의 우산학교 지교와 물장수 야학, 양근 분원야학교, 이천 노동야학교, 진주 노동강습소, 간성 노동야학교, 숙천군 갈산동의 갈산농회, 삼화항 부두조합소, 평양 동포루 부두와 경현 노동야학, 평남 성천군 사가면 노동야학, 삼화부 초동목수야학 등이 대표적이다. 이는 소수에 불과하지만 노동자·농민 등 민중이 사회 구성원으로서 자신의 존재를 점차 인식했다는 점에서 중요한 의미를 지닌다. 민중이 지난한 투쟁을 통해 시세 변화를 인식한 뒤 개인의 능력을 배양하기 위해 만든 자구책이 바로 야학이었다.[166] 평안도의 경우는 유지가 교육에 큰 관심을 보이고 활동했는데, 이는 안창호의 강연 활동과 밀접한 관련을 지닌다. 안창호는 미국에서 귀국한 후 서울과 서북 지방에서 여러 차례 순회강연을 실시했다. 주요 내용은 "미국에 거주하는 동포 대다수는 노동자로서 고달픈 삶을 살지만, 야학으로 실력 배양에 정진한다"는 것과 "노동자에게 학문이 필요한 문제" 등이었다.[167] 이에 노동자·부두조합소 등은 노동야학을 설립하는 등 그의 주장에 적극적으로 호응했다. 더불어 노동자들은 재정난에 직면한 사립학교에 대한 지원에도 앞장서는 등 사회 책무를 실천했다.

일곱째 종교기관이나 단체가 운영한 야학은 소수에 불과했다. 서울 상동교회의 국문야학교, 남포성당의 영어야학교, 강동군 만달면 환방동 삼성야학교, 경북 영천의 노동야학교 등 극히 일부가 설립된 정도였다.[168] 기독교는 포교가 허용된 이후 교세 확장의 일환으로 전국 각지에 '종교학교'를 상당수 운영했다. 1920년대 천도교가 조선농민사 朝鮮農民社를 통해 농촌계몽운동을 한 것과 엡윗청년회·기독교청년회·기독교여자청년회·기독면려회 등이 야학운동을 주도한 사실과 대비된다.[169] 이러한 종교단체나 기관은 사립학교설립운동에 치중한 반면 야학에 대한 인식은 전반적으로 미흡했음을 의미한다. 당시 종교인이나 신도 등이 야학운동에 전혀 참여하지 않았다는 의미는 절대 아니다. 개신교로 개종한 뒤 교육구국운동을 전개한 이동휘가 대표적인 인물이다. 인천 박문학교 교장인 전학준全學俊, Eugene Deneux 신부도 영어야학을 운영했다.[170] 반면 경상도 지역은 불교계 주도의 야학운동이 사립학교설립운동과 병행되었다. 동래 범어사는 명정학교에 일어·한문·산술을 중심으로 한 야학과를 설립했다. 교사 김교용·김범하·최일해 등의 열성으로 20여 명이 일시에 호응하는 성황을 이루었다. 합천 해인사, 양산 통도사, 김천 직지사, 장기 기림사 등은 사립학교와 야학을 운영하는 등 야학운동을 주도했다.[171]

여덟째 〈사립학교령〉 시행 이후 야학운동은 더욱 확산되었다. 계몽론자들은 이 법령 시행으로 사립학교 설립·운영이 여의치 않은 현실에 직면했다. 각종 교육 관련 법령은 제도권 교육기관에 대한 탄압으로 점철되는 분위기였다. 특히 〈기부금품취체규칙〉은 사립학교 운영비 확보에 철퇴를 가하는 대표 악법이었다. 사립학교설립운동 대신 야학운동으로 방향의 전환은 당시 상황을 이해하는 데 중요한 시사점을 던져준다.[172] 나아가 야학운동이 교육구국운동의 한 영역으로 추진되었음을 의미한다.

아홉째 관청인 한성부는 직접 3개소의 야학을 설립했다. 한성부는 경성상업회의소의 자문을 얻어 상업계 노동자의 자녀들을 위해 1909년 11월 미동·수하동·어의동보통학교에 실업야학회를 세웠다. 주요 과목은 산술과 체조였다. 관립사범학교 교사들이 이를 담당했으며 노동자들에게 상당한 호응을 얻었다.[173] 여기에 소요되는 운영비는 한성부의 예산 중 지방비로 충당할 계획이었다. 행정기관도 노동자와 그 자녀의 교육을 위해 야학을 설립한 당시 분위기를 보여준다.[174] 곧 야학운동은 계몽단체나 유지신사는 물론 국민적인 관심과 지원으로 발전을 거듭할 수 있었다.

이처럼 민중은 자신과 자녀 교육을 위해 사립학교나 야학 운영에 매우 적극적이었다. 국채보상운동이나 야학운동에 참여해 근대교육의 중요성도 인식하기에 이르렀다. 현실 인식 심화는 사회적인 존재감을 일깨우는 동시에 사회적인 책무를 느끼게 하는 순간을 맞았다. 대한제국기 6000여 개소 이상에 달하는 근대교육기관 운영은 이를 사실적으로 보여준다. 강고한 인습이나 반상의식 등도 점차 해소되는 분위기였다.[175] 이러한 변화에 부응해 새로운 민중문화를 창출한 중요한 생활현장이자 교육현장은 바로 사립학교와 야학이었다. 대한제국기 야학운동에 주목해야 할 이유도 여기에서 찾아진다.

식민지 노예교육으로
변질되다

2

4
한글은
외국문자다

5
민족의식을
말살하다

I

일본어 만능시대가
　도래하다

러일전쟁 발발을 전후로 일본어에 대한 관심은 이전보다 훨씬 높아졌
다. 친일세력의 사회적인 영향력 증대는 이러한 상황을 초래하는 요
인 중 하나였다. 일어학교는 각지에 설립되는 한편 근대교육기관으
로 발전을 구가했다.[1] 대일본해외교육회·동아동문회와 히가시혼간지
東本願寺·니시혼간지西本願寺 등은 일본어 보급을 위한 지원에 앞장섰
다. 인천·평양 등지 일어학교는 중등교육기관으로 전환되었다. 고문
정치 시행과 더불어 일본어 능통자는 상당한 대우를 받았다. 곧 일본
어 해득력은 사회적인 지위를 보장하는 주요한 수단으로 자리매김했
다. 이와 같은 분위기는 식민지배가 강화될수록 더욱 심화되는 양상
이었다.

　일제는 대한제국을 강제로 병합한 후 새로운 '개혁시대'라고 강변

했다. 원활한 식민통치를 위해 저들은 양 민족의 우호적인 선린관계를 강조했다. 식민통치의 동반자인 친일관료·기생지주·매판자본가 등에 대한 대대적인 작위 수여와 은사금 하사는 이러한 의도와 맞물려 있었다.[2] 공립보통학교 증설도 순종적인 식민지형 인간 양성과 무관하지 않았다. 무단통치 강화는 계몽론자들이 민족해방운동 전선에서 일탈을 가속화했다. 국민연설회·국시유세단·한성부민회 등과 같은 단체에서 활동한 대다수는 폭압적인 식민지배를 현실로 수용하기에 급급했다.[3] 나아가 이에 부화뇌동하거나 협력하는 등 반민족적인 행위도 서슴지 않았다. 자기의 지위와 안위를 위해 최소한 양심마저도 저버리고 말았다.

식민 당국은 양 민족을 동화하는 가장 유효한 방법으로 일본어 보급을 통한 정서 공유라고 인식했다. 일선동조론에 입각한 '차별화'된 동화주의는 저들의 궁극적인 목표였다. 이는 좀 더 원활하게 식민정책을 수행하는 데 필요한 기본 조건이자 필수 조건이나 마찬가지였다. 기관지인 《매일신보》나 《경성일보》를 통한 대대적으로 위장된 선전은 이러한 목적을 관철하려는 의도와 무관하지 않았다.

동화의 취지는 이미 논술한 바이어니와 합병의 효과를 완전하게 하려면 피아彼我가 동화한 연후에 그 목적에 도달할 것이니, 이는 관민이 동력협심動力協心하는 데 있다함은 어느 누가 추측하지 못하리오. … 금일을 당해 한 나라 인민을 이루는 이상에는 친밀한 관계가 나날이 생기어 소원하고

〈그림 13〉〈동화의 방법〉(《매일신보》1910년 9월 14일)

자 해도 반드시 얻지 못할 것이오, 소원하고자 해도 마음대로 되지 않는다. 한국과 일본 인민이 언어를 서로 통하지 못해 동화에 불편한 점이 반드시 발생할 것이다. … 만일 급속하게 실행하면 예외의 반항이 또한 발생해 통치에 방해를 염려하노라. 지금 형편을 고찰하건데 교육을 확장해 어학(일본어-인용자)을 보급하게 하고 세월을 연마해 일반 인민으로 동화에 이르도록 모두 나아가게 하는 것이 당국의 제일 급무이라 하노라.[4]

합병 효과는 양 민족이 동화한 연후에야 목적을 달성할 수 있다는 논리였다. 한국인의 원만한 일본어 사용은 완전한 동화를 위한 가장 지름길이다. 그런데 몇 천 년 동안 단절된 관계는 정치·법률은 물론 감정·사상도 완전히 다른 문화를 형성하고 말았다. 특히 양 민족의 언어불통은 동화에 커다란 걸림돌로 작용했다. 이러한 상황에서 "동화는 짧은 기간에 실현될 수 없는 중대한 문제였다. 강압적인 동화는 오히려 조선인의 강한 저항을 초래할 수 있다"[5]고 인식하고 있었다. 그런 만큼 일제의 급선무는 식민교육기관을 확충해 일본어 보급을 통한 '점진적인' 동화였다.[6] 일본어를 통한 상호 감정 교류와 한국인이 '한일합방'의 진정한 의미를 이해할 때 일본인과 동화는 자연스럽게 달성될 수 있으리라 전망했다. 이러한 의도는 식민교육정책에 그대로 반영·시행되었다.

한국인에 대한 교육방침은 결국 점진적인 동화주의로 귀결되는 가운데 시행되었다. "조선인 교육방침은 점진적 동화주의를 채용할 터이나 이를 가장 유효하게 하는 것은 시설방법을 어떻게 하느냐 하는 문제이다. 시설방침 중 가장 필요한 것은 교원 양성과 교과서 선정에 달려 있는 고로 당국 사이에 바로 지금 이에 앞서 각각 조사 연구 중인데 불가불 금후 교육방침은 일본어 사용할 방침을 채용할 터이다. 교과서는 바로 국정교과서를 채용해야 하나 현실은 그리 간단한 문제가 아니었다."[7] 이리하여 국정교과서에 준해 교과서 채택 여부도 결정하려는 의도임을 밝혔다. 이는 타이완에서 이미 시행한 식민교육정책을 더욱 강화한 측면이 적지 않았다.

취지에 부합한 교육정책은 통감부 시기 제정된 일련의 교육 법령을 보완한 〈조선교육령〉이었다. 2장 30조와 부칙으로 구성된 〈조선교육령〉은 "교육은 〈교육에 관한 칙어勅語〉의 취지에 기초해 충량忠良한 국민을 육성함을 본의本意"(2조)로 하고, "시세와 민도에 적합한 교육"(3조)이었다. "보통학교는 아동에게 국민교육의 기초가 되는 보통교육을 하는 곳으로 국어를 가르치며 생활에 필요한 보통지식과 기능을 가르친다"(8조) 한국인을 천황과 일제에 절대적으로 충성·복종하게 하는 무기력한 식민지적 '인간형' 양성이 목표였다. 오직 일본 신민으로서 의무만을 충실히 수행하는 우민화교육·차별교육이었다.[8] 이에 따라 일본어는 '국어'로서 필수과목이 된 반면 한글은 사실상 제2 외국어로 추락하고 말았다. 또한 중등교육과 고등교육은 철저히 탄압한 반면 실업교육은 적극적으로 장려했다. 곧 인문적인 소양을 지닌 한국인보다 절대권위에 순종하는 한국인 양성이 궁극적인 지향점이었다. 물론 이 법령은 강제병합 이전부터 시행된 통감부 시기 식민지 노예교육을 더욱 강화했다.

각 부·군에 설치된 은사수산장恩賜授産場도 농가 부업 확충이라는 미명으로 근로 의식을 고취하려는 의도였다. 잠업전습소나 실업학교 장려도 이러한 목적과 맞물려 있었다. 공립보통학교 학생들에게 노동의 중요성을 일깨우는 방안은 실습장 운영과 부역 동원이었다. 부역은 인력 수탈을 위한 '준비단계'로서 저항의식을 불식하려는 요인을 포함하고 있었다. 학교림 조성은 '나무사랑'을 통한 산림자원 보호 일환으로 추진되었다. 궁극적인 목적은 학생들에게 식민지배에 대한 반감을 약화하려는 의도였다.[9] 근로정신 고취는 내핍생활을 통한 저축 장려와 소비생활 합리화 강조로 이어졌다.

입학식·운동회·학예회·졸업식 등 공식행사에서 교장의 〈교육칙어〉 낭독은 필수 사항으로 자리매김했다.[10] 엄숙함과 교육 시혜에 대한 절대적인 충성을 강요하는 현장은 바로 공식적인 행사장이었다. 학생들은 물론 운집한 학부형들도 이러한 기회를 주신 천황에 대한 고마움의 표시로 '천황만세'를 거리낌 없이 불렀다. 이와 같은 강요된 분위기는 부지불식간에 일상적인 학교생활로 이어졌다. 식민지 노예교육의 이념이나 정책은 이러한 행사를 통해 비판 없이 관철되었다. 조선총독의 학교장에 대한 훈시는 저들의 궁극적인 의도를 그대로 보여준다.

보통교육은 아동들에게 단순한 지식을 주입하는 것이 아니라 '제국신민'으로서 품성을 양성하는 데 있다. 그런 만큼 교수방법상 외국의 사례를 들어 아동들이 자괴심을 가지게 해서는 안 된다. 교육자의 〈교육칙어〉에 입각한 솔선수범 자세야말로 교육 효과로 연결될 수 있다. 고유한 교수방법은 곧 제국신민 양성을 위한 황국사관에 입각한 식민교육이다.[11]

이는 행정기관을 총동원한 가운데 병행되었다. 오늘날 우리의 공교육 부재와 행정 편의주의에 입각한 교육정책은 식민지시대의 잔재이자 반드시 극복·청산해야 할 과제임에 틀림없다. 교육기관이 행정기

〈그림 14〉〈학무위원 규정〉《매일신보》1912년 6월 26일)

관에 종속적이고 예속적인 관계는 이러한 역사적인 배경에서 파생되었다.

부·군 단위로 조직된 학무위원회나 교육회도 식민교육정책을 수행한 중요한 기구의 하나였다. 제도의 본래 취지는 지역 주민들이 학교와 관련된 주요 사업에 대해 심의·결정을 얻고 자문하기 위함이었다. 이는 의무교육론 제기와 사립학교설립운동 활성화를 이끄는 의무사항으로 규정되었다.[12] 구성원은 대부분 교육계·언론계·법조계·실업계 등에 종사하는 계몽론자들이었다. 그런데 식민교육정책의 입안은 긍정적인 역할마저 결정적으로 변질되게 했다. 식민지 '인간형' 양성을 위한 초등교육의 보급·발달이 궁극적인 취지로 규정되었다. 학무위원의 권한이나 역할 축소는 학무위원을 식민교육정책을 수행하는 하수인으로 전락하게 했다.

경기도의 〈학무위원규정〉에 의하면 공립보통학교 1개교에는 반드시 5명의 학무위원을 둔다(1조·2조). 이들은 부윤과 군수가 신청하고 도장관이 촉탁한다(3조). 주요 임무는 입학 권유와 출석 독촉, 설비에 관한 일, 기타 교육 장려 등이다(4조). 학무위원회의 회장은 부윤이나 군수로 하는 동시에 학교장을 참여하게 한다(8조).[13] 이처럼 학무위원회는 외형상 교육 발전을 위한 자문기구처럼 보인다. 근본 목적은 행정기관, 학교 당국, 친일 인사 등의 혼연일체로 동화정책을 추진하는 데 있었다. 교육정책은 식민정책을 수행하기 위해 행정 차원에서 입안·실행될 뿐이었다. 강원도나 황해도도 이와 같은 내용을 그대로 담았다.[14]

평북도청이 관내 21개 군에 조직한 교육회도 이와 유사한 성격을 지녔다. 주요 목적은 사립학교에 대한 지도와 민지계발 등이었다. 이를 위한 구체적인 실천 사항은 국어강습회·국어야학회 설립, 통속강화회·성적품전람회 개최 등에 집중되었다. 해주학무위원회도 이러한 성격에서 크게 벗어나지 않았다.[15] 학무위원회는 오직 식민교육정책을 미화·선전하는 데 활용되었을 뿐이다.

일어교육의 강화는 일인 교사의 직접 교수와 국정교과서 편찬으로 이어졌다. 교과서에 대한 통제는 1908년 〈사립학교령〉 시행과 더불어 시작되었다. 1908년 9월 1일 공포·시행된 〈교과용도서검정규정〉이 바로 그것이다. 이 규정에 따르면 모든 사립학교는 학부의 편찬이나 검정을 받은 도서만을 교과서로 사용할 수 있었다.[16] 교과서검정위원 12명 중 조선인은 단지 1명에 불과했다. 그런 만큼 국가정신, 민족의식과 관련된 내용을 포함한 교과서 간행은 원천 봉쇄될 수밖에 없었다. 설령 검정을 무사히 통과해 발행되었다고 하더라도 언제든지 사용을 중단할 수 있었다. 통감부는 학부 발행의 교과서 사용을 유도하는 한편 대량으로 사립학교에 배부했다. 여러 차례에 걸쳐 수정·보완된 〈출판법〉은 이러한 상황과 맞물려 추진되었다.[17] 교과서 통제를 통한 식민지 우민화교육은 저들의 궁극적인 목표를 관철하는 악법 중 대표적인 사례로서 주목된다.

일제는 강제병합 이후 이 법령을 더욱 강화하는 조처를 취했다. 식민교육정책 취지에 부응한 교과서만이 편찬·보급될 수 있었다. 보통학교용《국어독본》편찬 방침은 이러한 의도를 분명하게 보여준다.

《국어독본》은 모어母語를 달리하는 조선인 아동을 상대로 해 편찬한 것으로 그 출발점인 1권은 가장 많이 고려되었다. … 번역 교수에 의하지 않고 직관적으로 직접 교수를 하는 데 편리한 편성방법을 취했으며, 될 수 있는 대로 속히 교실에서 필요한 회화를 가르치고 점차로 일반 회화에 미치게 했으며, 모든 교과를 국어로 교수하는 데 지장이 없을 정도까지 이르게 했다. 그리고 발음에 가장 유의해 조선인에게 쉬운 것부터 시작해 어려운 것 또는 그릇되기 쉬운 것은 점차로 제출했다. …《국어독본》의 내용은 수신서와 더불어 품성의 도야와 국민성의 함양에 소용되는 교재를 선택하고, 종래의 보통학교에는 따로 지리나 역사과목이 없으므로 본방의 역사와 지리의 대요를 알 만한 교재를 특히 본서에 첨가했다. 따라서 내지와 조선

간의 밀접한 관계를 보여주는 데 족한 고래의 전설과 사화史話를 힘써 선택하고 그 외에도 내지를 이해하게 하는 교재 내용을 많이 서술했다.[18]

일제는 '충량한 신민'의 양성을 위해 보통학교부터 일본어교육에 대한 관심과 지원을 아끼지 않았다. 교재의 통일적인 편찬과 교육 효과의 극대화 방안은 번역 교수보다 일본인의 직접적인 회화였다. 특히 어린 학생들에게

〈그림 15〉《국어독본》(독립기념관 소장)

일제의 신민으로서 '품성 도야와 국민성을 함양'하는 수신교과서 내용을 첨부하기에 이르렀다. '내선일체'감을 심화하는 방법은 일본의 역사나 지리 내용을 《국어독본》이나 《수신》 교과서에 첨가·서술하는 문제로 귀결되었다.[19] 일본어 보급과 동시에 수신을 중시한 이유도 여기에서 찾아진다.

나아가 고대부터 한일 양국 관계의 왜곡된 전설·사화 등을 학생에게 주입했다. 즉 일본인은 한국인보다 우수한 민족임을 부각하는 등 왜곡·과장을 일삼았다. 이는 한국인 아동에게 자국사와 자국 문화에 대한 비하나 열등감을 심화하는 중요한 계기였다. 이들은 '단순한' 일본어 교수에만 그치지 않았다. 일본의 정신·문화·풍습 등을 부지불

식간에 주입하는 등 한국인 학령아동을 충량한 일본인으로서 육성하는 문제로 집중되었다. 이에 민족의식이나 독립정신을 언급한 교재나 서적은 강제로 압수·소각되는 운명이었다.[20] 반면 일본 역사나 인물을 찬양하는 내용이 주류를 이루었다.

사립학교 설립인가권을 장악한 일제는 '민족교육'적인 성향을 지닌 사립학교의 즉각적인 폐교 등 대대적인 통제를 가했다. 개성 한영서원, 종성 온천학교, 영흥 문명학교의 애국창가사건과 이원 일신재 민족의식고취사건 등은 이러한 실상을 극명하게 보여준다.[21] 반면 보통교육의 확대를 위한 방안으로 재정난에 직면한 사립학교를 공립학교로 전환했다. 이에 많은 사립학교는 통합되거나 폐쇄되는 비운에 처했다. 이에 따라 한국인 학령아동이 제도권 교육기관에서 수학할 기회는 점점 축소되지 않을 수 없었다. 더욱이 일어교육은 사립학교 교사들에 의해 확산되는 분위기였다. 평남 강서군·증산군·영유군·순안군에 소재한 8개 사립학교 학생들의 일본어교육이 일취월장한다는 보고는 이를 증명한다.[22] 곧 상대적인 자율성이 부분적으로 인정되는 가운데 사립학교도 공립보통학교 못지않게 일본어교육에 협력한 사실을 의미한다. 이러한 분위기로 조선총독부에서 편찬한 일어교과서는 널리 보급되는 계기를 맞았다. 일본어의 광범한 보급은 장차 조선인 청소년 사이에서 일본어가 보편화될 것으로 낙관하게 했다. 일본어교육은 한국인 학생들에게 별다른 거부감 없이 제도권을 막론하고 무비판적으로 수용되는 분위기였다. 억압적인 학교생활이나 일본어 우수자를 '모범생'으로 평가하는 방식 등은 이와 같은 현상을 부추겼다.

일제는 일본어 보급을 위한 교육기관으로 야학을 활용하는 데도 주저하지 않았다. 무단통치 강화는 계몽야학마저 제도권 교육체제로 흡수하는 등 식민교육기관으로 활용했다.[23] 식민교육정책 취지에 어긋나는 야학은 철저히 통제하려는 의도에서 비롯되었다. 반면 일본어 보급을 위한 국어강습회는 관청의 보호·지원 속에서 광범하게 운영될 수 있었다. "일어 보급의 목적으로 부청·군청·경찰서·관립학교·공립학교 등의 관리나 교원들이 주최한 국어강습회는 관서나 학교의 부대사업으로 인정"[24]했다. 관청이나 일본인 등이 설립한 국어강습회는 이 법규의 적용을 전혀 받지 않았다. 오히려 지방비 보조금이나 행정 편의 제공으로 국어강습회는 확산되었다.[25] 조선인의 우민화를 획책하는 식민지교육 방침과 부합하는 성격을 지닌 야학만이 장려·시행될 수 있었다. 곧 국어강습회나 일선어연구회 등이 대표적인 경우다.

경기도에 설립된 국어야학회는 이러한 사실을 잘 보여준다. 강제병합을 단행한 지 불과 10개월 만에 경기도 관내에는 47개소 국어야학회가 운영되고 있었다. 여기에 소속된 야학생은 1727명에 달할 만큼 대단한 호응을 받는 분위기였다. 경기도청은 지방비를 보조하는 등 적극적인 지원에 나섰다.[26] 평북 관내는 1912년 3월 73개소에 달하는 국어강습회가 운영될 정도로 광풍이 몰아쳤다. 경남도청도 부산진야학회를 비롯한 공사립학교 부설인 국어강습회 11개소에 대한 지원에 나섰다. 도청이나 군청 등은 국어강습회에 대한 행정 지원과 아울러 재정 지원을 아끼지 않았다.[27] 이에 대한 주민들의 호응도 적지 않았다. 오히려 일어교육이 근대학문의 요체로 인식될 정도였다. 그런 만큼 관변 측의 적극적인 탄압은 없었으나 '계몽야학'은 전반적으로 부진할 수밖에 없었다. 더욱이 상당수 자강론자의 민족해방전선 일탈은 야학에 대한 직접적인 탄압의 필요성을 반감했다. 효율적인 국어강습회 활성화를 위한 체계적인 관리만이 요구되는 상황이었다.

점진적인 동화정책은 일본어의 광범위한 보급으로 이어졌다. 물론 일본어 교수를 위한 과정에서 문맹자들에게 문자 습득을 위한 한글이나 초보적인 한문교육도 병행했다. 이는 한글을 통해 민족의식이나 자국사에 대한 자긍심을 고취한 이전 야학의 취지나 목적과 전혀 다르다. 단지 일어 보급을 위한 보조 수단으로 한글교육이 병행되었을 뿐이다. 부산진국어강습회의 수업시수가 매주 일본어 6시간, 한글 3시간, 산술 3시간이라는 사실은 이를 그대로 보여준다.[28] 제도권 교육기관과 마찬가지로 국어강습회도 일본어 교수시간 비중을 높이는 등 다양한 방안을 모색했다. 마치 모든 행정기관을 동원한 듯한 일본어 보급은 총력전 양상으로 전개되었다.

각 마을에서 운영된 서당 등은 미풍양속 권장을 구실로 일부 장려되었다. 특히 개량서당으로 전환하면서 시대 변화에 부응해 민족교육을 실시한 측면도 있었다. 일부 개량서당·사숙·의숙 등은 창가나 한국사 교육을 통해 애국심을 고취했다. 교사들은 연합운동회·원족회 등 단체 활동을 하는 가운데 학생들에게 민족의식과 독립심을 일깨웠다.[29] 그러나 이는 소수에 불과할 뿐이고 대다수는 전통교육기관의 성격에서 크게 탈피하지 못했다. 근대 교과목을 수용하는 과정에서 전통교육을 강조하는 유림과 대립·갈등하는 등 많은 문제점을 드러내었다. 1920년대 문화계몽운동이 확산되는 과정에서 야기된 야학 폐쇄는 이와 관련해 많은 시사점을 던져준다.[30]

일제는 서당의 보수성을 최대한 활용하는 등 한국사회의 자율적인 발전을 저지하는 데 총력을 기울였다. 1918년 반포된 〈서당규칙〉의 주요 취지는 일본어를 가르치는 대신 한글이나 한국사를 교과목에서 제외한다는 것이었다.[31] 서당 설립인가와 폐쇄에 관한 권한은 지방관에게 전권으로 위임했다. 감독관은 교사에 대한 지도·감시·감독 등 자의적인 권한을 무소불위로 행사할 수 있었다. 서당에 대한 탄압과 활용을 병행하는 이중적인 정책도 마련되었다.[32] 이는 개량서당의 저변을 그만큼 축소하는 결과를 낳았다.

2

내선일체를 위한
국어강습회로
전락하다

러일전쟁에서 일제의 승리는 일본어에 대한 관심을 확산하는 중요한 변수였다. 일진회가 표방한 양 민족 유대 강화는 명분과 달리 궁극적인 목적은 일제에 편승해 그들의 안위를 보장받으려는 속셈이었다. 고조된 배일감정과 달리 상당수 한국인은 수수방관하거나 부화뇌동하는 분위기였다. 일진회는 일본어를 중심으로 가르치는 34개에 달하는 사립학교를 설립했다. 〈표 2〉는 1905년 9월 일진회가 운영한 일어학교 현황이다.

　34개 군에 설립된 일어학교 재학생은 무려 2255명에 달했다. 일진회는 지방의 공공재산을 기초로 학교 설립비와 운영비를 풍부하게 조달했다. 또한 각 가정의 생활 정도에 따라 일정한 '학교비'를 징수하는 등 의무교육을 표방했다. 이는 학교 설립을 구실로 지방민을 불법

<표 2> 대한제국기 일진회의 사립학교 현황

(단위: 명)

지역	학생 수	지역	학생 수	지역	학생 수	지역	학생 수	지역	학생 수	지역	학생 수
경성	170	강화	70	이천	70	금성	30	안협	25	해주	14
재령	60	안악	55	서흥	40	봉산	42	신천	70	평양	130
안변	57	강서	35	정주	80	구성	60	용천	73	선천	90
의주	140	순안	46	강계	70	철산	48	안주	60	상원	35
함흥	120	영흥	80	안변	36	갑산	38	단천	40	이원	70
삼수	36	고원	75	문천	55	진주	35				

출전:《황성신문》1905년 10월 5일,〈一進設校數〉.

적으로 수탈하는 등 여러 폐단을 일으켰다.[33] 일부 지방관은 일진회에 부화뇌동해 불법행위마저 서슴지 않았다.

심지어 주민들이 공동으로 설립한 학교 운영권마저 장악했다. 청도군 일진회원 최한면은 향교답으로 설립한 용명학교의 교사들을 축출한 후 동생들을 교사로 채용했다. 공주군 일진회 지회는 향교전 등을 기반으로 금성학교를 설립했다. 이에 관찰사 최정덕이 학교에 부속된 전답 등을 다른 교육기관에 부속되게 하자 지회원들은 오히려 관찰사를 협박했다.[34] 안변군 방화산면 문화학교는 주민들의 부담으로 7~8년간 유지될 수 있었다. 그런데 이병은·윤신보 등과 일진회원 김정화가 운영비 조달을 방해해 폐교하는 사태에 직면했다.[35] 일진회의 사립학교 설립 목적은 일어 보급을 통한 친일세력 육성이었다. 혼란한 와중에 일진회는 한일 양국의 관계를 우호적으로 개선하기 위해 일제의

'보호국화'를 제기했다.

통감부는 고문정치를 시행하는 가운데 일본어 능통자를 우대하는 등 일어 보급에 앞장섰다. 이러한 상황은 관립외국어학교 학생 중 일본어 전공자를 증가하게 했다. 또한 경성학당은 관립한성제이일어학교, 평양일본어학교는 관립평양일어학교(1909년 관립평양고등보통학교로 개편)로 각각 승격되었다. 나아가 통감부는 관공립학교는 물론 사립학교에도 일본어교육을 강요했다. 초등교육기관에도 일본인 교감을 배치해 일본인 교사가 '통역교육'을 시행하는 '진풍경'이 벌어졌다.[36] 대다수 한국인 통역교사는 일본어를 제대로 이해할 수 없었다. 일본인 교사의 한국어에 대한 이해력도 마찬가지 수준이었다. 사실상 '무늬'만 있는 근대교육의 어학 교육이라고 해도 절대 과장이 아니다.

이처럼 일본인 교사의 교육은 심각한 문제점을 안고 있었다. 이들은 조선인 학생들에게 내용을 제대로 전달하거나 학생들이 이해하게 할 수 없었다. 일인 교사들은 모든 교과목에서 일본인과 일본 문화·역사의 우수성을 지나치게 강조했다. 조선인 학생들은 이러한 과정에서 자괴심을 가지는 동시에 일본에 대한 '환상'에 빠지는 모순을 드러냈다.[37] 더욱이 조선인 교사조차도 이러한 내용을 무비판적으로 가르치는 등 동화정책에 포섭되고 있었다. 교사의 자질을 향상한다는 구실로 시행된 교원연수제도는 교사를 식민교육정책으로 흡수하려는 의도였다. 특히 〈교과용도서검정규칙〉 시행과 '모범학교' 지정도 이러한 의도와 일맥상통한다.[38] 식민교육정책은 내선일체에 의한 '차별적인' 동화주의를 최종 목표로 삼았다.

일제 침략성을 제대로 간파하지 못한 계몽론자들은 식민교육정책으로 점차 동화·흡수되고 있었다. 이들은 근대교육을 구실로 일본어 위주의 야학·강습소를 운영하면서 일정하게 동화정책에 이바지했다. 일본어 보급은 '단순히' 어학의 보급이 아니라 친일세력 육성을 위한 식민교육정책과 밀접한 관련을 지닌다.[39] 일제의 근대화·문명화를 이상적인 대상으로 인식한 계몽론자들에게 이러한 현상은 어쩌면 당연한 귀결인지도 모른다.

식민 당국은 《매일신보》를 통해 강제병합의 정당성과 필연성을 대대적으로 선전·홍보했다.[40] 총독 데라우치 마사다케寺內正毅는 유시에서 "새로운 한일 양국의 진정한 우호관계 정립"[41]을 역설했다. 나아가 '강제병합'으로 양국의 신시대 도래와 더불어 조선의 국제적인 지위를 격상한 쾌거라는 망언도 서슴지 않았다. 일제만이 서구 제국주의 침략에서 동양 평화를 보지保持할 수 있으며 조선의 운명은 여기에 달려 있다는 논리였다. 이는 양국이 과거부터 동조동근론에 입각한 '운명공동체'라는 사실에 근거하고 있었다.[42] 그런 만큼 신사조와 신시대에 부응하는 최선책은 양 민족이 융화하는 동화주의라고 강변했다. 이러한 논리는 일본 천황에 대한 충성심 강조로 확대되기에 이르렀다. 천장절·기원절·지구절을 전후해서 《매일신보》는 천황 중심의 '신일본주의'를 거듭 강조했다.[43] 천황을 중심으로 하는 신일본주의를 정신적인 구심체로 설정한 것은 동화주의의 의도와 무관하지 않

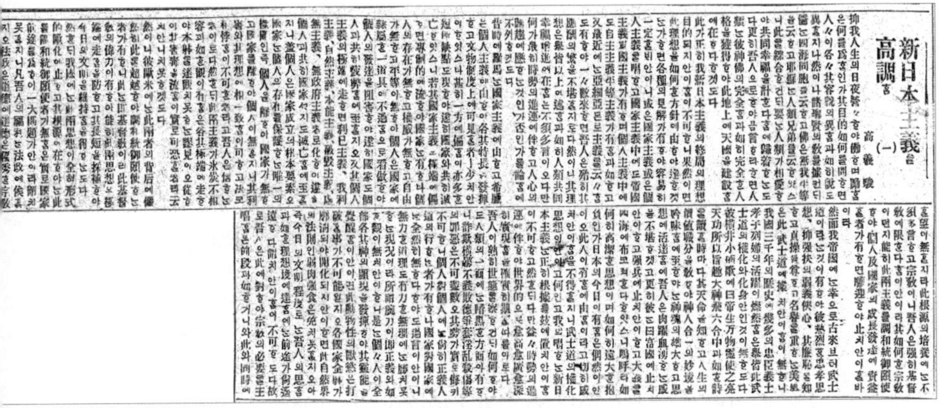

新日本主義를 高調함 (一)

高義駿

〈그림 16〉〈新日本主義를 高唱함〉(《매일신보》 1916년 10월 6일)

았다.

조선총독의 시정 방침에 반영된 양 민족의 동화를 위한 방법은 다양하게 모색되었다. 가장 적극적인 방안은 개항 이후 줄기차게 추진된 일어 보급을 통한 언어동화정책이었다. 양 민족 동화를 위한 지름길은 일본어 상용화를 통한 사상·감정 교류로 집약되었다. 이리하여 양 민족은 자연스럽게 동화될 수 있다고 낙관하는 분위기였다. 강제적·강압적인 동화는 오히려 조선인의 강한 저항을 초래할 뿐만 아니라 역효과를 초래할 가능성도 예견했다.[44] 결국 교육기관을 확충해 일어를 보급하는 '점진적인' 언어동화정책은 시급한 현안으로 부상되었다. 쇄국시대에는 국어 및 한국어만으로 생활하는 데 별다른 불편이 없었다. 그런데 개방화시대에 열강과 교류하거나 세계정세를 이해하는 데 필요한 첩경은 바로 어학이다. 진정한 '한일합방'을 위해 일본인도 한글 및 한국어를 배우는 등 부단한 노력을 기울였다. 그런 만큼 조선인의 일본어 연구와 습득이 급선무임을 강조했다.[45] 조선인이 일본어를 제대로 이해할 때 동화는 저절로 달성된다는 논리였다. 타이완에서 시행한 식민교육정책 비교 연구는 이와 같은 정책적인 차원에서 이루어졌다. 일어학교 운영에 상당한 관심을 기울인 이유도 여기에서 찾아진다.[46]

서울과 지방에 소수의 일어학교가 있었으나 그때까지 소기의 성과는 거두지 못했다. 그래서 각지에 일어를 위주로 하는 학교를 세워 총준자제를 교육하면 양 민족의 동화는 쉽게 이루어진다고 전망했다. 이러한 입장은 1910년대는 물론 식민지 전 시기에 지속적으로 견지되었다.[47] 관청과 공립보통학교를 중심으로 설립·운영된 국어강습회는 이러한 의도와 맞물려 있었다. 교육 당국은 부족한 초등교육기관 설립 예산을 확보하기 위해 노력했으나 역부족이었다. 현실 여건을 감안한 가능한 방법을 모색하지 않을 수 없었다.

먼저 공립보통학교 교원에 대한 '국어조선어연구회' 실시로 이어졌다. 초기에는 예상과 달리 뚜렷한 성과를 거두지 못했다. 경기도 내 일본인 교원 중 겨우 4명만이 한글을 해득하는 정도였다. 또한 경기도 내 48개 공립보통학교 중 8개교의 조선인 교원만이 어느 정도 일어를 이해하는 수준이었다.[48] 지속적인 교원강습회는 소기의 목적을 달성할 정도로 뚜렷한 성과를 거두었다. 교원강습회는 단지 경기도에 한정되지 않고 전국에서 시행되었다. 조선인 교원들은 이를 통해 일본어 상용화에 앞장서는 등 식민교육체제로 편입되고 말았다. 교원들에 대한 업무평가 중 절대적인 비중은 일본어 보급과 활용에 비중을 두었기 때문이다. 더욱이 폭력적인 감시와 탄압으로 이러한 상황에 대한 저항은 조선인 교사들에게 힘겨운 일이었다.

일본어 능통자에 대한 우대책은 이러한 상황에서 지속적으로 추진되었다. 이는 사회 지위나 출세를 위한 '보증수표'와 다름없었다. 일본식 정장으로 상징되는 이른바 하이칼라 신사나 양장한 신여성은 배척의 대상이 아니라 부러움의 대상으로 변모되었다. 심지어 이들은 사회 명사로서 추앙될 정도였다. 일본의 가치관이나 문화 등이 우리 생활 속에 급속하게 파급되었다.[49] 이러한 가운데 동화정책에 포섭된 교육자들은 여전히 사회적인 영향력을 발휘했다. 곧 가치관 혼돈과 아울러 자기 정체성을 상실한, 불행한 한국근대사는 모순과 혼란을 끊임없이 재생산했다. 서구 지향적이자 일본 지향적인 가치관이 점차 일상사에 파급되었다.

보통학교 학생들의 일어경시대회도 이러한 의도에서 시행되었다. 서천군 관내 공립보통학교인 서천·한산·비인 3개교는 매년 일어경시대회를 순회로 개최했다. 교사는 물론 학부형들도 이들에 대한 지원을 아끼지 않았다.[50] 일어 능통자는 학교에서 바로 '우등생'으로 인정받는 상황이었다. 이러한 분위기는 학생들이 일어 공부에 열중하는 결정적인 요인이었다. 일어경시대회는 학예회·운동회 등을 통해 전국으로 확산되었다.[51] 곧 모든 교육기관은 일어 보급을 위한 다양한 방법을 강구했다. 졸업식·입학식에서 일본어로 된 축사나 답사도 이러한 의도와 무관하지 않았다.

식민정책의 원활한 수행을 위해 조선인 관리들에게도 기초적인 일본어 해독력을 요구했다. 일본어를 제대로 해독하지 못하는 관리는 면직되는 등 불이익을 당했다.[52] 이에 각 관청을 중심으로 일본어 보급을 위한 국어강습회가 설립·운영되었다. 또한 일본인 관리들도 한글을 익히려는 분위기였다. 조선인은 일본인에게 한글을, 일본인은 조선인에게 일어를 가르치는 '진풍경'이 곳곳에서 벌어졌다. 이러한 현상은 특정 지역에 한정되지 않았다. 곧 관공서나 공립보통학교 등이 있는 곳에서는 일상적인 상황이었다.[53]

우리의 일상사에서 흔히 나타나는 일본어 잔재는 이러한 비극적인 상황과 절대 무관하지 않다. '일본어 만능시대'는 식민지라는 현실 속에서 진행되었다. 그런데 별다른 저항이나 거부감은 대다수 조선인에게서 찾아볼 수 없었다.[54] 일본인 관리나 실업가 등이 설립·운영한 국어강습회 성행은 이를 증명한다. 더욱이 고관이나 원로대신들조차 일본어교육에 열성적이었다. 원로대신과 기득권층은 식민지화와 더불어 일어에 높은 관심을 보였다.[55] 이는 개인적인 문제에 그치지 않고 사회적인 분위기로 확산되었다. 또 각 관공서의 관리나 실업가들도 예외적이지 않았다.

이러한 상황은 일본어에 대한 관심을 촉발하고 국어강습회를 성행하게 한 주요 요인이었다. 통신으로 강의하는 일어연구회 회원이 무려 2000여 명에 달할 정도였다. 일어에 대한 고조된 관심은 이러한 사태를 초래했고, 이는 한글에 대한 정면 도전이나 다름없었다. 심지어 중등학교 학생 일부는 일본인 학교로 전학하는 등 '비극적인' 상황을 연출했다. 이리하여 간편한 일본어 회화용인《일본어학잡지》는 대량으로 출판·판매되는 대단한 성황을 누렸다.[56]

1913년 1월 하순부터《매일신보》는〈국어첩경〉을 통해 일본어 회화에 필요한 간편한 문장을 50여 회나 연속 게재했다.[57] 이는 일본어 교육에 대한 열기를 지방으로 확산하는 데 크게 이바지했다. 당시 신문이나 잡지 등은 거의 없어《매일신보》는 교재로서 활용되었기 때문이다. 더구나 일본어 학습을 위한 교재도 마찬가지였다. 중화군청·공립보통학교·경찰서가 연합으로 설립한 국어야학회는 주민들에게 상당한 주목을 얻었다. 교사인 직원들의 열성으로 일시에 40여 명이나 호응했다. 변호사들도 직접 국어강습회를 설립·운영했다. 해주에 거주하는 변호사들은 일본인을 교사로 초빙하는 등 야학으로 일어교육에 열중했다.[58] 지성인을 자처하는 변호사의 이러한 행위는 당시 상황을 극명하게 보여준다.

일본어교육 대상자가 30~40대 지역사회 명망가들을 중심으로 구성된 야학도 있었다. 1914년 함북 성진군 최성준·최재희·전상헌 등은 성진공립보통학교와 공립간이농업학교의 국어강습회에 열성적으로 참가했다.《매일신보》는 이들의 불타는 향학열에 아낌없는 찬사와 격려를 했다.[59] 함흥경찰서장 사카이 겐시酒井言視와 지방위원 고경필 등이 설립·운영한 노옹일어야학회가 바로 그것이다. 교사는 고후쿠지興福寺 주지인 다마이 고칸玉井廣觀과 경부 박영진 등이었다.[60] 운영자들은 결석생에게 벌금을 부과하는 규칙을 제정하는 등 일어 보급에 열성적이었다.

경남 고성군 공립보통학교에 부설된 야학회는 40세 이상을 대상으로 일본어를 가르쳤다. 심지어 60세 이상인 노인만을 대상으로 한 국어야학회가 운영되기도 했다. 이는 특정 지방에만 한정된 현상에 그치지 않았다. 서울의 국어보급관에 50세 노인이 야학생으로 출석했다. 일어는 단순한 어학이 아닌 사회적인 지위와 부를 획득하는 주요한 수단으로 인식되었다.[61] 곧 일본어 수준은 삶의 질을 담보하는 중요한 수단이나 마찬가지였다.

《매일신보》는 청년들에게 이들을 모범으로 삼아 일어 습득에 분발할 것을 촉구했다. 이러한 칭송은 단순하게 일회성으로 그치지 않았다. 각지 국어강습회 졸업식이나 운동회는 일본어의 중요성을 인식하게 하고 일본어를 보급하는 현장이었다. 일본어 성적 우수자에게 시상하고 하급관리로 특별채용한 것은 이를 증명한다. 이와 더불어 일어 보급을 선도한 사람을 '모범'교육가로서 칭송하는 등 언론은 이들에 대한 격찬을 아끼지 않았다.[62] 일그러진 교육자상은 이러한 역사적인 배경에서 파생·확대되었다.

지방 관리들은 일찍부터 《매일신보》 구독에 솔선수범하고 나섰다.

이들은 문맹퇴치 논리와 정세에 대한 정확한 이해를 신문에서 찾았다. 물론 이는 단지 허구에 찬 명분일 뿐이다. 식민 당국의 주요 동조 세력인 이들은 기득권 유지와 체제 안정화를 궁극 목표로 삼았기 때문이다. 이들은 오직 식민정책을 선전·홍보하는 전도사에 불과했다. 《매일신보》를 일종의 교육기관이라 강변한 사실은 저들의 궁극적인 의도를 엿볼 수 있다.[63]

"일선인 융화·동화에는 일본어 보급이 가장 긴급하고 중요하다. 원래 언어는 국민의 가장 귀중한 바이니, 즉 충군애국의 근본이 되고 또한 일국 국수國粹의 원천이다."[64] 즉 국어의 통일이라는 차원에서 일본어 보급이 이루어져야 한다는 사실을 강조했다.[65] 국어 통일은 일선인 교제와 융합, 충군애국의 근본, 식민통치와 제국신민 통합 차원에서 이루어져야 할 중차대한 과제였다.

3

아리가토가
풍미하다

1910년 서울의 연초직공조합소는 노동자의 문맹퇴치를 위해 3개소 노동야학을 설립했다. 총재 유길준을 비롯한 임원들의 기부금과 직공 1인당 월급 20전을 수업료로 받아 운영비를 마련하고자 했다. 이어 동아연초회사 직공조합소도 조합 내에 직공야학을 설립한 후 60여 명을 대상으로 일어를 가르쳤다.[66] 이러한 야학의 개교식은 한성부민회관에서 1911년 3월 1일 성대하게 개최되었다. 자작 조중응과 대한자강회 총무를 지낸 정운복은 식사에서 교육의 중요성을 역설하는 한편 근검절약을 강조했다. 조병택·홍충현·이용태 등은 저축 기본 적립금으로 즉석에서 30원을 기부하는 등 적극적인 지원을 아끼지 않았다. 이후 600여 명이 호응하는 등 대성황을 이루자 교실 확충과 야학 유지비 확충을 위해 연주회를 개최하는 등 세인의 관심을 끌었다.

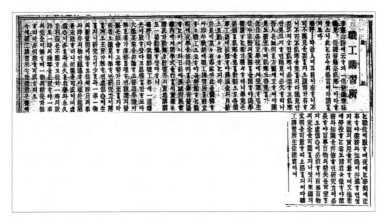

〈그림 17〉〈직공강습소職工講習所〉《매일신보》1911년 3월 4일

이러한 분위기는 노동야학뿐만 아니라 노동자에 대한 인식을 점차 바꾼 계기였다. 예종석은 야학 운영비와 공립학교 교사를 야학교사로서 충원할 것을 경성부윤에게 요청하는 등 노동야학 운영을 모색했다.[67] 이리하여 신흥학교와 흥사단에 각각 제1 강습소와 제2 강습소를 운영하는 한편 삼흥학교에도 직공야학을 설립하기 위해 교섭을 진행했다. 결국 1913년 경성부는 9개 공립학교에 직공야학을 설립한 후 500여 명을 수용할 수 있었다.

서울에 소재한 각 사립학교는 일어강습소를 부설로 운영하는 등 일본어 보급에 동참했다. 일본어교육 열기는 일어를 전문으로 하는 교육기관을 양산했다. 이러한 현상은 대한제국기 서울 지역 야학운동과 비슷한 실정이었다. 호남학회의 일어전문강습소, 보성중학교 부설

일어강습소, 흥화학교 부설 국어야학과, 광성학교 부설 국어속성야학과 본과야학, 정경학교 부설 야학과, 공성학교 부설 하기강습소, 조산강습소 부설 여자국어강습소 등이 대표 사례다.[68]

욱정 경성학사는 3학기제로 일어부를 운영했다. 1학기는 독방·회화·강술, 2학기는 독방·회화·강술·산술·지리·역사, 3학기는 독방·회화·강술·산술·지리·역사·법제·경제 등으로 편성했다. 동막하계 유지 강만기·임선근 등과 순사보 전용현·쓰지모토 도모노스케辻本友之助 등은 중흥강습소를 설립한 후 일어를 교수했다. 이에 유지들이 의연금을 갹출·지원해 재정 기반을 확충할 수 있었다. 두모면 행당리 청년 50여 명은 전 관리와 헌병출장소에 국어강습회 설립을 청원할 만큼 적극적이었다. 이에 소장 이하 보조원들은 여가를 이용해 교대로 가르쳤다. 주민 대부분은 용산 방면을 중심으로 한 야채장수였다. 즉 이들은 생계의 필요로 일본어 습득을 절실하게 갈망하는 입장이었다.[69] 곧 일본어는 생계를 유지하는 데 '필수' 요건 중 하나로 일상사에 파고들었다.

인천면의소는 행정 조직을 이용한 조직적인 일본야학회(일명 인천항 일어야학회)를 운영했다. 일본인 모리마루 다로森丸太郞, 부내면장 서상빈, 동장 10여 명은 노동자와 적빈자를 대상으로 한 일어야학교를 설립한 후 감독 2명과 강사 6명을 선정했다. 학생 연령은 12~46세까지 규정하는 한편 동장들에게 교육생 모집 책임을 전담하게 했다. 인천 공립학교도 부설로 인천야학교를 설립한 후 일본어를 가르쳤다. 황등

천면장 남길우는 국어연습회를 설립한 후 교사 1명을 초빙했다. 그는 청년 70여 명을 모집해 보통학교 교재로 일어를 가르쳤다. 하역 작업 등으로 일본인과 접촉이 빈번해 일본어 사용은 현실적으로 필요한 상황이었다.[70] 개항장을 중심으로 일찍부터 일본인과 유지들이 설립한 야학에서 일어를 가르치는 경우도 적지 않았다. 이러한 경향은 강제병합 이후 더욱 확산되는 분위기였다.

수원군 반월면서기 한봉수와 순사보 박상춘은 국어강습소를 설립한 후 각 이장에게 주민들에게 입학을 권유하게 해 좋은 성과를 거두었다.[71] 군청과 경찰서는 이를 적극 장려하는 등 지원을 아끼지 않았다. 가평군수 이승조는 헌병분견소 야마카와 히로지로山川博次郎의 협력으로 일어야학회를 설립할 수 있었다. 개교식에 무려 150여 명이나 운집하는 성황을 이루었다. 평택군청은 국어야학회를 설립한 후 직원 30여 명에게 일어를 교육했다. 또한 청사에 면장사무견습소를 설치하는 한편 각 면장에게 민지계발을 구실로《매일신보》구독을 적극 장려했다.[72]

파주군 조리면 죽원리 이병규·심의학·송문숙 등도 보명학교에 국어야학보급회를 설립했다. 이들은 매일 3시간씩 일어·산술·한문·기타 등을 교수하기에 이르렀다. 읍내 유지들도 공립보통학교에 국어산술야학회를 세웠다. 교사들은 명예교사로서 활동하는 등 일본어 보급에 지원을 아끼지 않았다. 양주군 공립학교와 각 관청 직원 등은 면사무소에 일선어강습회를 설립했다. 한글과 일본어에 능통한 조선인 관리와 일본인 관리가 교사로 자원봉사하는 등 향학열을 고조했다.[73] 직원 25명은 이에 호응하는 등 대단한 반향을 불러일으켰다.

광주군 판교리 헌병출장소장 사도하라 마스쿠마佐土原增熊, 면장 남태희, 유지 남상목 등은 국어강습소를 설립했다. 2개 동리에서 60~70여 명이나 출석하는 등 성황을 이루자 경기도청은 보조비를 지원하는 등 일본어 보급에 노력을 아끼지 않았다.[74] 관청이나 이른바 지역 명망가들의 후원은 '일본어 배우기' 열풍을 확산했다.

광주군 낙생면 판교리 헌병출장소에서 지난해 11월부터 소장 사도하라 마스쿠마와 면장 남태희와 남상목 등이 국어강습소를 설립하고 열심 교수하는데, 낙생과 돌마 양 면에 생도가 육칠십 명에 달해 장래 발전할 영향이 있으므로 일반 인민의 찬성이 대단하고 도청에서도 찬조까지 했고 장차 완전한 학교라도 설립케 되겠다고 근방 인민의 칭송이 자자하더라.[75]

1916년 조직된 안성청년회는 부대사업의 일환으로 읍내면사무소에 국어강습회를 설치했다. 교사로 경부 표한룡을 초빙하는 등 일어보급에 노력을 기울였다. 경기도청은 이들에게 지방비에서 보조금을 지원하기에 이르렀다. 영평군 공립보통학교도 주민들을 위한 국어야학회를 운영했다. 수업은 1주일에 5일로 하루에 3시간씩 진행할 만큼철저한 계획에 입각해 진행되었다.[76] 더욱이 야학생들은 직접 운영비를 부담하는 등 대단히 열성적이었다.

강화도의 합일여학교도 부설로 청년부인야학을 조직했다. 교과목은 일어·한글·한문 등이며, 출석생은 10여 명이었다. 송해면 고성근의 부인인 노란희도 야학교를 직접 운영했다. 그녀는 경제 사정으로 취학치 못한 학령아동 30여 명을 모집해 가르치는 등 매우 열성적이었다.[77] 운영비는 남편과 본인이 부담하는 동시에 학생들에게 학용품까지 제공했다. 진위군 포승면장 최광식은 보통학교 과정인 국어강습소를 설립했다. 교사 최기승, 학감 이홍서·박승렬 등의 열성에 자극을 받은 최관식·이유상 등이 의연금을 갹출해 재정 기반을 확충할 수 있었다. 강습소 졸업생 중 수십 명은 서울의 고등보통학교에 진학해 주위의 부러움을 샀다.[78] 교육 성과는 오늘날처럼 상급 교육기관 입학생 배출 등으로 평가를 받았다.

충남 강경군청과 유지들은 일어·한글을 교육하는 어학속성연구야학회를 설립하는 등 일본어 보급에 노력했다. 홍성군청도 역시 일어·한글교육을 위한 어학연구회를 공립보통학교에 설립했다. 강사는 군청 관리와 교사 등이었는데 행정 조직을 이용해 주민들을 조직적으로 동원했다. 충남도청은 여름휴가를 이용해 도청과 도립병원 사환 등을 대상으로 국어강습회를 실시했다. 교과목은 일어·산술 등이었으나 일어에 대한 비중이 압도적이었다.[79]

연기군 전의면장 박동렬은 각 동리에 국어강습소를 세웠다. 특히 읍내리강습소는 이장 박상우와 유지 박동국·윤석채의 감독과 강사 홍우봉의 열성으로 강습생이 70여 명에 달했다. 이에 자극을 받은 같은 군 북면 이장인 박동근도 국어강습회를 세웠다. 그는 명예교사로서 자원하는 등 지원을 아끼지 않았다. 아울러 농한기에는 농가 부업을 위한 강습회를 자주 개최했다. 당진군 읍내리 학무위원 이홍세는 일본어 보급의 필요에 따라 자기 사랑방에 국어연구회를 직접 설립했다.[80] 그는 가족은 물론 인근 주민들에게도 일본어를 가르쳤다.

충북 옥천군 읍내면 오윤묵은 자기 집에 사립학교와 국어야학교를 설립했다. 그는 운영비를 부담하는 한편 박창화를 교사로 고빙한 후 청소년을 대상으로 일본어를 가르쳤다. 음성군 오천묵은 자기 집에 실업을 장려할 기업강습소와 국어야학교를 설립한 후 교사로 자원하고 나섰다. 그의 열성에 다수 야학생이 운집하는 등 적극적인 호응이 있었다.[81] 괴산군 동중면 칠성암주재소 순사 스에히로 다이즈末廣大豆와 순사보 손해춘도 국어야학회를 설립·교수했다. 야학생 30여 명이 호응할 정도로 성황을 이루었다. 진천군 초평면장 이교선과 이장 이종익은 양촌동에 국어야학교를 세웠다. 헌병소장 오하라 히로시小原廣의 열성으로 수백 명에 달하는 야학생이 출석했다. 황간군 매하면 임산 헌병파견소장 야마다 다케요시山田武義는 임산야학교를 설립한 후 일어·산술 등을 가르쳤다. 주민들과 야학생의 호응에 부응해 그는 야학을 주학인 임명학교로 변경했다.[82] 일본인들의 교육 활동은 현지 주민들에게 별다른 거부감 없이 수용되었다.

1912년 10월 1일 당시 충북에 산재한 공립보통학교에 부설된 국어강습회는 모두 18개소였다. 강습기간은 최저 4개월에서 최고 1년이었다. 강사는 2~5명으로 총 55명이었다. 회원 수는 15명에서 70명으로 많은 편차를 보였다. 최저는 음성공립보통학교이고, 최고는 옥천공립보통학교로 관내 총 회원은 603명이다. 연령대는 15세 이하 57명, 15~20세 이하 207명, 21~30세 이하 221명, 31~40세 이하 91명, 41~50세 이하 27명 등이었다. 직업별은 관공리 101명, 농업 323명, 상업 64명 등이었다.[83] 이리하여 관내에 일본어는 널리 보급되는 분위기였다.

1907년 옥기환·구성전 등이 설립한 마산노동야학은 1910년대에도 운영되었다. 야학생은 200여 명에 달하는 대규모 야학으로 확장된 상황을 맞았다. 마산 부인들도 부인교육회를 조직한 후 여자강습야학교를 설립했다. 회장 김상구를 비롯한 임원진과 교사 정지석의 노력으로 1930년대까지 운영되는 등 이 지역은 물론 식민지 시기 '대표적인' 여자야학으로 발전할 수 있었다. 1913년 마산공립학교는 20세 이상을 대상으로 한 국어야학교를 설립한 후 50여 명을 교수했다. 교사인 구로키 겐이치黑木源一가 열성을 다해 야학생들의 반응이 좋았다. 경남도청은 각 국어강습회에 보조금을 지원하는 등 운영자들에 대한 격려를 아끼지 않았다. 함안군 대곡면 신창리 기독교인들은 야소교야학교를 설립했다. 이에 보명학교 교사인 이진형은 명예교사로 활동하는 한편 경비를 지원하는 등 열성적이었다.[84] 야학생들은 그의 열성에 감복해 매일 50여 명이나 출석할 정도였다.

매일신보사 진주지국장 박재표와 공립학교 부훈도 이준호 등은 가정부인을 위한 여자야학회를 설립했다. 주요 교과목은 일본어를 비롯해 일반상식과 양잠법 등이었다. 부인들은 이에 적극적으로 호응했다. 1913년 말 첫 수료생을 배출하는 등 진주 지역 '대표' 여성교육기관으로서 위치할 수 있었다. 또 김취련·김비봉·장모란 등 8명도 야학강습소를 설립한 후 일어·한문·양잠업 등을 중심으로 교수했다.[85] 이 야학강습소도 1920년대 여자야학으로 계승되어 진주의 여성교육기관으로 자리매김했다.

경남 각지에서 일찍부터 일본인 헌병과 경찰 등이 국어강습회를 조직했다. 즉 용남·하동·산청·울산·거제·곤양 등지의 주재소나 헌병분견소는 일어 보급에 노력을 기울였다.[86] 각 관청이나 일본인에 의한 일본어 보급은 대단한 성과를 거둘 수 있었다. 일본인들로 결성된 부산교육회는 제1 공립심상소학교 부설로 실업야학교를 운영했다. 중국인과 조선인이 지원하는 상황을 널리 홍보했다.[87] 부산진공립학교 부설인 국어야학회는 3년 동안 남자 226명과 여자 259명을 수료자로 배출했다. 교육기간은 남자 6개월과 여자 3개월이었으며, 수업은 매주 12시간씩이었다. 수업시수는 일어 6시간, 한글 3시간, 산술 3시간이었다.[88] 부산이 지리적으로 일본과 가까운 사실을 감안하더라도 일어 보급을 위한 노력이 적극적으로 추진된 사실을 분명하게 보여준다.

경북 대구여자교육회가 대구부 수정에 설립한 달서여자야학교는 1910년대 경북의 주요 여자교육기관으로 위치했다. 교사는 임원인

윤성원·서춘화·김화수·장문화·한귀현 등으로 보통학교 과정을 가르쳤다. 이들의 열성으로 학생이 주·야학 100여 명에 달할 만큼 대단한 호응을 받았다. 대구교육회도 일본인과 조선인을 위한 합동야학교를 협성학교에 세웠다. 수료자는 일본인 20명과 조선인 30명이었다. 야학생의 증가로 교사를 협성유치원으로 이전하는 등 새로운 계기를 맞았다. 경북실업회도 대구에 실천강습야학회를 설립했다.[89] 노동자 수십 명이 호응하는 가운데 1회 수료자가 24명에 달했다.

경산군 안영모·김사숙 등은 야학강습소를 설립한 후 경비 일체를 부담했다. 이에 경산보통학교장 도요타 조치豊田長智, 부훈도 이형선·석만주, 면화재배출장소 기수 고토 리사부로後藤利三郎·강대선 등은 명예교사로서 자원하고 나섰다.[90] 이러한 노력으로 출석 학생이 30여 명에 달했다. 자인군 유지들도 유신야학교를 설립하는 등 일본어 보급에 동참했다. 이들은 별도로 의연금을 모집해 사립학교를 설립하는 등 교육열을 고조했다. 용궁군 공립보통학교장 우라카와 사기고로浦川鷺五郎는 성인들에게 일어를 보급할 목적으로 국어야학회를 설립했다. 학무위원 정택용·김정태 등은 스스로 경비를 부담하는 한편 일어 보급에 필요한 지원을 아끼지 않았다. 특히 학교장은 학부형을 효유해 30여 명이었던 학생이 80여 명으로 증가하게 했다.

1917년 6월 당시 경북 도내 보통학교 재학생 수는 6000여 명에 달했다. 반면 야학이나 국어강습회의 재학생 수는 2000명이었다.[91] 비제도권 교육기간이 짧은 점을 감안한다면 야학생 수가 제도권 교육기

관에 비해 절대 적지 않은 사실을 보여준다. 이는 그런 만큼 국어강습
회를 통한 일본어교육이 1910년대 식민교육정책의 실상을 이해하는
데 중요한 부분임을 알 수 있는 대목이다.

전북 흥덕군 일동면 암동리 박경서·백남규는 흥동야학교를 세웠
다. 설립한 지 불과 3~4개월 만에 노동자가 대거 참여할 정도로 성황
을 이루었다. 금산공립보통학교장과 부훈도 등도 신지식과 일어 보급
을 위해 청년야학회를 조직했다. 일시에 56명이나 호응하는 상황이었
다. 옥구군 대야면장 곽진술과 면서기 문동화는 면사무소에 야학회를
설립했다. 교사는 지경역장인 모리 미쓰구森三次와 유지 문동화로 매
일 3시간씩 교대로 가르쳤다.[92] 출석생은 30여 명에 달해 호응을 받았
다.

전주청년회는 소학교에 2개월 과정의 야학을 개최했다. 주요 과목
은 법제·경제·일어·한글 등으로 월사금은 30전인 비교적 고액이었
다. 이는 취업준비생을 위한 일종의 학원과 같은 성격을 지녔다. 익산
군수 박영철은 노동자를 위한 야학을 설립했다. 조선인에게 일어·산
술·한문, 일본인에게 한글을 교수하는 등 교과목에 차별을 두었다.
고창공립보통학교도 야학회를 부설로 설립한 후 일어·산술을 청년
들에게 교수했다.[93] 이는 1930년대 농촌진흥운동을 실시하는 당시 식
민지배에 충실한 '중견 인물'을 양성하려는 의도와 유사하다.

전남 목포공립보통학교도 야학회를 설립했다. 갑반은 보통 문관 수
험생을 대상으로 한 반면 을반은 일어 초보자로 구분해 가르쳤다. 을

반은 일어 외에 한문·산술을 추가하는 등 능력에 따른 수업을 병행했다. 일어를 가르치기 위한 보조 수단으로 한글과 산술을 교과목으로 채택할 뿐이었다. 실업가 이상규도 상점 주인과 점원들을 위한 국어야학강습소를 세웠다. 차경모는 명예교사로 자원하고 나섰다.[94] 이들의 열성으로 수십 명 야학생이 출석하는 상황이었다.

진도군의 한일 양국 청년들은 청년자진회를 조직한 후 부대사업으로 야학회를 운영했다. 조직 부서는 권업부·운동부·구락부·교육부·수양부 등이었다. 권업부는 공업을 장려하고 운동부는 일요일·공휴일에 각종 운동을 실시하며, 구락부는 동서양의 음악을 연구하고 교육부는 경제·한문·법률 등을 중심으로 하는 야학회를 운영하며, 수양부는 심신수양을 담당했다. 군수 남궁혁은 야학회의 경제과목 교사로서 활동하는 등 청년회 활동을 지원하고 나섰다. 영암군 서문리 김준오는 야학회를 조직한 후 교사로서 활약했다.[95] 야학회 목적은 문맹의 고향 청년들에게 지식을 보급하는 데 있었다.

강원도 화천군 간척면 상간척리 정교걸·고영상·김구희·황섭·최정우·김영식 등은 주·야학인 용흥의숙을 설립했다. 교사 맹덕호·김교순의 열성으로 재학생은 200여 명에 달하는 성황을 이루었다. 더욱이 학생들은 일본어에 대한 관심이 고조되었을 뿐만 아니라 상당한 능력을 지닌 사람도 있었다.[96] 영월군 하동면장 엄룡환은 농사 개량, 저축 장려, 삼림 보호를 목적으로 삼의장려조합을 설립했다. 그는 청년교육을 위한 국어야학강습회를 설립하는 등 민지계발에 헌신적이었다. 춘천군 사내면 창리 헌병출장소장 스즈키 유사鈴木雄佐와 3등병 나카무라 야헤이中村彌平는 사무실에 국어야학을 세웠다. 이들은 청년들에게 일어를 가르치는 한편 경비 일체도 부담했다.[97] 나아가 관내 노인들은 물론 청장년들을 효유하는 등 향학열을 고취했다.

철원공립보통학교에도 부설로 국어강습회가 설립됐다. 교장 이하 교사들의 노력으로 1월 24일 1회 수료식을 거행할 수 있었다. 철원군 서변면 중리 이정선은 1909년 노동의숙을 설립한 이후 8년간 운영했다. 그의 노력은 읍내 노동자들에게 향학열을 고취하는 계기였다. 도청은 포상금으로 소 1마리를 수여하는 등 그에 대한 지원을 아끼지 않았다.[98] 그런데 강원도는 다른 지역에 비해 국어강습회의 설립·운영이 '비교적' 부진했다.

황해도 봉산군 만천면 봉양원鳳陽園은 청년들에게 실업사상을 고취하고자 농무야학강습소를 설치했다. 운영자 이정헌은 청년 30여 명을 교수하는 등 근로정신 고취에 노력을 기울였다. 봉산군청도 사리원국어강습회를 조직했다. 직원 10여 명은 이에 호응했으며, 강사는 공립학교 교장과 훈도 등이 맡았다. 사리원공립보통학교도 교내에 국어강습회를 설립했다. 교장과 교사들의 열성으로 1회 수료자가 무려 31명에 달했다.[99]

해주군청은 해주공립보통학교에 국어강습소를 설립한 후 교사와 관리 10여 명을 강사로 위촉했다. 이어 주민 130여 명을 모집·교수하는 등 지방 관리들은 일본어 보급에 노력을 아끼지 않았다. 1913년

12월 4회 수료자는 17명, 1914년 7월 5회 수료자는 31명에 달할 정도였다. 이러한 노력은 공립학교 졸업생 중 상급학교 미진학자에 대한 강습회로 계속되었다. 결국 일어 보급은 지방관청이나 공립보통학교의 주요 업무 중 하나로서 정착되어 나갔다.

장단군 진남면 화성학교는 주·야학인 진흥강습회를 설립했다.[100] 운영자들은 농민 자녀 중 학령아동을 주학으로 가르쳤다. 안악군 읍내 윤기정·이윤식·김재유·홍정렬 등은 국어강습회를 설립했다. 일본인의 교사로서 자원은 교세를 더욱 확장하는 주요한 계기였다. 교과목은 일어를 비롯해 지리·역사 등이었다.

해주군 주내면 기생 월희·국엽·김향·소도 등은 국어강습회를 조직했다. 이들은 일본인 여자를 교사로 초빙해 매일 3시간씩 일어를 공부할 정도로 열성적이었다. 같은 군 금산면 신주막순사주재소 소장 야마니시 겐지山西賢治는 민지계발을 위해 국어강습회를 설립했다. 그는 일어와 보통학교 교과목을 교수하는 등 지식 보급에 노력을 기울였다. 후임자인 곤도 사쿠지近藤作治도 국어강습회를 지속적으로 운영해 출석 야학생만 20여 명이 넘었다. 같은 군 일신면 석장주재소 순사보 최일영은 엄준명 집에 야학강습소를 세웠다. 그는 청소년 20여 명을 모집해 일어·산술을 중심으로 매일 3시간씩 교수했다.[101]

평남 개천군수 박승건은 부임한 이후 관내에 주·야학교를 10여 개설립했다. 이에 빈민자녀 대다수도 근대교육을 받을 수 있었다. 상원군수 정병기는 국어야학교를 설립한 후 청년 30여 명을 모집·가르쳤

다. 주재소 순사 마쓰오카 다이지松岡泰治와 군서기 김유탁·최중순 등
이 명예교사로 활약해 호응을 받았다. 강서군 헌병분견소는 농사강습
회를 개최했다. 또한 주민들의 희망에 따라 국어강습을 실시하자 일
시에 20여 명이나 호응했다.[102]

대동군청은 각 면사무소에 국어강습소 8개소를 설립했다. 면장의
책임하에 조직적으로 실시된 야학회의 수용 인원은 280여 명에 달하
는 성황이었다. 진남포부 삼화청년회는 일본 천황 즉위식 기념사업의
일환으로 어학강습소를 조직했다. 발회식에는 나카노中野 부윤, 가쓰
라기葛城 경찰서장, 구로다黑田 보통학교장, 한덕헌 화상공회장, 김찬
여 삼화학교장 등이 참석하는 성황을 이루었다. 이후 운영비 확보를
위해 연주회를 개최하는 등 임원들은 부단한 노력을 경주했다. 그 결
과 진남포노동조합과 함께 1920년대 청년회의 부대사업으로 어학강
습소는 지속될 수 있었다. 평원군 평양분대중교헌병주재소 주임 야스
다 마타지로安田又次郎는 국어야학강습소를 세웠다.[103] 그는 인근 청년
30여 명을 모집하는 등 일본어 보급에 적극적이었다.

중화군 공립보통학교는 중화야학회를 조직했다. 명칭은 학회이나
사실은 일본어 보급을 위한 야학으로 교과목은 일어·산술·농업이었
다. 교육기간도 농한기 등을 이용한 6개월 속성과정으로 편성되었다.
식민지배에 부합하는 인물을 양성하려는 의도는 여기에 그대로 드러
난다. 교사는 중화경찰서·군청·공립학교 직원이었으며, 야학생은 40
여 명에 달했다. 같은 군 풍동면 능성리 순사주재소장 이타야 유키마

쓰板谷雪松는 임시야학강습소를 주재소에 세웠다. 교과목은 일어·산술·한문 등으로 각각 교과전담제를 실시했다. 즉 일어는 이타야 유키마쓰와 순사보 윤도필, 산술은 광신학교 교사 박홍규, 한문은 상성학교 교사 고병섭 등이 각각 맡았다. 이들의 열성으로 국어강습소는 주민들의 적극적인 후원을 받을 수 있었다. 같은 군 양정면 용해리 이규현은 대동군 남관면 벽지리에 일어강습소를 설립해 이토 겐고伊藤源吾를 교사로 채용해 친족과 인근 자녀 14명을 가르쳤다.[104] 이규현은 고향에도 다수의 일어강습소 설립을 계획하는 등 일본어 보급에 박차를 가했다.

평양부 마산동주재소 순사보 홍치우·양신곤·최지순 등은 빈민자녀를 위한 야학강습소를 세웠다. 이들은 일어·산술을 중심으로 매일 2시간씩 20여 명을 가르쳤다.[105] 금여대면장 변종무, 평양경찰서 경부 무라마쓰 우타로村松卯八郞, 주재소 순사 기쿠치 나가고로菊池長五郞 등은 몽양학교에 국어강습회를 설립했다. 이들은 80여 명을 모집·교수하는 등 많은 노력을 기울였다. 일인실업청년회는 야학교를 설립한 후 고등여학교에 영어강습야학회를 세웠다. 야학교의 운영권을 민단에 인계한 후 도서관 건립에 박차를 가했다. 방학을 이용한 영어강습회는 이 단체의 주요 부대사업이었다. 광성학교도 어학을 위한 야학강습회를 개최했다. 교과목은 일어·중국어·영어였으며, 지원자는 100여 명을 초과할 정도였다. 강사는 현석칠·문약한·김창준·시라토 료사쿠白戶良作·마에다 이네미前田稻實·진청수·윤형필·김태훈 등이었다. 남산정 미이미교회는 실용영선어야학교를 설립했다. 수업은 영어·한글 등을 중심으로 진행되었다. 복향리 감리교회는 중국어·일어·영어를 중심으로 하는 청년야학회를 세웠다. 운영자들은 근로 청소년이나 보통학교 졸업생의 많은 지원을 요청했다. 유학생친목회도 노동자에게 일어와 보통학문을 가르치는 야학회를 조직했다. 수업기간은 3개월이었으며, 모집정원은 70명이었다. 이들은 하기방학 귀향 활동의 일환으로 야학회를 운영했다.[106] 평양 지방은 선교사나 일본인이 주도해 영어와 일어를 중심으로 한 야학회가 활성화되었다.

평북 관내에는 1912년 3월 73개소 국어강습회가 운영되었다.[107] 이러한 가운데 운산군수 장진석과 군서기 니시하라 조지西原貞治는 공립 보통학교에 일어야학을 설립한 후 운영비를 의연했다. 야학도들은 천장절 제등행사에 참가하는 등 이에 호응하는 상황이었다. 성천군 공립학교와 각 관청이 연합으로 국어강습회를 조직했다. 군수 김연식, 헌병대장 후루야 겐조古谷堅城, 일본인 수십 명은 운영비를 전담하는 등 적극적인 지원을 아끼지 않았다. 초산군청과 헌병분견소는 서당의 교사들을 위해 국어강습소를 설립했다. 평북도청은 일본인 관리를 위해 선어강습회를 개최했다.[108] 이에 사무관 등 20여 명이나 호응하는 등 성황을 이루었다.

의주 지역 한일 양국 청년들은 상호 의사소통을 위해 일선연구회를 조직했다. 강사진으로 일어는 소학교장 가노 히로시加納博, 한글은 도청서기 김경의였다. 관청과 주민들의 연합으로 지나어연구회를 조직했다. 강사는 《압록강일보》 주필인 노다野田였고, 운영비는 일본인의 의연금과 관청의 지원금으로 충당되었다. 운영자들은 주민들의 호응에 부응해 일어를 추가로 가르칠 계획을 세웠다. 같은 군 광성면장 김용섭은 여성교육을 위해 자기 집에 국어야학회를 설립했다. 김용섭의 일본인 며느리는 교사로서 가정부인 20여 명을 모집·교수하는 등 헌신적이었다. 《매일신보》는 이 야학을 최초의 여자국어강습회라고 극찬을 아끼지 않았다.[109]

평북도 장관, 김상연, 작잠회사 취체역 이명환 등은 여자야학회를 조직했다. 교사는 농업학교 교사인 아사노淺野의 부인과 수예학교 주임교사인 가와우에川上을 초빙하기에 이르렀다. 특히 교육 효과의 극대화 방안은 수예학교 교사를 통역인으로 초빙하는 것이었다. 의주면 유지들도 국어야학회를 면사무소에 설립했다. 20여 명이 일시에 지원하는 등 주민들의 반응은 매우 우호적이었다. 의주 지역은 국경지대로서 물물교역에 필요한 중국어·일어 등을 중심으로 한 야학회가 활성화되었다.[110]

함남 북청군 최봉기는 선린상업학교 졸업생으로 북청군상무학교 교사였다. 그는 상업에 필요한 교과목을 야학으로 개설해 상업 종사자를 가르쳤다. 양화면 동리 조양학교도 부설로 국어야학강습회를 개최했다. 교사인 장호렬·조진형은 노동자·농민·상인 등에게 일본어를 가르쳤다. 영흥군 순녕면 쌍화산리 전창협·전창익 등은 국어야학강습소를 개최했다. 교사로 공립보통학교 졸업생 정재언을 초빙하는 등 만전을 기할 수 있었다. 청년 20여 명은 매일 저녁 출석하는 등 일본어교육에 노력했다. 함흥상업회의소는 일어부기야학회를 설립했다.[111] 주민들의 적극적인 호응에 교사를 확장하는 동시에 100여 명을 모집할 계획도 세웠다.

홍원군 전진주재소장 요시다吉田는 야학교를 설립한 후 60명을 모집·교수했다. 그는 일어, 순사보 전형천은 산술을 각각 담당했으며, 월사금은 30전이었다. 수업료 징수는 곧 일어를 배우려는 희망자가 적지 않았음을 의미한다. 같은 군 희현주재소 순사 나가이 긴자부로永井金三郎는 국어강습야학교를 운영했다. 그는 관내 유지들에게 의연금을 모집해 경비에 충당하는 등 일본어 보급에 남다른 노력을 기울였다.[112] 이에 60여 명이나 호응하는 성황을 이루었다.

각지에는 식민야학인 국어강습회가 관청이나 일본인의 지원을 받아 우후죽순처럼 설립되었다. 함북 지역의 개별 국어강습회에 관한 기사는 희소하다. 그럼에도 1914년 1월 함북 관내 공사립학교와 경찰서 등의 부설인 국어강습회는 무려 207개소나 운영되고 있었다.[113] 물론 구체적인 현황은 파악할 수 없는 현실이다. 다만 여름휴가나 방학을 이용한 단기간의 강습회도 빈번하게 개최하는 등 일본어 보급을 위한 다양한 방안이 강구되었다.

4

한글은
외국문자다

강제병합 이후 사립학교와 야학 등을 통제하는 방안은 강화된 〈기부금모집취체규칙〉 시행이었다.[114] 즉 모집 목적, 모집 방법, 모집 금품의 종류, 최대량과 보관, 처분 방법, 모집 구역, 모집 기간, 사업 계획, 수지 예산, 모집 비용, 주된 사무소와 출장소 소재지, 모집자의 본적·주소·직업·성명과 연령, 단체 소재지 등을 보고하는 한편 대표자의 본적·주소·직업·씨명과 연령 등을 기재해 인가를 받게 했다. 주민들의 의무금이나 유지들의 기부금에 의존하는 사립학교는 폐교되어 나갔다. 이에 따라 교육운동은 전반적으로 위축됐다. 식민 당국은 여러 가지 구실로 인가를 지연하는 등 압박을 가했다. 주민들 의무금이나 지역 유지들 기부금에 의존하던 사립학교나 야학 등은 재정난으로 통합되거나 폐교되는 사태로 이어졌다. 반면 국어강습회는 관청이나 공립보통학교, 일본인 실업가 등의 지원으로 성행했다.

〈사설학술강습회에 관한 건〉은 난립하는 사설교육기관 정비와 국어강습회의 통일적인 운영을 위해 제정되었다.[115] 전문 4개조로 된 법령의 주요 내용은 '강습회 목적·기간·장소·정원, 강사 경력, 경비 조달방법' 등을 반드시 제출해 도장관의 승인을 받게 규정했다. 1조는 사설강습회를 운영할 경우에 도장관의 허가가 필수임을 밝혔다. 3조는 강습 내용이 부적당하거나 유해하다고 판단되면 도장관이 수시로 강습소 폐쇄를 명령할 수 있게 했다. 이처럼 도장관에게 '포괄적인' 재량권이 부여되었다. 즉 식민교육정책에 조금이라도 어긋나는 야학·강습소 등은 사실상 전혀 운영될 수 없었다. 일본어 보급에 주력하는 교육기관만이 운영되는 상황에 직면했다.

그럼에도 제도권 초등교육기관은 절대적으로 부족한 상황이었다. '3면1교제'에 입각한 공립보통학교조차도 제대로 운영되지 않았다. 이는 일본어 보급을 위한 식민교육정책을 시행하는 데 커다란 걸림돌로 작용했다. 그런데 식민지화에 대한 반발과 달리 공립보통학교에 대한 관심은 점차 고조되었다. 대한제국기 고조된 교육열은 외면적으로 침잠되었을 뿐이다. 구체적인 대안은 서당개량화를 통해 학령아동을 수용하고 국어강습회가 문맹의 성인을 수용하는 것으로 귀결되었다.[116]

식민 당국은 부족한 교육기관을 보조하기 위해 서당을 활용하고자 했다.[117] 서당·사숙·의숙 등과 관련된 주요 내용은 다음과 같다.

갑: 국어 및 산술의 초보를 가르치기 위해 보통학교 졸업 정도의 사람을 여러 서당에서 공동으로 고빙할 일.

을: 서당교사에게 국어와 산술을 연구하게 할 일.

병: 교수법의 일반 특히 한문·작문·습자의 교수법을 알게 할 일.

정: 교과서의 개선에 관해 지도할 일.

무: 사립학교가 전혀 없는 부나 면의 서당 1~2개소를 선발해 사립학교 정도로 발달하게 함을 기도期圖할 일.

기: 각 서당의 청결에 관해 크게 개선을 도모할 일.[118]

보통학교 졸업생을 파견해 서당을 관리하는 한편 일본어와 산술을 중심으로 식민지 노예교육을 시행하려는 의도였다. 서당 교사에게 일본어와 산술을 연구하게 한 것과 교과서 개선책은 일제의 의도를 분명하게 보여준다. 3면1교제를 실현하려는 의도는 바로 서당의 개량화와 직결되었다.

이른바 순회교수제는 일본어 보급에 중점을 둔 대표적인 정책이었다. 그런데 저들의 의도와 달리 별다른 성과를 거두지 못한 실정이었다. 조선인 교수 중 상당수는 일본어를 제대로 이해하지 못했기 때문이다. 또한 이를 지속적으로 시행할 예산조차도 제대로 확보하지 못했다. 이에 성적이 양호한 양주·수원만 실시하고 다른 지역은 중단하지 않을 수 없었다. 당시 경기도 내 공립보통학교 교감에게 비인가 사립학교, 서당 등에 대한 교육 전반에 관한 지도·감독권이 부여되었다.[119] 더욱이 헌병을 대동한 학내 시찰은 조선인 교사들 활동을 크게 위축했다. 공포 분위기는 조선인 교사들이 '민족교육' 운운조차 할 수 없게 만들었다. 반면 서울의 경우에는 순회교수제가 널리 시행되는 등 상당한 성과를 거두었다. 예산 미확보로 일시 중단되는 경우도 있었으나 지속적으로 시행되었다. 일본어 보급을 위한 국어강습회 특징을 정리하면 다음과 같다.

첫째 대다수 국어강습회는 일본어를 필수 과목으로 삼았다. 일어는 '국어'라는 미명으로 제도권 교육기관은 물론 야학·사설강습소 등에서도 주요 교과목이었다. 일본어는 각급 학교의 한글억제정책과 밀접한 관련을 지닌다. 일어는 '국민정신이 깃든 바로', 읽기, 해석, 회화, 글씨 쓰기, 작문 등을 포함해 교육하라고 규정했다.[120] 이처럼 국어강습회는 식민지교육을 보조하는 교육기관임을 의미한다. 최소한 1910년대 야학에 대해 '민족교육'을 운운한 종래의 견해는 철저히 비판받아야 마땅하다.

둘째 야학 운영 주체는 관변 측 인사·유지·일본인 등이었다. 첫 번째 특징과 관련된 사항으로 식민지체제의 공고화를 위한 작업이 일어보급이라는 사실이다. 〈조선교육령〉과 식민정책의 궁극적인 목표는 양 민족의 '차별화된' 동화정책이었다. 동화정책의 가장 기초 과정은 상이한 사상·문화·생활방식 등을 이해하기 위해 언어를 습득하는 것이었다. 1910년대 야학은 이를 실행하는 교육 장소로서 활용되었음을 증명한다. 더욱이 대다수 유지는 식민지하에서 그들의 기득권을 유지하는 한 방편으로 야학 설립·운영에 참여하는 등 식민정책에 점차 흡수·동화되는 양상이었다. 1920년대 전반기 각지에 설립된 청년회 등도 사실상 이들이 주도하는 상황이었다. 이는 대다수 문화운동이 일제와 적절한 타협 속에서 이루어진 사실을 의미한다. 지역민들은 일본인들의 활동에 대해 적대감을 가지기보다 고마워하거나 일본인을 은인으로도 생각하는 분위기였다. 즉 경찰관주재소나 헌병분견소의 일본인이나 보조원 등이 야학운동의 주체로서 활약하는 상황이었다. 이들은 조선인의 일상사를 직접 통제·억압하는 식민지배의 하수인이었다. 그런데도 저항이나 거부감은 거의 나타나지 않았다. 이처럼 국어강습회는 '단순히' 어학 보급에만 그치지 않았다. 일본문화가 우리의 실생활에 유입되는 한 통로로서 활용되었다.[121] 결국 대다수는 식민체제로 흡수되는 등 불행한 상황이 초래되고 말았다.

셋째 강원도·호남 지방은 상대적으로 국어강습회가 별로 성행하지 않았다. 강원도는 자강운동기에 이미 120여 야학이 설립될 정도로 야학운동의 열기는 고조되었다. 특히 양양군에는 군수를 비롯한 직원들이 70여 개소 야학을 운영하는 등 교육열에 부응하고 있었다. 호남지방도 당시 미약하나마 야학운동이 발흥하는 상황이었다.[122] 그런데 이전과 달리 국어강습회가 성행하지 않은 구체적인 원인이나 배경 등은 알 수 없다. 다만 다른 지역의 행정기관이 국어강습회의 설립·운영에 전력을 기울인 사실이 신문에 제대로 보도가 되지 않은 것에서 비롯되었다고 생각한다. 경기도·충청북도·함경북도처럼 관청이나 공립보통학교는 부대사업으로 국어강습회를 운영했기 때문이다.

넷째 한일 양 민족의 관리와 교사를 위한 강습회는 매우 성행했다. 각 관청은 조선인은 한글을, 일본인은 일어를 각각 가르치는 이른바 일선어야학회를 운영했다. 교사들에 대한 국어강습회는 이들을 식민교육정책의 중견인물로 육성하는 문제와 직결되었다. 이들은 교원연수를 통해 식민교육정책을 수행하는 데 적극적인 참여를 강요당했다. 전문직 종사자인 변호사조차 국어강습회를 운영한 사실은 시사하는 바가 크다.[123]

다섯째 서울 지역에는 국어강습회가 거의 설립되지 않았다. 근본 원인은 구체적으로 파악할 수 없다. 다만 각 학교 부설이나 독립 강습소 등 비교적 교육기관이 많은 데서 비롯되었다고 생각한다. 사립학교 부설인 국어강습소의 활성화는 이러한 상황과 절대 무관하지 않았다. 대부분은 일어 보급을 전문으로 하는 교육기관이었다. 특히 9개소의 직공야학이나 연초야학 등은 노동자교육을 위한 일환으로 운영되었다.[124] 설립 주체의 성격은 이를 분명하게 보여준다. '비교적' 정비된 교육기관은 다른 지역에 비해 국어강습회 설립을 부진하게 만들었다.

여섯째 교육생 중 성인이 비교적 많았다. 이는 식민정책을 수행하기 위해 국어강습회를 운영한 사실과 무관하지 않았다. 당시 문맹률은 거의 90퍼센트를 상회하는 상황에 직면하고 있었다. 이는 원활한 식민정책 수행과 식민정책이 효과를 거두는 데 커다란 걸림돌이었다.

60세 이상인 노인들조차 일본어교육을 받는 등 하급관리를 동원한 강요가 상존했다.[125] 물론 일부는 자발적으로 참여했으나 이를 거부할 수 없는 폭압적인 분위기는 무시할 수 없다. 이러한 사실은 국어강습회의 궁극적인 지향점을 보여준다.

일곱째 계몽단체를 표방한 청년회·교육회·민의소 등도 일본어 보급에 앞장섰다. 지방자치제 실시를 내건 민의소·민단소는 식민정책의 강화와 더불어 교풍회·양풍회 등으로 변질되었다.[126] 청년회도 이러한 성격에서 크게 벗어나지 않았다. 달성친목회·창원청년회·삼화청년회·안성청년회·연기청년회·전주청년회·완도청년회 등은 국어강습회를 운영했다. 설립 취지는 한일 양 민족의 우호 증진과 신뢰 회복이었다. 3·1운동을 전후해 우후죽순처럼 조직된 청년회도 식민 지배에 대한 적극적인 저항을 견인하지 못했다. 오히려 식민 당국과 적절한 관계 속에서 추진된 문화계몽운동은 이러한 상황을 잘 말해 준다.[127]

5

민족의식을
말살하다

교과목 중 일본어는 절대적인 비중을 차지했다. 모든 국어강습회는 일본어를 필수과목으로 채택해 가르쳤다. 이는 1910년대 야학운동의 성격과 밀접한 관련을 지닌다. 문맹퇴치가 궁극적인 목적이었으나 오히려 일본어를 교수하는 교육기관의 성격이 강하게 나타난다. 이는 야학이 식민교육정책을 실행하는 최하부 기관으로 변질되었음을 의미한다. 각 관청과 공사립학교의 협력으로 실시된 국어강습회는 이러한 현실을 잘 보여준다.

문맹자를 대상으로 한 경우에는 한글이나 초보 한문 등을 병행했다. 이는 일본어 보급을 위한 수단에 지나지 않았다. 한글에 대한 기초 해독력이 없는 상태에서 교육 효과는 기대하기 어려운 현실적인 난관에 직면했다. 우선 방안은 문맹 상태를 해소하는 문제였다. 특수

목적으로 시행된 상업야학 등은 현실의 필요에 따라 상업·부기 등을 교과목으로 편성했다.

이명칠이 서울 연정당(연정학원)에 설립한 야학은 수학·물리만을 가르쳤다. 장재원이 서울 신흥학교 부설로 설립한 산술강습소도 마찬가지였다. 이 강습소는 하기방학 동안 100여 명에게 산술만을 교수했다. 정경학교 졸업생 이범영·오태준과 유지 등은 정경학교 부설로 야학과를 세웠다. 주요 교과목은 일어 이외에 산술·부기 등이었다. 충북 진천과 경기 진위의 국어강습소, 종로청년회관의 노동야학교 등은 보통학교 과정을 가르쳤다. 하지만 전반적인 추세는 일본어 교수시간에 상당한 비중을 두었다.[128] 이리하여 야학은 현지 사정이나 교육생의 능력과 현실적인 요구를 참작하던 방식에서 벗어나 점차 획일화되었다. 곧 식민교육정책으로 야학이 흡수되는 상황이었다.

교육기간은 몇몇 사례를 제외하고 거의 파악할 수 없다. 공사립학교 부설인 강습회는 6개월 단위에서 점차 3~4개월로 축소되었다. 1~3개월 정도로 더 단기간인 경우도 있었다. 농촌의 경우는 농한기나 방학을 이용한 2~3개월이었다.[129] 사립학교 부설인 강습소는 일반적으로 6개월이나 1년이었다. 부산진공립학교 부설 야학회의 수업연한은 남자부 10~3월까지 6개월과 여자부 4~6월까지 3개월로 구분됐다. 마산과 평양 노동야학은 2년이었으며, 수료증을 교부하는 등 제도권 교육기관과 유사하게 운영되었다. 기독교청년회관에 설립된 노동야학교도 교육기간이나 운영체제 면에서 제도권 교육기관과 유사했다.

그러나 이러한 야학은 매우 드문 경우였다.

운영비는 관청의 지방비나 보조금, 일본인·유지 등의 의연금으로 조달할 수 있었다. 일본인 거류민들은 유지비 마련을 위해 일정하게 회비를 징수하는 경우도 있었다. 그러나 대부분은 지방비로 충당하는 상황이었다. '모범' 국어강습회에 대한 지원은 이러한 사실을 분명하게 보여준다. 물론 강습생의 월사금으로 운영비를 조달한 경우에도 의연금이 주요한 부분을 차지했다.

한편 야학 규모로 20명 미만은 20개소인 반면 80명 이상은 24개소에 달하는 등 많은 차이를 보였다. 20~40명 미만은 108개소로 절대다수를 차지했다. 40~60명 미만인 국어강습회도 25개소였다. 이처럼 야학생 수를 통해 확인한 야학의 규모는 절대 이전보다 확대되지 않았다. 즉 20~60명 미만이 약 70퍼센트를 차지할 정도로 압도적이었다. 이전의 야학 규모와 별다른 차이가 없다. 그런데 평양과 경상도의 경우는 양극화 현상을 보여준다. 부산진공립보통학교 부설인 국어강습회의 3회까지 수료자는 남자 226명과 여자 259명이었다. 특히 마산노동야학은 무려 400명에 달할 정도로 대규모였다. 평양 광성학교 야학강습회는 100여 명, 평양국어보급야학회는 150명에 달하는 대규모 야학이었다. 이 외에 100명 이상에 달한 야학은 신흥학교 내의 산술강습소, 해주 공립보통학교 내의 국어강습소, 화천의 용흥의숙야학, 서울의 주일학교, 종로기독교회관 노동야학, 대구 공려회야학회 등이었다.[130] 대규모 야학의 증가는 곧 식민 당국의 관심과 지원으로 가능할 수 있었다.

일제는 러일전쟁을 계기로 사실상 조선에 대한 감시와 통제를 서슴지 않았다. 특히 고문정치는 대한제국을 사실상 저들의 식민지로 인식하는 가운데 시행되었다. 더욱이 교육정책은 식민정책에 부합하는 방향에서 계획·입안되었을 뿐이다. 이는 조선의 전통교육을 부정·왜곡하는 결정적인 계기였다. 당시 교육과 관련된 일련의 법령 정비는 이러한 성격을 그대로 반영하고 있다. 그러나 야학에 대한 직접 통제는 없었다. 시급한 문제는 사립학교설립운동에 대한 탄압이었기 때문이다.

강제병합 이후 교육기관에 대한 통제는 〈기부금품모집취체규칙〉의 강화와 〈조선교육령〉〈사설학술강습회에 관한 건〉의 제정으로 이루어졌다. 법령 시행 과정에는 지방관의 자의적인 판단이나 월권이 개입할 수 있었다. 집회의 자유마저 허용되지 않는 폭압적인 상황은 '계몽야학'의 시행조차 사실상 불가능하게 만들었다. 일진회 활동도 허용되지 않는 분위기와 사회적인 불안은 야학에 대한 관심을 희석했다. 더욱이 상당수 자강운동가가 친일파 또는 부일파로 전락한 상황을 고려한다면, 이를 추진할 주체는 거의 없는 '공백기'나 다름없었다.

일제는 서당·사숙에 대한 통제도 병행했다. 통감부는 근대교육의 확산과 더불어 서당 등 전통교육기관은 자연히 소멸될 것으로 낙관했다. 1908년 8월 학부령 3호로 단행된 〈서당관리에 관한 건〉은 이러한 인식을 그대로 반영했다.[131] '서당은 오직 한문만을 교수하는 등 현재의 문명사회에 전혀 도움이 되지 않는다. 물론 신교육 보급은 서당을 자연스럽게 폐지되게 할 수밖에 없다. 그러나 아직까지 근대교육시설이 불완전하므로 당분간 이 법령의 시행을 유보해야 한다. 다만 교수방법과 시간 단축 등 권장하는 방향에서 이를 유지함이 마땅하다'는 논리였다. 특히 서당은 덕성 함양과 지식계발에 별다른 기여를 하지 못한다고 보았다.

이러한 가운데 지방관이나 교육운동가들은 서당에 부속된 전답을 기반으로 사립학교를 설립하는 경우도 있었다. 한성부윤 장헌식은 학무위원회 설치와 더불어 사숙 폐지를 훈령했다. 이어 제도권 교육기관으로 학령아동의 '강제적인' 입학을 단행하기에 이르렀다. 김해군수 양홍묵도 읍내 서당을 폐지하는 동시에 읍외 서당은 개량서당으로 전환했다. 특히 각 면에서 5명씩을 선발한 후 이들을 사립학교에서 수용·교수하게 했다. 함흥군 서운전면 관서리 조희도 등은 초동목수를 위한 야학교를 설립했다. 학생 수는 50여 명에 달했으며 학교명은 풍패학교였다.

통감부는 일본어를 교수하는 개량서당으로의 전환을 모색했다. 부족한 초등교육기관의 대안으로서 이를 활용하려는 의도였다. 결국 서당에 대한 온존책은 이러한 입장에서 비롯되었다. 학부는 모든 학령아동이 보통학교에 입학할 것을 규정했다. 다만 근대교육기관이 없는 경우만 서당이 존속하게 했고 아동들의 입학을 허용했다. 교수방법이나 교과목 등은 보통학교에 준해 권장했다. 이는 초기 야학운동에 대한 방관적인 입장과 마찬가지로 생각된다.

한편 대부분 연구자는 개량서당의 출현 배경을 '서당 운영자들이 시세 변화를 절감'한 인식 변화에서 찾았다. 이러한 지적은 부분적으로 적절하다. 특히 개신 유학자 일부는 교육구국운동의 이념에 따라 개량서당으로 전환했다. 그런데 지금까지 연구는 실상에 대한 구체적인 근거를 제대로 제시하지 못했다. 이는 개량서당에 대한 선입견에서 비롯되었다. 곧 교육내용의 질적인 측면보다 교과목 구성 등에 나타난 사실에만 지나치게 주목했다. 전체적인 양상은 교육구국운동의 이념에 따라 진행되지 않았다.

경기도청은 사립학교 학생은 물론 사숙 학생에게도 일본어와 수신과목을 교육했다. 이를 위해 사숙 등에 '순회교사'를 배치하는 등 통일적인 교육체제를 구축하기에 이르렀다. 부윤·군수 등은 순회교사가 식민교육체제로 흡수되게 하는 주체였다. 이러한 취지에 벗어난 서당은 통제·감독되었다. 아산군청은 근대교육 보급이라는 구실로 서당교사에 대한 교육을 강화했다. 이들에 대한 연수교육 담당자는 군서기·교사·경찰 등이었다. 이러한 현상은 어느 특정한 지역에 한정되지 않았다. 평남도청은 사립학교와 서당교사들에 대한 하기강습회를 실시했다. 취지는 서당교사들에 대한 〈일어교육법령〉과 교수법을 인식하게 해 아동들에게 올바른 일본어를 보급하기 위함이었다. 이어 산간벽지의 사립학교나 서당 등에 일어 교과목을 반드시 가르치게 훈령했다. 그 결과 20세 전후 청년 중 상당수가 일어를 어느 정도 이해하는 수준에 이르렀다.

전주의 경우도 일어 보급을 위한 일환으로 개량서당의 활용 방안을 모색했다. 서당에 대한 지속적인 관심과 통제는 결국 개량서당으로 전환을 재촉하는 결정적인 계기였다. 평강군수 오태환은 관내 15개의 서당을 개량서당으로 전환한 후 공립보통학교 졸업생을 교사로 파견했다. 〈서당규칙〉에서 일본어·산술 등의 교과목 채택을 요구한 사실은 이러한 사정을 그대로 반영한 것이다(1조 6항).[132] 더욱이 지방관은 서당에 대한 통제권을 자의대로 행할 수 있었다. 법규에 위반될 경우, 공안을 해치는 경우, 교육상 유해할 경우에 도장관은 서당을 폐쇄하거나 교사를 변경하는 권한을 지녔다(5조). 이러한 상황에서 개량서당은 대거 설립·운영되었다. 이를 추진한 주체는 대부분 지방관이었다. 그런 만큼 민족교육의 성격을 지닌 개량서당은 불리한 여건에 처했다.

일어에 편중된 교육은 근대교육 전반에 대한 불신을 초래하는 계기였다. 성행한 일어학교는 '노예학교'로 불릴 만큼 비난의 대상이었다. 대다수 일어학교는 학생들에게 일제에 복종하는 인간을 양성하는 데 주안점을 두었다. 개방화시대에 걸맞은 어학교육이 아닌 오직 일어에만 편중된 당시 어학교육은 배격되어야 한다는 논리였다. 이는 민족정신이나 국가의식을 말살하는 등 반민족적인 교육이라는 극언도 서슴지 않았다.

반면 일부 지역에 설립된 청년회조차 한일 양국인의 상호 이해라는 구실로 일선어연구회를 조직했다. 이러한 경향은 일본인의 왕래가 잦은 항구나 교통요지를 중심으로 전개되었다. 의주·안성·진도·공주 등지의 청년회는 이를 분명하게 보여준다. 그런 만큼 이들에게 일본어는 새로운 시대에 동참하는 하나의 필수 조건으로 인식되었을지도 모른다.

들불처럼
야학운동이
확산되다

3

I

초등교육기관에서
입학시험을
치르다

3·1운동 이후 문화계몽운동은 활동 영역을 확대·재생산하는 계기를 맞았다. 청년단체를 중심으로 조직된 각종 계몽단체는 이를 촉진하는 중심 세력이었다. 새로운 시대에 부응하는 방안으로 각 단체나 활동가들은 당시 풍미한 '사회개조론'에 크게 동조하는 분위기였다.[1] 활동가들은 개인은 물론 가정·사회 개조를 위한 지름길로 근대교육을 강조했다. 군과 면을 단위로 조직된 청년단체나 여성단체는 문맹퇴치를 주요 실천사항으로 결의하는 한편 직접 실천에 옮겼다. 교회를 중심으로 조직된 의법여자청년회·부인전도대·면려여자청년회·여자수양회 등이나 여성계몽단체인 여자교육회·여자청년회 등은 여성교육을 긴급한 사회문제로서 부각했다.[2] 이에 따라 교육열과 향학열은 대한제국기 이후 다시 고조되었다.

식민통치 변화에 따라 식민교육정책도 변화되었다. 1922년 2월 4일 칙령 19호로 제정된 〈2차 조선교육령〉은 26개조와 부칙으로 구성되었다.[3] 특징은 〈1차 조선교육령〉에서 별도로 둔 강령을 사실상 폐지한 점이다. 주요 내용은 보통교육·사범교육·실업교육·전문교육·대학교육 등을 해당 학교령에 따라 시행하게 했다. 한민족 회유를 위한 '기만적인' 한일 양 민족 융화책도 교육령에 부분적으로나마 직접 반영되었다.

일시동인一視同人의 근본 취지는 조선인을 일본인과 동등하게 대우한다는 논리였다. 이는 외형적인 표현에 불과한 미사여구일 뿐이었다. 실상은 철저하게 '차별화된' 동화주의에 입각한 민족 차별에 있었다. 3·1운동이나 노동운동·농민운동 등에서 나타난 조선인 저항·불만 등을 완화하려는 기만은 이러한 정책을 표방하는 배경이었다. 실상은 사회 구성원의 분열과 갈등을 조장해 민족해방운동 기반인 민족 역량을 분산·약화하려는 의도였다.[4] 이른바 문화통치는 고도의 '민족분열정책'과 맞물려 시행되었다. 1920년대 중반 자치론 대두는 저들의 의도와 무관하지 않았다. 민족 구성원 간 민족해방운동론을 둘러싼 갈등과 대립은 저들의 궁극적인 지향점이었다. 곧 친일군상인 매판자본가·기생지주·관료·지식인의 등장과 사회적인 영향력 증대는 당시 상황을 그대로 보여준다.

이에 근거한 동등한 조선인·일본인 공학共學 운운도 한민족 회유를 위한 수식어에 불과할 뿐이었다. 실제는 일본어 상용 여부를 기준으로 조선인과 일본인 교육을 차별해 분리·시행했다. 이는 초등교육인 보통교육에만 한정되지 않았다. 사범학교조차도 1부와 2부로 나누는 등 차별 교육을 일삼았다. 전자는 소학교 교원, 후자는 보통학교 교원 양성으로 구분할 만큼 양면성을 지녔다. 공학 규정은 명분으로 그칠 뿐이었지 실제는 까다로운 제한을 받는 예외 규정이나 다름없었다.[5] 이는 3·1운동 등에서 나타난 한민족 저항의식을 일시적으로 완화하려는 회유책에 불과했다.

일본인 학생의 민족 우월감은 조선인 학생들에게 '균등한' 교육기회마저 박탈하기에 이르렀다. '천대와 멸시'에 가까운 차별은 조선인 학생들의 교육현장 이탈을 가속화했다. 일상사에 만연한 적대·차별에 따라 공학을 원하는 일본인이나 조선인은 실제로 극소수에 불과했다. 경제적인 수탈 강화는 초등교육에 대한 수혜마저 박탈하는 등 '빈익빈 부익부'라는 양극화 현상을 심화했다.[6] 1920년대 초등교육기관의 만성적인 입학난은 이를 극명하게 보여준다. '살인적인' 입시경쟁률은 세계 역사상 미증유 사태를 초래했다.[7] 공립보통학교 입학은 선택된 소수에게 부여된 특권이나 다름없었다.

일제는 입학난을 활용해 분열과 갈등을 조장하는 데 서슴지 않았다. 초등교육 수혜를 구실로 조선인 학생을 식민체제로 흡수하는 데 혈안이었다. 이른바 '모범학생'에 대한 월반 인정이나 상급 학교로 진학 등은 이러한 상황을 그대로 보여준다. 6년제 공립보통학교승격운동이나 인문계 고등보통학교설립운동에 참여한 주민들을 회유함으로써 갈등도 조장했다. 4년제 공립보통학교 출신자들은 중등학교로 진학하기 위해 반드시 6년제를 졸업해야 했다. 1920년대 빈번하게 개최된 면민대회와 군민대회는 변화되는 식민교육정책에 적절하게 대응하려는 자구책 성격을 지닌다.[8] 이처럼 일제는 상대적인 박탈감을 조장하려는 여러 방안을 잠시도 중단하지 않았다. 오히려 식민지배체제가 견고화될수록 이에 비례해 증폭되는 현실이었다.

더욱이 일본어교육은 이전보다 훨씬 강화되는 분위기였다. 식민지화와 더불어 양 민족 동화를 위한 일본어 보급은 확대되는 등 동화주의에 대한 분위기 확산에 노력을 기울였다. 식민교육기관인 4년제 공립보통학교 교과목 구성은 이러한 상황을 잘 보여준다. 2~4학년 일본어 수업시수는 주당 12시간으로 다른 교과목에 비해 절대적인 비중을 차지했다. 여기에는 분열과 대립을 조장하는 '문화통치'의 기만적인 본질이 내포돼 있었다.[9] 일본어를 통해 원활한 식민통치를 수행하는 동시에 일본 문화나 역사의 중요성을 조선인 학생에게 부지불식간에 각인하고자 했다. 나아가 한국 역사나 문화의 '야만성'을 강조함으로 식민지배의 정당성을 강조하려는 의도도 내포되어 있었다. 1922년 4년제 공립보통학교의 주당 교수시간과 교과목 구성은 〈표 3〉과 같다.

한편 조선총독부는 3·1운동 직후부터 조선인의 강력한 저항에 직면했다. 이에 제도적·형식적이나마 차별 요소를 없애는 교육법령 개정을 추진하지 않을 수 없었다. 1조는 '조선에서 교육'으로 조선에 거

<표 3> 1922년 공립보통학교 시간표

과목\학년	수신	국어	조선어급한문	산술	이과	창가	체조	도화	수공	재봉	계
1	1	10	4	5	-	-	3	-	-	-	23
2	1	12	4	5	-	-	3	-	-	-	25
3	1	12	3	6	-	1	남 3 여 2	1	-	-	남 27 여 26
4	1	12	3	6	3	1	남 3 여 2	1	-	2	남 32 여 31

비고: 도화는 1~2학년에 매주 1시간을 과할 수 있음. 수공은 1~2학년 매주 1시간, 3~4학년은 2시간을 과할 수 있음.

출전: 유봉호, 《한국교육과정사 연구》, 교학연구사, 1992, 153~154쪽.

주하는 조선인과 일본인을 대상으로 삼았다. 특히 25조는 조선인과 일본인 공학을 규정하는 등 '상징적인' 내용을 포함했다. 조선인과 일본인이 달랐던 수업 연한 등을 동등한 수준으로 형식상 과감하게 조정했다. 더욱이 〈대학령〉을 두는 등 고등교육 도입을 위한 법령도 마련하기에 이르렀다. 이는 조선인 지배층을 식민체제로 포섭하려는 회유책의 일환이었다. 고등교육기관인 경성제국대학 설립은 이러한 의도 속에서 추진되었다.[10] 3 · 1운동 이후 정세 불안에도 일본으로 유학은 전혀 감소하지 않았다. 개조론이 풍미하는 가운데 고등교육 문제는 '뜨거운 감자'로 부각되었다.

당면한 교육 문제 해결과 교육의 중요성을 널리 선전하기 위해 조선교육협회(일명 조선교육회)와 조선여자교육협회(일명 조선여자교육회)가 조직되었다. 이는 교육에 대한 지대한 관심과 입학난이 시급한 현안으로 인식되었기에 가능했다. 한규설韓圭卨·이상재李商在·유근柳瑾 등 각지 유지 91명은 1920년 6월 조선교육협회를 조직했다.[11] 이들은 사회 개조를 위해 먼저 개인 개조가 선행되어야 하며, 더욱이 근본 개조는 교육에 의해 가능함을 밝혔다. 곧 교육 문제는 조선사회가 당면한 가장 시급한 문제이고, 조선교육협회는 이러한 취지를 강력하게 실천하려는 입장이었다. 조선교육협회는 문화운동의 이론적인 기반으로 사회개조론·사회진화론을 크게 반영했다.[12] 그런 만큼 사회를 개조해 민족을 발전하게 하기 위한 문화운동은 근본적으로 교육을 통해 가능하다는 논리로 귀결될 수밖에 없었다. 그런데 조선인이 설립·운영하는 정규 교육기관은 소수에 불과한 현실이었다. 이를 타개하는 최선책은 조선인의 근대교육기관 설립에 의한 '조선인 본위 교육' 시행으로 귀결되었다.[13]

단체의 주요 사업 중 교육과 관련된 부분은 교육에 관한 조사·연구, 교육에 관한 잡지 발행, 교육 공로자 표창, 도서관 경영, 기타 교육 보급에 필요한 사항의 실행 등이었다. 이를 후원하는 교육장려단도 조직되는 등 교육에 대한 관심을 증폭했다. 지역 단위로 조직된 교육회의 순회강연회·영사회 등 계몽활동과 당면한 교육에 대한 연구·조사 활동은 구체적인 실천문제와 결부되었다.[14] 바야흐로 사회개조론 풍미와 더불어 교육 문제는 조선인 장래를 결정하는 요인으로 인식되는 시점에 직면했다. 조선교육협회는 지역사회 계몽활동을 지원하는 순회강연회도 병행했다. 신문사 지국 등도 이에 동참하는 동시에 이러한 사실을 널리 보도했다.[15] 모범적인 사례는 각지로 전파되는 가운데 경쟁적인 분위기를 조성하는 든든한 밑거름이었다.

야학운동 확산에 부응해 교재 발간도 병행했다. 노동야학과 농민학원 등에서 사용할 교재로 《노동독본》 3권, 《노동산술》 1권, 《한자초보》 1권, 《이야기 주머니》 1권 등 총 6권을 발행했다. 적절한 교재가 거의 없는 상황에서 조선교육협회의 이러한 노력은 찬사를 받기에 충분했다.[16] 이 중 《노동독본》 3권은 노동야학은 물론 농민야학에서도 널리 사용된 대표적인 교재였다.

1920년 4월 김미리사(이후 차미리사로 개명)와 서울에 거주하는 전문직 여성 등은 조선여자교육협회를 조직했다.[17] 토요일에는 음악회와 통속강연회를 개최하는 등 여자교육 확산과 동시에 정서 함양에도 전념했다. 특히 이듬해부터 순회강연단을 조직해 농한기·방학을 이용한 순회강연을 통해 여자교육의 절박성과 시대 변화에 부응할 인식 전환을 촉구하고 나섰다. 일행은 방문하는 곳마다 열렬한 환호를 받았다. 연사들은 고된 강행군에도 전혀 피로한 기색을 보이지 않았다. 순회강연단 활동으로 군을 단위로 각종 여자교육회가 조직돼 여성운동 영역을 확대할 수 있었다. 이러한 성격을 지닌 단체는 여자교육을 위한 강습소나 여자야학(부녀야학 또는 부인야학) 지원이나 운영에 적극적이었다. 인식 변화와 더불어 바야흐로 여자야학은 여성교육을 이끄는 중심기관으로 발돋움할 수 있었다.[18] 이리하여 30~40대 가정부인의 높은 향학열은 사회 귀감으로 널리 칭송되는 분위기였다.

진안군 여성들은 관내에 거주하는 중국인 여성들과 여자야학을 운영했다. 강사는 보통학교 훈도인 전하택과 전승년을 초빙해 매일 오후 10시까지 조선어·중국어·산술·수신 등을 가르쳤다. 회령군 여자야학회는 문맹퇴치와 가정부업 장려를 위한 여자야학을 운영했다. 임원진은 〈가정을 흥興케 하는데 남자이냐? 여자이냐?〉라는 문제로 토론회를 개최했다. 이는 가정부인들에게 자기 역할과 사회적인 책무를 각성하게 하는 교육현장이었다.[19] 이러한 분위기는 각지로 파급되면서 자녀 교육에 대한 관심의 고조로 이어졌다.

이에 각자 능력 배양을 강조하는 실력양성론에 근거한 교육열은 자강운동기보다 월등하게 고조되었다. 중등교육기관은 물론 초등교육기관조차도 만성적인 입학난으로 학교 운영 전반이 마비될 정도였다. 교육시설이 비교적 잘 정비된 서울도 초등교육기관에서 신입생을 선발하는 '진풍경'이 벌어졌다. 초등학교에서 '입학시험'으로 선발하는 광경은 세계역사상 초유의 사태였다. 이는 일부 지역에 한정되지 않고 한반도를 강타하는 '살풍경'이었다. 자신이 왜 탈락했는지를 제대로 인식하지 못한 학령아동은 망연자실하는 분위기였다. 그렇게도 동경하던 학교는 이제 '저주'의 대상으로 탈바꿈할 만큼 이중적인 시선으로 얼룩지고 있었다.[20]

1922년 4월 입학난구제기성회와 이후 조직된 입학난구제방법연구회는 이러한 시대적인 배경에서 발기했다. 단체들 목적은 최소한 초등교육을 시행하기 위한 교육기관 설립이었다. 의도와 달리 운영비 확보는 많은 난관에 직면했다. 그럴수록 입학난과 중도퇴학자가 속출하는 등 문화계몽론자들을 압박했다. 반면 공립보통학교 입학시험이나 편입시험 준비를 위한 입시학원인 강습소는 우후죽순처럼 생겨나 운영될 정도로 '호경기'를 누렸다. 이른바 '입시전쟁'은 이러한 상황과 맞물려 더욱 심화되는 등 초미의 관심사였다. 의무교육 시행은 유일한 방안이었으나 전혀 고려되지 않았다.[21] 그런 만큼 식민교육정책 강화로 확대·재생산될 뿐 뚜렷한 대안은 모색되기에 역부족이었다.

유치원교육이 유아의 개성계발이나 자율성 배양보다 문자 습득을 중심으로 이루어진 원인은 여기에서 찾아진다.[22] 이러한 교육 풍토는 1980년대 조기교육 열풍과 더불어 더욱 심화되었다. 현재 제도권 교육의 경직된 운영은 이러한 역사적인 배경과 절대 무관하지 않다. 한국근대사의 파행·왜곡과 함께 식민지교육의 잔재는 현재까지 우리 주변을 맴돌고 있다면 지나친 억측일까. 곧 유치원은 공립보통학교 입학을 위한 '예비학교'로서 인식되는 결정적인 계기였다.[23] 개성·창의성 배양이나 민주시민으로서 자질 향상과는 너무나 거리가 먼 지적 능력 향상은 교육의 궁극적인 목적으로 자리매김했다.

지방은 서울보다 훨씬 심각한 입학난에 직면했다. 물론 지역에 따라 엄청난 편차를 보였다. 어떤 지방은 지원자의 20퍼센트를 겨우 수용할 정도로 참담했다. 스스로가 자녀 교육 문제를 해결해야 하는 절박한 상황에 직면하고 있었다.[24] 명망가를 비롯한 청년회는 주민들과 협력으로 강습소(회)·사숙·의숙 등을 설립했다. 이는 입학난 해소를 위한 근본 해결책이 전혀 될 수 없었다. 그렇다고 이를 수수방관하거나 회피할 수 있는 단순한 문제는 더더욱 아니었다. 여성교육은 이보다 더욱 열악한 처지로 내몰리는 등 거의 포기한 상태였다. 남녀공학인 공립보통학교의 절대 다수는 남학생이었다.

일제는 입학난을 단순한 교육 문제로 인식하지 않았으나 근본 해결책 모색에는 적극적이지 않았다. 대책은 공립보통학교에서 이른바 학습회라는 이부제 수업을 시행하는 문제로 귀결되었다. 법령에 따르면 주요한 내용은 다음과 같다.

- 설립 취지: 본회는 보통교육의 보급을 도圖함으로써 목적함.
- 명칭: 본회는 경성공립보통학교 학습회라 함.
- 설치: 본회는 부내 공립보통학교의 부대사업으로 함.
- 모집 정원: 1140명(1년급 60명씩 20학급)
- 입학 연령: 만 9세 이상 14세 미만(전 4월 1일로써 기산한 연령)
- 수업 연한: 2개년
- 교수과정: 수신, 일본어, 조선어, 산술(매일 2시간씩 1주일 12시간)
- 교과서: 보통학교 교과서를 사용함.
- 수업시간: 보통학교 1학년 방과 후로부터 개시함.
- 휴업일: 보통학교에 준함.

- 학급 수: 각 학교에 설치할 학급 수는 좌의 표준에 의함. 단 응모아동 수에 과부족이 유한 시는 관계 학교장과 상의한 후 적당히 배정함. …
- 개시 학기: 6월 1일
- 담임교사: 1학급 각 2명. 단 해 공립보통학교 교원이 겸무
- 월사금: 1개월 50전(단 휴업이 1개월에 긍亘하는 시는 월사금을 징수치 아니함)
- 경비: 월사금과 보조금 및 독지가의 기부금으로 충용함.[25]

　서울 소재 13개 공립보통학교는 18학급의 학습회를 설치한 후 1000여 명 아동을 수용했다. 이어 학급과 학교 증설이나 수리에 필요한 교육재원 마련을 위해 〈학교비호별할學校費戶別割〉이 시행되었다. 하지만 경제 침탈의 심화에 따른 민중경제 몰락으로 취지와 달리 법령은 제대로 운용될 수 없었다. 이러한 조치는 입학지원자의 극히 일부를 구제하는 수준에 불과했다. 교원이나 교재 등 교수에 필요한 기본 교육시설조차 미약한 상황에서 시행된 학습회는 근본적인 한계에 부딪히고 말았다. 더욱이 과다한 수업료는 민중이 자녀 교육을 포기하거나 방기하는 주요 원인이었다. 이러한 현상은 서울을 비롯한 도시지역이나 개항장 등지에 형성된 토막촌·빈민촌을 중심으로 심화되었다.[26] 빈곤의 악순환은 식민지 수탈이 강화되는 가운데 학령아동에게서 미래에 대한 희망마저 송두리째 빼앗는 요인이었다.

　한편 지방의 공립보통학교는 3면1교제에서 1면1교제로 하는 〈조선교육령〉 개정에 포함되었다.[27] 이는 '선언적인' 의미에 불과할 뿐

일제가 패망할 때까지 실현될 수 없었다. 중일전쟁과 태평양전쟁 확산에 따른 1930년대 후반 황민화정책 일환으로 시행된 일본어 상용화를 외치는 전시체제에서도 제대로 이루어지지 않았다. 구호에만 그치는 식민교육정책 본질은 초등교육에 고스란히 담겨 있다.[28] 외형적인 복종은 '황국신민' 육성이라는 저들의 궁극적인 목적을 달성했다는 만족과 무관하지 않기 때문이다. 경기도와 평안남도 사례에서 나타나듯이 식민 당국의 입학난에 대한 대처는 미봉책으로 일관되었을 뿐이다.

경기도에서는 보통학교 입학난 구제 목적으로 특수교육기관을 신설하는 각 지방의 강습회나 또는 모모 야학회 등 73개소에 대하여 백 원 내지 삼십 원의 범위로 경기도지방비 중에서 총액 오천 원을 각기 보조한다더라.[29]

… 조선총독부라는 것이 조선인 교육에 성의가 없다는 것에 대하여 우리가 숫자로 말하기 어려우리만큼 그 실례를 본란에서도 지적하여 왔으나 지금에 다시 새삼스럽게 말할 필요가 없거니와 금번 평안도에서 취하는 태도와 심술에 대하여 그것이 너무나 노골적이요 야만적인 그만큼 재원이 없었으며 최초부터 절대 불가능했으면 금일에 와서 무책임하게 입학허가까지 시키지 아니할 줄을 안다. 고로 이 재원은 중간에서 다른 변동이 돌발한 것으로 볼 수밖에 없다. 910명을 수용할 예산이 있던 것이 최근에 이

르러서 다른 방면으로 유동된 것으로 보는 것이 정당할 것이다. 만일 교육비 보조로 작정했던 것이 이와 같이 돌변했다 하면 그 용도를 분명하게 도민에게 발표하는 것이 도 당국자로는 당연한 책임인줄 믿는다. 작년도에 예산 부족으로 지출한 교육보조비 육천 원을 지금까지 지출하지 아니했다 하니 평양부 일본인 소학교 생도 수가 불과 2500명 내외인데 국고보조금까지 합하여 삼만여 원이 작년도에 보조가 있었다. 이에 대한 지방비 지출로 이와 같이 미지불로 있는가.[30]

경기도청은 지방비 일부를 사설 강습소나 야학에 대한 보조금 지원으로 입학난을 완화하려는 속셈이었다. 30~100원까지 지방비의 차등 지원은 일본어 보급과 동시에 주민들의 적극적인 참여를 유도하려는 의도였다. 이는 경쟁적인 참여를 견인함으로 부분적인 성과를 거두기도 했다.

반면 평남도청은 지방비 중 교육보조금 예산을 전용하는 파렴치한 행정을 서슴지 않았다. 지방비 중 일부는 일본인 소학교에 대한 교육보조금으로 아무런 거리낌 없이 지출했다. 예산 부족으로 평남에 소재한 공립보통학교는 학급을 축소하는 등 재학생 중 일부는 학교에서 축출당하고 말았다. 의무교육이 시행되지 않는 한 교육열에 따른 입학난은 절대 해결될 '단순한' 사안이 아니었다.

한편 일제는 〈조선교육령〉 개정을 위한 심의기구로서 교육조사위원회를 1920년 설치했다.[31] 위원 28명 중 조선인은 이완용·석진형·

고원훈 등 3명에 불과했다. 더욱이 인적 구성에서 이들은 조선인 본위로 교육 문제를 해결할 수 있는 의지나 능력의 소유자가 전혀 아니었다. 이들은 식민교육정책을 심의하거나 문제점을 지적하기는커녕 자구 정도나 수정한 후 원안을 그대로 승인하는 데 불과할 뿐이었다.

위원장 조종구와 위원 김종범·장덕수·오상근·박사직·김사국 등으로 조직된 조선교육개선회는 교육조사위원회와 함께 조선인 교육 문제 개선을 조선총독부에 건의했다. 이 단체는 교육 주지主旨, 교육의 제도, 교육시설, 관공립학교 시설 경비 등에 관한 건의서를 교육조사위원회에 제출했다. 주요 내용은 교육에서 식민지주의 철폐, 교육용어의 조선어 사용, 교육 정도의 향상, 관학과 사학의 차별 철폐, 교육기관 확장, 사범교육 확장 등이었다.[32] 이는 당시 교육정책에서 시급히 실행해야 할 주요한 현안이었다. 그럼에도 〈조선교육령〉 개정에 거의 반영되지 않았다. 다만 이러한 활동은 교육에 대한 관심을 더욱 증폭해 분위기를 반전했다.

인천 지역 입학난도 심각한 상황에 직면하고 있었다. 한 투고자는 "교육이야말로 만반萬般 사업뿐만 아니라 허다한 일에 원동력이 되며 원료가 되며 인생 도세渡世의 자본 준비가 됩니다. 만약 교육이라 하는 준비물이 없다고 할까. 국가는 냉대되고 사회는 부진하며 민족은 멸망하여 이에 의해 국가는 없어지고 사회도 없어진다"[33]며 교육 문제 해결에 적극적인 대안을 요구했다. 요지는 학령아동을 전부 수용하는 근대교육 시행이었다. 1922년 당시 인천공립보통 입학지원자는

1000여 명을 상회했다. 그런데 입학을 허가받은 인원은 353명에 불과한 수준이었다.[34] 입학난은 이후 연례적으로 주민과 인천부청 사이에 갈등을 초래하는 문제로 자리매김했다.

전남 광주에는 사립학교기성회私立學校期成會가 조직되었다. 이에 대한 반응은 대단한 찬사로 이어졌다. 단체 임원은 고문으로 일본인 군수를 비롯해 최상현·최원택·장낙교·조명석·김상순·심영택, 위원장 김봉옥, 부위원장 조만선, 상무위원 최선진·차남형·이정상·장경두·김인주·최창남 등이었다. 사설 교육기관 설립을 위한 방침은 기부금 모금으로 전개되었다. 재력가는 물론 주민들도 십시일반으로 참여하는 등 기부문화 열풍 속에서 대단한 성과를 거두었다.[35]

결국 교육 문제는 조선인이 직접 해결책을 모색하는 단계로 발전되었다. 그런데 서울뿐만 아니라 각지 공립보통학교 재학생 중 상당수가 수업료 부담으로 중도 포기하는 상황이었다.[36] 게다가 사립학교 설립에 필요한 기금 확보는 각종 규제로 난관에 직면했다. 이는 문맹 퇴치, 입학난 해결, 학업 중도포기자 구제를 위한 문화운동으로 야학운동이 실행될 수 있는 든든한 배경이었다. 야학 설립·운영은 사립학교보다 훨씬 용이했기 때문이다. 더욱이 민족해방운동의 방향과 주도권을 둘러싼 민족주의와 사회주의 활동가의 대립·긴장관계도 긴급한 현안으로 대두한 교육 문제를 회피할 수 없었다.[37] 영역 확대와 동조 세력 규합은 이들에게 가장 현실적인 문제로서 인식되었다. 외부 세계와 교류 확대도 야학을 매개로 이루어졌다. 각종 순회강연단은 근대교육의 중요성을 강조하는 등 학령아동 구제를 위한 활동에 커다란 의미를 부여했다. 서당 개량화와 더불어 야학은 우후죽순처럼 운영되는 등 분위기를 반전했다.[38]

2

노동단체에서
노동자교육에
나서다

일제의 본격적인 식민정책은 근대화로 포장된 정신적·물질적 수탈이었다. 서구 제국주의와 달리 미약한 자본주의적 축적 단계였던 일제는 식민지 경영에 필요한 운영자금을 현지에서 조달하지 않을 수 없었다. 세계역사상 미증유의 폭압적인 식민정책을 자행한 배경은 이러한 현실 필요성에서 비롯되었다. 조선총독부를 정점으로 한 가혹한 수탈은 조선사회에 파행적·기형적인 경제구조를 파생했다. 즉 일본의 임금상승으로 경쟁력이 약화된 산업은 저임금을 찾아 조선·타이완 등지로 본격 진출을 시작했다. 풍부하고 저렴한 노동시장과 정책적인 지원은 일본인 기업가에게 '신천지 개척'이나 다름없었다.[39] 연초·섬유·신발·성냥·식료품 공업 등 경공업 분야의 경쟁적인 진출은 근대적인 '공장노동자층'을 형성하는 계기였다. 1910년대 중반까

〈표 4〉 1910년대 공장노동자 현황

(단위: 명, 단 공장 수는 개)

연도	공장 수	종업원 수			
		일본인	외국인	조선인	합계
1911	252	2,136	259	12,180	14,575
1912	328	2,219	119	14,974	19,376
1913	532	3,227	284	17,521	21,032
1914	654	3,345	293	17,325	20,763
1915	782	3,782	447	203,10	24,539
1916	1,075	4,323	536	23,787	28,646
1917	1,358	5,039	1,315	35,189	41,543
1918	1,700	5,005	1,708	40,036	46,749
1919	1,900	5,362	1,470	41,873	48,705

출전: 조선총독부, 《朝鮮總督府統計年報》, 1920.

지 2만여 명에 불과한 노동자는 1917년 4만여 명으로 비약적으로 증가했다. 이를 정리하면 〈표 4〉와 같다.

〈표 4〉는 5명 이상 직공을 고용한 경우로 한정했기 때문에 실제 노동자는 이보다 훨씬 많았다. 공장 수 증가와 더불어 공장노동자도 급증하는 상황이었다. 그런데 공장지대는 개항장과 서울을 중심으로 형성되면서 인구 집중화도 나타나기 시작했다. 즉 근대 도시 형성은 바로 공장지대라 해도 과언이 아니었다.

노동자들은 장시간 노동에도 만성적인 저임금과 열악한 근로조건에 시달렸다. 풍부한 잉여노동력은 노동자들이 열악한 근무환경에서 작업하게 했다. 노동시간은 1일 평균 12~13시간이었고, 심지어 15~16시간을 웃도는 경우도 적지 않았다. 열악한 근무조건, 일본인 감독관의 멸시와 민족적 차별 대우 등은 노동자들이 분노를 폭발케 하는 요인이었다.[40] 일본인 노동자의 지속적인 증가는 '민족 모순'을 확대·심화했다. 이들은 대다수가 숙련공인 반면 조선 노동자는 반숙련·미숙련공이 대다수를 차지했기 때문이다. 이에 조선인 노동자들은 단결력을 도모하는 한편 부당한 대우 개선과 시정을 요구하기에 이르렀다. 식민지 수탈에 맞선 본격적인 노동운동은 근대적인 노동자층이 형성됨과 동시에 표출되었다.[41] 물론 노동자 권익을 보호하는 노동조합이나 노동단체에 의한 조직적인 노동운동은 아니었다. 노동자층이 변혁 운동의 주도 세력으로 성숙한 단계로 발전하지 못했다. 다만 이러한 경험 축적은 그들이 받는 부당한 대우가 식민지체제의 모순에서 비롯되었음을 점차 인식하는 계기였다. 활발하게 전개된 노동쟁의는 노동자의 성숙되어 가는 모습을 보여주는 부분이다.[42] 파업투쟁은 1918년을 정점으로 급증하는 양상이었다. 특히 대규모 파업투쟁은 1919년 2월 25일 용산의 스탠다드무역회사 노동자 600여 명의 참가였다. 담배제조 노동자들은 감독자가 여성노동자를 가혹하게 처우하자 이에 대항해 투쟁을 펼쳤다. 헌병의 개입·협박·회유 등으로 중단되었으나 이들은 잠재적인 투쟁 역량을 유감없이 발휘할 수 있었다.[43] 아울러 노동자들은 견고한 유대를 바탕으로 한 노동쟁의의 필요성을 절감하기에 이르렀다. 여성노동자들의 이러한 움직임은 커다란 사회적인 반향을 불러일으켰다.

3·1운동을 계기로 노동쟁의는 더욱 진전된 방향으로 전개되었다. 1919년 3월 7일 경성동아연초공장의 500여 노동자파업과 3월 9일 경성전차 운전부와 차장 등의 파업은 3·1운동에 동조하는 의미였다. 이는 단순한 노동조건 개선이 아니라 일제의 침략에 항거하는 반일 성격을 내포하고 있었다. 이후 노동쟁의는 70여 건으로 1919년 84회 노동쟁의 중 80퍼센트를 차지할 정도로 활발한 움직임을 보였다. 파업기간도 1~3일의 단기간에서 8일 이상 장기간으로 확산되었다. 1919년 10월 19일 동아연초회사의 노동자 180여 명은 "임금 20퍼센트 인상, 수당 50퍼센트 인상, 8시간 노동제 실시, 상여금 지급회수 증가"[44] 등을 요구하면서 18일간의 투쟁으로 수당 100퍼센트 인상을 쟁취하는 성과를 거두었다. 8시간 노동제 실시 요구는 당시 상황을 고려할 때 파격적인 제안이 아닐 수 없었다. 이러한 분위기는 이듬해 3월 대구분공장 노동자 파업으로 이어졌다.[45]

노동자들은 3·1운동에 적극적으로 동참하는 등 민족해방운동의 역량을 강화하는 계기였다. 민족해방운동의 주체로서 노동자·농민을 중심으로 한 민중의 존재가 사회 전면에 부각되었다. 민중은 3·1운동을 계기로 민족해방운동의 '주체'로서 등장하기에 이르렀다. 이러한 상황은 활동가들이 노동자에 대한 인식을 재고하는 요인이었다. 곧 노동문제와 결부되지 않은 어떠한 민족해방운동도 존립할 수 없는 상황이었다. 당시 노동자의 의미는 공장노동자뿐만 아니라 일용직 노동자, 계절노동자를 포함한 농업노동자 등 모든 육체적 노동에 종사하는 사람을 의미한다.

식민지 경제구조의 심화에도 공장노동자는 증가하는 추세였다. 1920년 2087개 공장과 노동자 수 5만 5279명에서 1928년 5342개 공장과 노동자 수 9만 9547명으로 증가되었다. 이는 노동단체·노동조합·노동자친목회 등의 조직과 활동을 활성화하는 계기였다. 전국 최초 노동단체인 조선노동공제회는 이러한 배경을 바탕으로 1920년 4월에 조직되었다. 전신은 2월에 조직된 조선노동연구회였다.[46] 목적은 저축 장려, 품성 향상, 위생사상 고취, 환난구제와 직업 소개, 노동 상황 조사 등을 표방했다. 이를 발전적으로 계승한 조선노동공제회는 강령에서 운동방침을 밝혔다. 즉 인권의 자유평등과 민족적 차별 철폐, 식민교육 지양과 대중문화 발전, 노동자 기술 양성과 직업 소개, 각종 노예의 해방과 상호부조 등이었다. 여기에서도 노동자교육에 대한 강력한 의지를 드러냈다.[47]

조선노동공제회는 각지에 지부를 설립해 노동운동과 농민운동을 지도했다. 대표적인 지회는 부산·대구·평양·진주·군산·광주·함흥 등지였다.[48] 지부 임원들은 학령아동 구제와 회원들 능력 배양을 위한 노동야학을 운영했다. 국외 안둥현지부는 생활난으로 교육을 받지 못하는 청소년을 대상으로 삼았다.[49] 황해도 신천지부는 학비 곤란의 아동이나 학령 초과의 청소년, 일반인 성인을 대상으로 노동야학을 설립했다. 교장 김봉연, 교사 이맹영·박문규 등과 일반인의 동정으로 4년 동안 유지될 수 있었다. 수업증서 수여식은 졸업식과 유사한 행사로 야학생들에게 자긍심을 일깨우는 교육현장이었다.[50] 대구지부는 야학생 작품전람회를 개최함으로 정서 함양에 크게 이바지했다. 이에 현지 청년단체는 음악회·영사회·가극회·강연회·웅변대회 등을 개최해 운영비 확보에 적극적으로 나섰다.[51] 안주지부는 청년단체와 긴밀한 협력 관계에서 노동야학을 운영했다.

안주청년회에서는 노동공제회와 협동하여 안주협성야학부를 당군 유신학교 내에 설치하고 객년 10월부터 학자學資 관계로 취학하지 못한 시민자제를 모집하여 이래 6개월간 상업학, 부기, 영어, 일어, 산술, 한문 등 과목을 열심 교수한다더라.[52]

현지 실정을 고려한 교과목 편성은 상업에 종사하는 근로청소년들에게 커다란 반향을 불러 일으켰다. 더욱이 청년단체와 공동경영은 운영비 확보에 매우 유리했다. 이러한 방식으로 학생 수도 100여 명에서 250명에 달할 정도로 대단한 호응을 받았다.[53]

이러한 변화에 부응해 김광제金光濟는 1920년 2월 16일 서울 종로 청년회관에서 조선노동대회 발기회를 개최했다. 같은 달 25일에는 〈노동단취지서〉를 발표하는 가운데 단장으로 추대되었다. 주요 발기인은 김광제를 비롯한 문탁文鐸·노병희盧秉熙·김영만金榮萬·권직상權直相 등이었다. 목적은 노동자의 생활·교육·질서 등 세 가지 요항을 지도·향상하는 상부상조와 교양 함양에 있었다.[54] 사무소는 재동 54번지였다.

4월 17일부터 경성노동대회는 서울 시내와 연강 방면으로 회원을 파견해 〈노동대회취지서〉 수만 장을 배포하는 선전활동을 펼쳤다. 전단이 부족할 정도로 시민들의 호응이 대단했다. 이러한 분위기 속에서 5월 2일 황금정 광무대에서 개최된 창립총회에는 수천 명이 운집할 정도로 성황을 이루었다. 창립총회는 총재 권직상, 회장 김광제, 부회장 정규환, 총무 유석태, 간사 김영만, 고문 현영운 등을 선출했다.[55] 회원은 불과 3개월 동안 7000여 명에 달할 정도로 급증했다.

노동대회는 '땀흘리는 노동자들의 인격 향상과 상식 발달을 도모함'을 슬로건으로 내걸었다. 노동공제회보다 온건한 운동노선은 노동자에 대한 영향력을 발휘하기에 역부족이었다. 주요 지부는 경성·개성·평양·신의주·충북·조치원·원산·연백·부여·마산 등이었다.[56]

운동 방침은 강연회 개최와 노동야학을 통한 노동자 계급의 인격 향상이나 지식 보급이었다.[57] 강연회는 김광제·최재학崔在學 등의 〈청년과 노동〉·〈아회我會의 본령과 장래〉·〈힘 있거라〉 등 관념적인 내용이 많았다. 김광제 사망 후 1920년 8월 13일 임시총회에서 회장 문탁, 부회장 정태용, 총무 윤철중, 서무부장 송문익, 재무부장 이상태, 영업부장 김호연, 지방부장 강우 등을 중심으로 새로운 지도부가 결성되었다.[58] 운동노선을 둘러싼 갈등으로 야기된 내부 분열은 점차 영향력을 약화하는 요인이었다. 1925년 경성노동회로 명칭을 변경하면서 혁신을 도모하려 했으나 별다른 성과를 거두지 못했다.

1922년 10월에는 조선노동공제회 중앙집행위원회 내분을 극복하기 위해 사회주의자들을 중심으로 조선노동연맹회를 창립했다. 창립준비에 참가한 주요 단체는 인쇄직공친목회·전차종업원조합·양복직공조합·공우협회·진주노동공제회·감포노동공제회 등이었다. 창립대회에는 이들 단체를 중심으로 10여 개 단체가 참석해 강령과 선언 등을 채택했다. 노동자 민지계발과 현실인식 심화를 위한《노동》과《노동자》잡지 발간도 계획되었다. 일제가 이를 탄압·압수해 물거품이 되고 말았다. 회원들은 각지에서 노동야학을 운영하는 등 노동자교육에 적극적이었다.[59]

1924년 4월에 결성된 조선노농총동맹은 노동운동과 농민운동을 지도·주도함으로 민족해방운동을 고조해 나갔다. 창립총회에는 182개 단체와 출석대표가 295명이나 참가하는 성황을 이루었다. 강령은 ① 오인은 노농계급을 해방하고 완전한 신사회를 실현할 것을 목적으로 함, ② 오인은 단체의 위력으로써 최후의 승리를 얻을 때까지 철저하게 자본계급과 투쟁할 것을 기함, ③ 오인은 노농계급의 현하 생활에 비추어 각각 복리 증진, 경제 향상을 기함 등이었다.[60] 특히 노동청년회는 청년단체와 함께 각지 문화운동뿐만 아니라 노동운동과 농민운동을 주도했다.

이러한 분위기는 서울 등지를 중심으로 한 공장 지역에서 활발하게 전개되었다. 1920년대 서울에서만 조직된 노동단체도 무려 57개에 달했다. 식민지 전 시기에 68개가 조직된 사실을 감안할 때 이는 노동자에 대한 높은 사회적인 관심도를 보여준다. 이와 더불어 서울에서 발생한 노동쟁의도 97회에 달하는 등 노동운동은 폭발적으로 증가했다. 파업기간도 10일 이상이 18회, 파업 참가인원이 100명 이상인 경우도 23회에 달하는 등 노동자들의 투쟁 역량도 확대·강화되었다. 종로에 소재한 김성일양말공장 노동자 20여 명은 임금인하 반대를 기치로 30일간 파업해 그들의 요구사항을 관철했다.

노동자의 요구 조건은 주로 임금인상, 임금인하 반대, 근무시간 단축 등이었다. 그러나 설휴가 실시, 견습제도 폐지, 노동단체 간부 구속 항의, 강제저축 반대, 해고 직공 복직, 작업환경 개선, 민족 차별 대우 철폐 등 노동자들의 '공동체적' 관계에 기초한 요구 조건을 내걸기도 했다.[61] 특히 민족 차별 대우 철폐와 감독자 해고 등은 노동자들의 변화·발전해 가는 인식을 보여준다.

인천은 1924년을 전후로 사회주의 영향을 받아 노동단체에 의한 야학이 활성화되었다. 소성노동회나 인천노동총동맹은 노동야학을 통해 노동자들 권익옹호에 앞장섰다. 빈번하게 개최된 강연회 주제는 〈무산계급과 노동운동〉·〈노동자의 생존권 요구〉·〈노동계급의 신사명〉 등이었다.[62] 이는 노동자 성장을 반영하는 동시에 노동자에 대한 인식 변화를 의미한다. 노동야학은 노동단체는 물론 청년단체와도 연대했음을 보여주는 대목이다.

노동운동과 농민운동이 확산되는 가운데 조선노동총동맹은 1927

년 9월에 조직되었다. 조선노동총동맹은 156개 단체와 노동자 2만 1000여 명을 대표하는 단체로 출범할 수 있었다. 노동자들의 유대관계 강화는 임금인상은 물론 처우 개선, 8시간 노동제 실시, 해고수당금 실시, 최저임금제 실시 등을 요구조건으로 내걸었다. 일제는 만주사변 이후 조선을 대륙침략을 위한 병참기지로 만들기 위해 노동자에 대한 탄압을 가중했다. 이에 비례해 노동자들의 항일투쟁도 강화되는 분위기였다.[63] 활동가들은 노동자 단결을 위한 독서회와 같은 '의식화'에 집중했다. 비합법적인 농민운동을 주도하는 농민운동가들도 마찬가지였다. 1930년대 초반 농촌계몽운동과 더불어 혁명적인 노동운동이나 농민운동이 전개될 수 있었던 배경은 이러한 상황과 밀접한 연관을 지닌다.

이제 노동운동은 농민운동·여성운동·청년운동·형평운동 등 각 부문별 민족해방운동과 연대를 모색하는 등 질적인 발전을 거듭할 수 있었다. 그런데 당시 숙련공이나 특수한 직종을 제외한 대다수 노동자는 거의 문맹 상태나 다름없었다. 이는 노동운동뿐만 아니라 부문별 민족해방운동이 진전하는 데 커다란 걸림돌로 작용했다.

3

주경야독 열풍이
전국을
강타하다

문화정치의 시행과 더불어 청년운동은 전국으로 파급·확산되어 나
갔다. 군 단위는 물론 면이나 각 종교기관을 중심으로 한 단체 결성
이 활발하게 이루어졌다. 청년단체는 이른바 '우후죽순'처럼 결성되
는 상황이었다.[64] 특히 상급학교 학생들의 가담으로 청년운동은 학생
운동과 긴밀한 관계 속에서 발전할 수 있었다. 학생들은 순회강연단
을 조직하고 강연회·영사회 등을 통해 문맹퇴치의 필요성과 시대 변
화에 부응할 새로운 태도 등을 역설했다. 이들은 과외활동으로 강습
소·야학 등의 설립·운영에 앞장섰다. 1923년 6월 개최된 민중강좌
는 고조되는 교육열과 사회단체의 관심을 여실히 보여준다. 강좌 내
용은 주로 노동자 처지에 대한 비판과 이들을 일깨우는 시사성을 지
닌 문제였다. 당황한 일제는 강좌 내용을 핑계로 강제 탄압을 서슴지

않았다.[65]

공장이나 노동단체 임원들도 노동자 문맹퇴치의 중요성을 인식했다. 서울청년회계는 노동자교육·농민교육을 좀 더 통일해서 추진하기 위해 조선노동교육회를 조직했다. 단체의 활동가들은 민족해방운동에서 주도권 장악을 도모했다. 주요 토의 사항은 노동자교육에 관한 근본 방침을 규정하는 문제였다.[66] 이들은 대회의 공동 개최를 조선교육협회에 요청하는 등 다각적인 노력을 기울였다. 이러한 계획도 전면적인 집회 금지로 목적을 관철할 수 없었지만, 노동교육의 필요성과 노동야학·농민강습 등이 지닌 문제점을 알리는 계기였다.

노동자도 새로운 시대 변화에 따라 지식을 갈구했다. 다만 그들의 경제적인 처지로 제도권 교육기관을 통한 교육 수혜는 거의 불가능한 상황일 뿐이었다. 그런 만큼 이들은 교육에 대한 관심이 높았고 그들에게 교육은 '선망' 그 자체였다. 사회교육 차원에서 문맹자를 위한 '대안교육'이 모색되지 않을 수 없었다. 이러한 분위기로 야학운동은 가장 광범한 사회적인 지지·관심 속에서 추진될 수 있었다.

사회활동가들은 3·1운동에서 보여준 민중의 활동상을 통해 민중을 새롭게 인식했다. 즉 노동자·농민을 '단순한' 계몽 대상이 아니라 사회적인 존재로서 점차 인식하는 단계에 이르렀다. 더욱이 제1차 세계대전 이후 국제적으로 풍미한 '개조'는 개인뿐만 아니라 사회적인 개조를 통한 새로운 인간관계를 요구했다. 이는 개인의 능력계발을 위한 문화운동으로 확산되어 나갔다. 80퍼센트를 상회하는 문맹률과 만성적인 입학난에 직면한 사회운동가들은 민중 능력 배양을 위한 지름길로 야학에 주목했다.

경성제사주식회사는 여공들의 지식 배양과 여공들이 여가를 활용하는 방안으로 여자직공야학을 실시했다. 이 회사 전무인 석진형의 주도로 기숙사에 야학을 설립했는데, 교과목은 수신·재봉·국어·산술·조선어 등이었다. 130여 명 여공 중 대다수가 참석하는 등 열렬한 호응을 보였다.[67] 개교식에 이재극·유성준·이상재 등이 참석해 이들을 격려하는 한편 홍영후(홍난파)는 바이올린 연주로 야학 발전을 기원했다. 입정정 하교예배당도 초등과와 중등과로 하는 야학을 운영했다. 교과목으로 중등과는 부기·상업·영어·주산 등이었고, 초등과는 보통학교 과정이었다.[68] 수업료 50전을 받는 등 당시 일반적인 야학과 달리 운영되었다.

1920년대에는 각 사회단체가 야학운동을 추진했다. 종교예배당의 의법청년회는 3·1운동으로 중단되었던 노동야학강습회가 부활하게 했다. 회장 홍병선을 중심으로 임원진이 국어·영어·산술·부기 등을 교수했는데, 월사금은 50전이었다. 순회강연회를 통해 홍병선은 여자교육·아동교육·농민교육의 중요성을 강조했다. 이는 1920년대 후반 개신교의 적극적인 농촌부흥운동을 견인하는 배경으로 작용했다.[69]

조선여자교육회의 여자강습회 교과과정은 교육생의 학력 수준에 따라 크게 4등급으로 구분했다. 즉 1반 갑은 보통학교 1학년 정도 국문을 깨친 자, 1반 을은 문맹자, 2반은 보통학교 2학년 정도, 3반은 보통학교 3학년 정도, 그리고 특별반은 영어·음악·역사 등을 교수하는 등 야학생의 능력에 따른 배려를 아끼지 않았다.[70] 또한 한글판 잡지로《여자시론》을 발간해 부인들의 가정생활 개혁에 도움을 주었다. 태화여자관은 하기방학을 이용해 여자강습소를 운영했다. 교과목은 영어·한문·산술·국어 등이었고, 특히 서양인을 초청해 양복과 속옷 만드는 법도 병행 실시했다.[71] 이는 가정부인에 대한 문맹퇴치와 더불어 부업을 증대하려는 의도에서 비롯되었다.

견지동에 소재한 시천교청년회는 견지강습소를 부설해 야학부를 설치한 후 200여 야학생을 모집했다.[72] 이 단체는 야학생 중 성적이 우수한 자에게 직업까지 알선할 계획을 세웠다. 토론회 개최는 야학생들의 식민지 현실의 모순을 일깨우는 신선한 자극제였다. 중앙기독교청년회는 한말부터 설립한 노동야학을 계속 운영하고 있었다. 임원들은 야학 경비를 조달하는 방편으로 신춘활동사진대회를 개최하는 등 부단한 노력을 아끼지 않았다.

화광교원은 종로에 노동숙박소·직업소개소·간이식당을, 관수동에 특수학교를 각각 설립하고, 노동자와 그 자녀를 야학으로 교수했다. 학과는 보통학교 과정이었으며, 야학생 중 30세 이상인 여자가 열심히 수학하는 등 사람들의 주목을 받았다. 신교동 청년과 유지들은 천진구락부를 조직한 후 야학을 통한 문맹퇴치에 노력했다. 경비 부족으로 운영난에 직면하자 이들은 종로청년회관에서 음악회와 소인극 개최로 운영비를 충당했다.[73] 박기양·정진홍·이석환 등이 조직한 조선문통신강습학회는 한글 보급과 입학난 완화를 위해 야학강습소를 운영했다. 이곳은 고관 부인을 비롯해 많은 여자가 호응하는 등 사회적인 관심의 대상이었다.[74] 중앙기독교연합회는 서울의 8개 교회에서 하기아동성경학교를 1개월간 운영했다. 교사로 시내 중학교와 전문학교 재학생 40여 명이 자원했으며, 교과과정은 보통학교 1학년 정도였다. 이후에도 계속 운영되는 가운데 매년 400여 명 이상이 호응할 정도로 대단한 호평을 받았다.[75] 서상성·김각근·백남선 등은 서울야학교를 설립한 후 노동자 100여 명만을 대상으로 보통과 4년과 속성과 1년을 운영했다. 보통과는 보통학교 과정인 반면 속성과는 보통학교 1~2학년 과정이었다.[76] 그런데 운영비 부족에 따른 집세 연체로 이들은 거리로 내몰릴 지경에 이르렀다. 유지들과 청년단체는 음악회를 개최해 동정금을 모금·지원하는 등 지속적인 운영을 가능케 했다.

인천여자엡윗청년회 문학부도 여자야학을 세웠다. 주요 대상자는 가정부인이었다. 이는 1923년 여자 학령아동 구제를 위한 영화여학교 부설 여자야학 운영으로 확대되었다. 수업 연한은 3년으로 공립보통학교와 같은 교과목을 채택했다. 교사진은 대부분 여자청년회 임원으로 무려 10여 명에 달했다. 재학생은 초기 30여 명에서 이후 170명에 달하는 상당한 호응을 받았다.[77]

인천 화평리 하선운 등 9명은 노동자 지식 보급을 위한 노동야학회를 조직했다. 당시 회원은 170여 명으로 개학 초기 출석자는 70명이었다. 임시총회에서 회원들은 각각 의연금 10원을 갹출하는 등 교육 시설 확충에 남다른 노력을 보였다. 이에 자극을 받은 유지들도 소성야학회를 설립하는 교육열 고조에 부응하고 나섰다. 수업 연한은 공립보통학교 4년제의 속성과정인 2년제와 한글만 가르치는 1년 과정으로 구분했다.[78] 능력별 교과 운영은 재학생들의 관심사를 증대하는 요인이었다.

개성 고려청년회는 상업이 발달한 지역적인 특성에 맞게 실무에 필요한 상업 일반을 중심으로 하는 간이상업야학회를 설립했다. 이를 계기로 개성에는 상업야학이 성행하는 변화로 이어졌다. 개성상우회는 백목전도가에 상업야학회를 설립해 상업대요·일어·상업서한문 등을 중심으로 가르쳤다. 송도점원회도 점원야학회를 설립한 후 일어·산술·부기 등을 주요 교과목으로 삼았다. 실무 능력 향상을 위한 상업야학은 청소년에게서 대단한 관심을 받았다.[79]

홍원군 기독교 신자들은 성경·한글·한문·산술 등을 가르치는 여자야학을 설립했다. 인근 가정부인 40여 명은 일시에 호응하는 등 대단한 열기였다.[80] 단천군의 기독교인과 천도교인도 각각 부인야학교와 광제여자야학교를 세웠다. 출석한 재학생은 100명과 80명에 달하는 등 대성황이었다.[81] 심지어 10리 밖에서 거주하는 가정부인도 매일 밤 출석하는 등 향학열은 고조되었다.

진주 유지 정상진·박재화·탁정하 등은 군청회의실 내에 여자야학회를 세웠다. 이들은 군수의 찬동을 얻은 후 제1공립보통학교 여교원의 지원을 받았다. 입학자격은 15세 이상 여자로 한정했고, 개학 당일 지원자는 40여 명에 달했다. 매일 19~21시까지 2시간씩 일어·한글·수신·산술 등을 가르쳤다.[82] 이후 교육생 구성에 따라 가정학·위생학 등도 추가되었다. 합천청년회는 기독교인 한마리아·박운모 외 6명과 더불어 여자야학을 설립했다. 부인들의 호응이 쇄도하자 갑을반으로 분반해 갑반은 기독교예배당, 을반은 기독청년회관에서 각각 교수했다. 교사는 이명갑·강만달·강홍렬·박운표 등 회원으로 충원되었다. 개학 당시 70여 명을 수용했으나 이후 지원자는 계속 증가하는 등 성황을 이루었다.[83]

춘천의 기독교인 박순애·한혜숙 등은 여자야학회를 설립했다. 주요 교과목은 보통학과와 일반상식 등이었다.[84] 주민들의 적극적인 지원으로 출석생은 50여 명에 달하는 대성황을 이루었다. 통천군 읍내 유지들은 여자교육을 후원하고자 통천여자교육회를 조직한 후 교육사업을 더욱 확장하는 의미에서 통천교육회로 명칭을 변경했다. 이어 노동야학, 중등학과강습회, 통속교육강화회, 유치원, 도서부 등을 설치·운영하는 계기를 마련했다.[85]

목포의 기독교 신자인 최자혜·박애란·김납현 등 10명은 여자의 품성도야, 상식배양, 조선문 보급을 위해 목포여자수양회를 조직한 후 강연회를 개최했다. 일기 불순에도 방청객이 450명에 달하는 대성황을 이루자 장차 여자야학회 설립을 계획하기에 이르렀다.[86] 광주청년회는 노동야학과 함께 여자야학을 설립해 조선어·한문·산술·가정학 등을 교수했다. 홍승애와 김필례·임자애 등은 명예교사로서 활동하는 등 분위기를 고조했다. 특히 60여 세인 노파의 입학 청원·거절은 사회적인 이목이 집중되는 계기였다.[87]

공주군 전도사 김웅배와 사립원명학교 교사 배용식·배도혁 등도 일반상식을 보급할 목적으로 여자야학을 부활했다. 선교사업의 일환으로 1910년 학감 백낙성은 자신의 집을 교사로 제공하는 등 열성적이었다.[88] 당진군은 보통학교의 남녀공학에 반발하는 인사들을 무마하는 한편, 당진면장 이춘세를 중심으로 여자교육기성회를 조직한 후 명륜당에 숙명사숙을 세웠다. 이춘세의 며느리 김추숙은 명예교사로 자원하는 등 주민들의 후원으로 교세는 날로 번성하기에 이르렀다.[89]

함북 경성군 독진부녀교풍회는 여자야학을 설립했다. 임원진은 독진청년회와 청성학원의 지원을 받아 가정부인을 대상으로 여자야학을 운영했다. 개강에 즈음해 70여 명이나 호응함으로써 여성교육 확산에 크게 이바지하는 계기가 되었다. 청진보통학교도 공립보통학교 부설로 여자야학을 운영했다. 이는 약 40일간 단기간으로 운영되어 소정의 과정을 마친 후 졸업식까지 거행했다.[90]

사회적으로 가장 천대받는 백정 자녀들은 근대교육 수혜를 거의 받지 못했다. 강고한 인습은 그들이 공교육기관에 입학하는 것을 배제했다. 형평사衡平社의 가장 중점적인 활동 중 하나는 바로 교육활동이었다. 지사나 분사는 대부분 교육부를 두어 자녀 교육 문제에 특별한 관심을 기울였다. 형평사 전조선임시총회에서는 '신춘학기 아동입학의 건'에 대해 다음과 같이 결의했다. "첫째 우리 형평사원은 본년 신학기에 학령아동의 취학에 노력한다. 둘째 종래 불합리한 관습에 의하여 형평사원의 아동입학에 방해하는 자가 있을 때에는 전사원이 결속하여 이에 대항하며 그 선후책을 마련한다."[91]

충남 홍성형평분사는 신진청년회를 조직하고 강습소를 운영했다. 강습소에는 보통과·중등과·유년과를 두어 학령아동 연한이 넘은 이들을 대상으로 삼았다. 신진청년회는 충남 각지 분사에도 강습소를 설치했다. 익산형평분사는 야학개설 취지문에서 "사원의 자제를 모아 지식 향상을 꾀하고 완전한 인격자로서 비참한 역사를 겪어온 선조의 혼에 보답함과 동시에 장래 일반인과 같이 세상의 주인공이 되리라 하는 순수한 기지로써 야학을 개설한다"[92]고 밝혔다. 교과목은 한글· 산술·일본어·상식 등이었다. 최대 166개에 달하는 지사나 분사 등도 강습소나 형평야학을 통해 자녀들 교육문제를 해결하고 있었다.

이처럼 각 단체를 중심으로 설립된 야학은 사회적인 관심과 후원으로 발전을 거듭할 수 있었다. 야학에 대한 관심은 다음 글을 통해 엿볼 수 있다.

세계 사조의 변천을 따라 남의 나라 여자들은 여권 확장이니 참정권이니 사회개량사업이니 하고 떠들며 모든 운동에 선구가 되어 있는 이때에 우리 정반수가 되는 여자들은 차차 비참한 경우에 빠지게 되는 중 일반의 교육제도가 보급하지 못하여 일부의 자산계급, 시기에 적당한 여자들에게는 교육이 있으나 구가정에 제재받는 부인 더욱이 경제 곤란으로 이중의 고통을 받아가며 공장 그 외에 자유노동하는 부인네들께 우리의 언문 열다섯 줄 곧 일백육십여 자 일지라도 잘 통달하여 자기의 의사를 표시하며 신문 잡지 같은 것이라도 읽어서 세상 변천되는 형편도 알아 상식을 얻어서 2세 국민양성에도 필요하고 자제의 막막한 것도 깨치기 위하여 낮에는 여가 없는 직업부인인 무산여성의 편리를 위하여 재경여자기독교청년회연합 주최로 여자노동야학을 설시했는데 …[93]

먼저 한글을 습득해 신문·잡지 등을 구독하는 능력을 배양함으로써 여성도 자기 역할을 제대로 수행할 것을 권유했다. 특히 여성뿐만 아니라 2세 교육을 위해 여성교육은 시급한 문제였다. 하지만 우리의 현실은 교육시설이 제대로 보급되지 않아 대다수 가정부인은 문맹의 상태에 처해 있었다. 오히려 복종과 순종을 능사로 아는 전통적인 여인상이 조장되는 경우도 적지 않았다. 이러한 난관을 타개하는 방안은 바로 강습소·야학 등이었다.[94] 즉 시간과 경제력이 부족한 직업여성들을 위한 여자야학은 여성교육의 중심기관으로서 정착되기에 이르렀다. 1920년대 여자야학의 전국적인 분포는 여성교육에서 차지하는 야학의 중요성을 가늠할 수 있는 대목이다.[95]

문맹퇴치와 입학난 해소는 야학운동의 주요 목적이었다. 그런 만큼 한글을 중심으로 해서 간단한 한문·일본어와 셈하기 등의 초보적인 산술은 거의 필수과목으로 채택되었다. 특히 입학난 구제와 공립보

통학교 상급반 편입을 위한 야학은 보통학교 1~2학년 과정으로 운영
되었다. 상당수 야학은 이러한 범주에 속했다. 방학을 이용한 조선문
통신학원·강습회 등은 주로 한글과 일반상식만을 교수한 반면 하기
성경학교는 이 외에 교리를 추가하는 정도였다. 또 가정부인을 대상
으로 한 야학은 수예·재봉·위생·서간문 등이 주요 교과목을 차지했
다. 특히 상급학교 진학이나 전문 강좌를 위한 야학은 이와는 다른 양
상이었다. 도쿄유학생교육연구회가 운영한 경성하기강습은 중등교육
이상의 수준에 해당했다. 즉 중등교육기관 학생들을 대상으로 방학을
이용한 '재교육' 내지 '특별교육'이었다.[96] 이처럼 교육생의 구성과 야
학 설립 취지에 따라 교과목은 다양하게 편성되었다.

서강 유신청년회는 유신청년야학을 을반은 보통학교 3~4학년 과
정으로 갑반은 일어·영어·부기 등으로 편성했다. 정대희·김홍기·
염금복 등이 용산에 설립한 용산야학회(일명 금정정학사)는 한문·일어·
산술·역사·지리는 물론 물리·화학·법제 등의 교과목을 교수했다.
오성강습소도 주학부로 초등과 갑반과 을반, 야학부로 중등과·수학
과·국어과·영어과를 각각 운영하는 상황이었다.[97] 야학부는 주학부
보다 호응하는 학생이 훨씬 많을 정도로 주목을 받았다.

이처럼 교과목 구성에 나타난 특징은 다음과 같이 정리할 수 있다.
첫째 조선어·일어·산술·한문·수신 등의 비중이 높았다. 학령아동
을 구제하기 위한 초등교육이 중시된 사실을 실증적으로 보여주는 부
분이다. 전문 강좌를 제외한 모든 야학은 이러한 경향을 보여준다. 비

록 수신은 직접 나타나지 않지만, 보통학교 과정은 수신을 교과목으로 채택했다. 공립보통학교 부설인 학습회의 교과목이 일어·산술·조선어·수신 등이었던 점에서 유추할 수 있다.

둘째 일본어·영어 등 어학이 중시되었다. 일본어는 식민지 상황에서 교수되지 않을 수 없는 식민교육정책이 낳은 산물이다. 물론 일본어 교수시간은 공립보통학교에 비해 상대적으로 낮았다. 이를 통해 '야학은 한글이나 우리의 역사교육으로 민족의식을 고취했다'고 논하는 것은 모순이다. 영어·세계어 등은 전문 강좌로 개설되어 당시 어학에 대한 많은 관심을 반영하는 동시에 야학 교육내용의 질적인 발전을 의미한다.[98] 오늘날 '평생교육'의 일환인 사회교육의 현장이 바로 야학이었다. 부인야학회·자하청년야학·동아강습소·오성강습소·여자영어속성강습소 등이 대표적이다. 이는 외국인이나 선교사들이 자강운동기와는 달리 야학에 주목한 사실과 무관하지 않다.

셋째 가정부인을 대상으로 한 야학은 가정학·위생학뿐만 아니라 수예·편물·재봉 등 실용 위주의 교과목을 편성했다. 이는 여자야학의 특성으로 볼 수 있다. 이는 인습에 안존하는 가정부인들의 사회적인 활동공간으로 제공된 사실을 의미한다. 체신국 여직원 120여 명을 대상으로 실시한 여자강습회는 수예·재봉만을 교수했다.[99]

넷째 종교기관이나 단체에서 설립한 야학은 성경이나 교리를 중시했다. 1920년대 후반 이후 개신교는 야학운동사에서 그 역할이 점차 퇴조했지만 당시 설립·운영된 여자야학은 대부분 교회와 밀접한 관계가 있었다. 여자야학뿐만 아니라 많은 야학의 교육 장소는 교회였다. 이는 야학 교과목 편성에 성경 등이 그대로 반영된 사실을 의미한다. 물론 야학에서 지나치게 강조된 교리 강습은 1920년대 후반 종교단체와 청년단체가 대립·갈등하는 요인으로 작용하기도 했다.

다섯째 체육이 전혀 교과목에 반영되지 않았다. 자강운동기 야학은 상무정신 고취와 더불어 체육을 중요한 교과목으로 편성했다. 이러한 경향은 지덕체 삼육을 강조한 일반론과 야학운동이 진전된 사실을 반영한다. 곧 야학은 덕육·지육에 치중한 문화운동의 일 단면을 분명하게 보여준다.[100]

여섯째 부기·주산 등이 주요 과목이었다. 의법청년회의 노동야학, 유신청년회의 유신청년야학, 필운동회의 야학강습소 등은 이를 교수했다. 이는 상업에 대한 관념이 발전적으로 변해가는 양상을 보여주는 부분이다.

한편 교재는 보통학교 교과서가 대부분이었다. 물론 교재는 야학생들에게 충분히 배정될 수 없었다. 1920년대 공립보통학교 교과서 보급률에서 이를 유추해 볼 수 있다. 교재는 노동자의 의식화를 위한 소책자로 사상단체나 사회주의운동가들이 운영한 야학에서 만들어졌다. 그런데 당시 서울 지역에는 그러한 흔적조차 발견할 수 없다. 다만 사상단체의 독서회 등은 이러한 가능성을 보여줄 뿐이다. 현상적으로 사회주의활동가들이 그때까지 야학운동과 밀접한 관계를 정립하지 못한 상황으로 볼 수 있다. 서울청년회의 노동학원도 조선어·산술·일반상식 등을 교과목으로 운영하는 등 '계몽야학'의 수준에서 크게 벗어나지 않았다. 삼각청년회의 야학강습소도 무산아동의 구제를 위한 보통학교 과정이었다.[101] 다만 빈번한 노동쟁의로 보아 이들은 야학운동보다는 직접 노동운동에 치중한 것으로 이해된다.

야학교사가 교재를 직접 만들기도 했지만 현존하는 것은 전혀 없다. 전국적으로 야학 교재를 통일하고 교육내용을 충실하게 하기 위해 조선노동교육회가 조직되었다.[102] 이러한 활동은 야학운동이 비약적으로 확산되는 1920년대 후반 군 단위로 야학연합회 결성을 촉진하는 밑바탕이었다. 물론 청년운동이 활성화된 지역은 일찍부터 이러한 움직임이 있었다. 1922년 1월 충남 대전군에서 설립·운영된 노동야학은 20여 개소에 달했다. 야학 유지·발전과 교육내용의 충실화를 위해 유지들은 대전노동야학연합회를 조직했다. 경북 안동청년회는 30여 학술강습소·개량사숙 등을 망라해 안동강습회연합협의회를 조직한 후 체계적이고 통일적인 야학운동을 적극적으로 추진했다.[103] 함남 신흥군에 소재한 80여 야학 운영자들도 야학연합회 결성을 통한 효과적인 야학운동을 모색했다. 이는 당시 야학운동의 구체적인 방향과 아울러 활동가의 인식을 엿볼 수 있는 부분이다. 특히 일제의 탄압에 공동 대응함으로써 야학운동은 확대된 저변을 확보할 수 있었다. 즉 지역 내의 모든 사회단체를 망라하는 등 전 주민 참여는 야학운동이 확산·발전되는 요인이었다. 다만 이후 활동에 대한 구체적인 양상을 파악할 수 없는 점이 아쉽다.

교육기간은 역시 장단기로 다양했다. 최저 1개월에서 최고 4년까지 많은 차이가 있었다. 이는 운영 주체의 의지나 야학생의 향학열·호응도 등 여건에 따라 운영되었기 때문이다. 조선여자교육협회의 여자야학강습회는 3년간 운영된 후 학교법인 근화학원으로 출발하면서 3년제로 정착되었다.[104] 도화동구락부의 도화야학교도 삼성학원으로 개칭된 후 3년제가 되었다. 이처럼 교육기간은 현지 여건과 상황에 따라 편성되었다.[105]

하기성경학교나 방학을 이용한 강습회는 1개월에 불과했다. 전문 강좌를 중심으로 운영된 강습소는 대체로 1~2년인 반면 학령아동 구제를 위한 야학은 2~4년이었다. 물론 속성과는 6개월이나 1년 단위로 편성되었다. 심지어 야학생들의 학업성취도에 따른 교육기간 편성도 병행했다. 야학은 제도권 교육기관과 마찬가지로 수료식을 거행하는 등 야학생에게 지속적으로 향학열을 고취했다.[106] 야학에서 공립보통학교 3~4학년에 편입하거나 중등교육기관에 입학하는 학생이 배출되는 것은 절대 우연이 아니었다.

야학생 수를 파악할 수 있는 야학은 소수에 불과하다. 대체로 30~80여 명에 달하는 규모였다. 반면 여자강습회·배영강습소·왕신야학강습원·전농리야학·육영강습소·계명강습원·야학강습소·노동야학교 등은 100명 이상을 수용하는 등 사립학교에 버금가는 정도였다. 특히 여자강습회·배영강습소·전농리야학 등은 거의 200여 명에 달하는 수준이었다. 이는 야학운동 주체의 열성과 주민들의 호응도에 따라 나타나는 현상으로 볼 수 있다. 주민들의 호응과 유지들의 지원 등은 야학운동이 진전하는 주요 요인으로 작용했다.

교사진은 2명부터 10여 명에 달하는 차이를 보였다. 교사진은 야학생 수와 비례하지 않았다. 이는 교과목 구성이나 강좌의 내용에 따라 교사진을 편성했기 때문이다. 초등과·중등과·고등과나 영어과·일어과·상업과 등으로 편성된 경우는 야학생 수에 비해 비교적 교사 수가 많았다. 하지만 일반적으로 야학생 수와 교사 수는 거의 비례하는 상황이었다. 교사 수는 3~5명인 경우가 가장 많았다.

운영비 규모나 용도 등은 거의 알 수 없는 실정이다. 운영비 조달 방법으로 강습소는 월사금과 유지의 기부금 등이었고, 야학은 유지나 주민들의 기부금이었다. 도화야학교는 경영난에 직면하자 동회는 500여 호에 달하는 주민을 생활 정도에 따라 5등급으로 나눠 부담금을 내게 했다. 야학 설립자가 운영비 전부를 부담하는 경우도 있었다. 특히 각 청년단체는 운영비 조달을 위해 음악회·영사회·순회강연회 등을 개최했다. 운영비 용도는 야학생의 지필묵·교재 구입비나 교실 유지비 등 교육 활동과 관련되었다. 교사는 거의 자원봉사자로서 무보수로 활동했다. 하지만 대다수 야학은 만성적인 운영비 부족에 시달렸다.

교육 장소는 독립된 교사를 마련하기보다 교회·학교·청년회관·공회당 등이었다.[107] 교회는 야학 교실로 널리 활용되는 공간이었다. 1920년대 전반기 청년단체나 여성단체는 교회를 중심으로 많이 조직되었다. 이를 기반으로 야학운동이 널리 전개될 수 있었던 사실을 증명하는 부분이다. 특히 여자야학은 전국으로 상당수가 교회에 설립되거나 여성 신자들이 중심이었다. 이러한 경험으로 개신교는 1920년대 후반부터 농촌운동의 일환으로 야학을 통한 활발한 문맹퇴치운동을 전개할 수 있었다.

4

청년단체도
합심일체가
되다

각지에 조직된 청년단체는 1920년대 문화계몽운동을 주도하는 중심 세력이었다. 주요 구성원은 '유신신사'로 일컬어지는 지역사회를 대표하는 활동가였다. 이들은 세계적인 사조에 부응해 근대교육으로 사회변혁을 모색했다. 강연회·음악회·영사회 개최나 현안인 교육기관 설립은 주요 활동 영역이었다. 회원 간 친목 도모를 위한 원유회나 체육대회도 빈번하게 개최하는 등 주민들 정서 함양에 노력을 기울였다.

 서울청년회계는 노동자교육 보급을 위한 교육단체인 조선노동교육회를 1924년 9월 16일 조직했다. 목적은 야학 교재 개발과 조직의 통일을 도모하는 가운데 청년운동과 부문별 민족해방운동의 연계를 모색하는 데 있었다. 중심인물은 이성·원세만·이낙영·박상훈·임경순 등이었다. 조선노동교육회는 전 조선 사회주의운동자대회 개최로 화요회·북풍회 등을 흡수하려 한 계획이 좌절되자 새로운 방안을 모색하는 일환으로 조직되었다.[108] 유입된 사회주의 이념은 민족해방운동의 새로운 방향을 제시하는 요인이었다. 각지에 조직된 청년단체는 노동운동·농민운동 등과 연계해 민족해방운동이 진전되는 '매개체'였다. 운동 방향과 주도권 장악을 둘러싼 청년단체의 갈등은 심화되는 한편 질적인 진전도 병행되었다. 이로써 치열한 '사상논쟁'을 거치면서 현실적인 대안을 점차 모색할 수 있었다.

　강령은 ① 국내외 노동교육 상황을 조사하며 노동교육의 원리를 연구한다, ② 노동자에게 유리하고 시의時宜에 적절한 노동교육 방침을 수립한다, ③ 노동교육 선전과 교육기관 증설·통일을 도모한다 등이었다.[109] 이들은 선언서에서 "민중의 생활 상태를 해결하기 위해 농민강습·노동야학 설치를 촉진하거나 증진하는 동지들에 대해 축하한다. 그러나 매년 입학난으로 노상에서 방황하는 무산아동과 배우고 싶은 마음은 절실하나 배울 시간이 없어 한탄하는 문맹의 노동자는 어떻게 할 것인가. 더욱이 교육시설이 없어 배울 수 없음을 탄식하는 노동자는 어찌해야 하는가"[110]라며 당시 직면한 노동교육 문제를 지적했다.

　1925년 1월 조선노동교육회 준비위원은 김영만·임봉순·장채극·한신교·박원희·이성·이낙영·박영준·임경순 등 15명이었다. 이 단체는 식민교육정책의 모순을 폭로하는 동시에 노동교육의 중요성을 제기했다. 이후 청년단체연합회 결성과 더불어 군 단위로 조직된 야학운동연합회는 야학운동이 진전되는 밑바탕이었다. 노동자·농민의 문맹퇴치는 각지 청년회의 가장 주요한 활동 목표이자 긴급한 현안으로 부각되면서 이에 대한 상당한 성과를 거두었다.[111] 이는 노동운동 등 부문별 민족해방운동을 연계하는 방향을 제시한 점에서 중요한 의미를 지닌다.

경기도 고양군 마포에서 1920년 4월 조직된 유신청년회는 강연회·토론회 개최를 통해 문화운동을 주도했다. 이들은 서강의법학교에 야학·강습소를 설립하는 등 문맹퇴치운동을 병행했다. 이 단체는 유신기독청년회·마포유신청년회·동막유신청년회 등으로 불렸다. 활동가인 임용필·김윤경·정호석 등은 기독교인이자 실업가·교사 등이었다. 발기인은 창립 당시에 70여 명에 달했다. 임원진은 회장 임용필, 부회장 강준표, 총무 정호석, 회계 차현승·박성철, 서기 임병두·서광진, 종교부장 남국희, 지육부장 김윤경, 체육부장 박두원, 사교부장 김동익, 노동부장 권시학 등이었다.[112] 이후 회장은 김윤경·정호석 등으로 교체되는 등 부분적으로 임원진 변화가 있었다.

종교부는 종교단체와 관련된 청년회의 성격을 잘 보여준다. 유신청년회 창립을 전후해 회원들은 야학회를 설립해 노동자·학령아동을 대상으로 영어·부기·일어 등과 보통학교 3~4학년 과정을 가르쳤다. 청년회는 〈현대 우리 사회에 한문을 폐지함이 가호불호可乎不乎〉·〈사회질서를 유지함에는 도덕이냐 법률이냐〉 등을 연제로 정기 토론회를 개최했다.[113] 양정고등보통학교 교사 강용표와 연희전문학교 교사 임용필 등을 초빙해 개최한 강연회는 주민들 정서 함양은 물론 상식 보급에 크게 이바지했다. 활동에 자극을 받은 유지들은 마포교풍회를 조직하는 등 청년회 지원에 노력을 기울였다.

충북 괴산청년회는 1920년 8월 5일 설립된 이후 노동야학·부녀야학 등을 설립했다. 구성원은 실업가·자산가 등 지방 유지와 개신교 신자들이었다. 발기인 중 경환은 목사이며, 창립 장소는 교회당이었다. 창립대회 시 모금된 의연금이 2000여 원에 달한 사실은 이를 증명한다. 이재익·유홍규·김영규 등은 입학난 완화책으로 괴산공립보통학교에 노동야학과 여자야학을 설립해 200여 명과 60여 명을 수용했다.[114] 여자야학은 공립보통학교의 여자 훈도 신경우가 명예교사로서 자원해 대단한 호응을 받았다.

괴산청년회는 입학난을 해결하기 위해 보성강습소·신명의숙을 설립했고 신기휴·정진석·김순기 등이 명예교사로서 활동했다. 보성강습소 부설인 노동야학은 수신·일어·조선어·한문·산술 등을 교수했는데, 교사는 모두 회원으로 충원되었다. 특히 체육부장 유용규는 주간에 칠성면 신진강습소와 야간에 괴산면 동부리 노동야학원 교사로서 헌신적인 활동을 펼쳤다.[115] 이러한 교육 활동으로 이곳 일대에 노동야학·농민야학·여자야학 등이 우후죽순처럼 설립되는 등 발전을 거듭할 수 있었다.

4곳의 시장 중심지에는 게시판을 설치하는 등 풍속 개량과 지식 계발을 위한 선전활동을 병행했다. 4일간 공연한 소인극을 매일 주민 400~500여 명이 관람해 교육 효과를 극대화할 수 있었다. 안택수를 회장으로 한 괴산학생친목회도 귀향 활동으로 문예단을 조직한 후 순회소인극을 공연하거나 강연회를 개최하는 등 청년회 활동을 지원했다. 특히 서울의 삼각청년회·조선여자교육협회 순회강연단을 초빙한 강연회는 여자교육의 중요성을 일깨우는 계기였다.[116] 이재익·유문규·김태웅·김상혁 등은 민립대학기성준비회 발기인으로 참여했다. 1923년 10월 가을대운동회에 민립대학기성준비회 회원과 보성강습소 학생과 노동야학생은 물론 괴산군 보통학교·개량서당 학생들이 참가해 대성황을 이루었다. 1928년 5월에 신간회 괴산지회장 김용응, 집행위원장 안철수, 회원 박일양 등 9명이 〈치안유지법〉 위반사건으로 각각 검속되어 조직적인 활동은 점차 약화되고 말았다.[117]

충남 대전군 대동리에서 조직된 대전청년회는 1920년 5월 11일 대전청년구락부에서 출발했다. 임원진은 회장 홍인석과 총무 김일선 등이었다. 목적은 대전 지역 청년의 지덕체 발달과 상호 친목 도모였다.[118] 대전청년구락부는 남선순례소인극단을 조직해 충청도는 물론 영남의 대구·영천·경주·밀양 등지에서 45일간이나 공연했다. 현지 청년회는 이러한 활동을 후원하는 동시에 이와 유사한 단체를 조직해 활동에 나섰다. 1921년 9월에는 대전청년회로 명칭을 변경하고 아울러 조직 개편에 착수했다. 회장은 장해전, 부회장은 한성은행 임원 송재봉, 총무부장은 이규하, 서무부장은 동아일보 대전지국장 조유기,

체육부장은 운송업자 김성현, 문예부장은 학생 이길용, 사교부장은 이용희, 평의원은 이원태 외 11명이었다.[119] 새로 선출된 회장은 조직 확대와 발전을 구실로 일본인 대전군수·대전면장·경찰서장 등을 자문으로 위촉하는 한편 임원 조직과 선출방법을 변경했다. 표방한 바와 달리 관청과 적절한 '밀월관계' 속에서 운동 방향을 모색하려는 의도와 무관하지 않았다.

대전청년회 회원 중 야학운동을 주도한 인물이 많았다. 서병창은 1921년 조직된 대전노동야학연합회장이었고, 송재봉은 성남제일연효야학, 유성득은 부사리야학, 이원태는 학하리노동야학, 이규원·이강순·박만영 등은 정포리야학을 설립하거나 운영했다. 대전노동야학연합회는 20여 개소 야학 관계자들이 가입한 연합단체였다. 회원들은 야학연합 체육대회·수공예품전시회를 개최하는 등 향학열 고취와 재정 지원을 도모했다.[120] 주민들도 자발적으로 의연금을 갹출하는 등 아낌없는 지원에 나섰다. 이러한 활동은 야학운동이 진전되고 활성화되는 기폭제였다. 기성면·진잠면·유천면·유성면 등지에 설립된 야학이나 각 면 단위 농민조합 지부에서 동리마다 야학 운영과 설립 계획을 표방한 사실이 이를 증명한다.

특히 임원들은 대전소년회를 조직한 후 야학생 수백 명을 단원으로 가입하게 했다. 토론회·강연회 등을 개최하고 소인극을 공연한 것은 어린이에 대한 관심과 인식이 재고되는 계기였다.[121] 소년단체의 조직과 더불어 소년운동 진전은 이러한 배경 속에서 가능할 수 있었다. 분위기 쇄신과 현대문화를 선전하는 방안은 〈삼우三友의 의리〉·〈이상의 향원鄕園〉 등을 주제로 한 공연이었다. 그런데 1922년을 기점으로 대전청년회는 야학운동·소년운동 등을 제외한 별다른 활동을 보이지 않는다. 이는 대전만의 특수한 경우가 아니라 당시 각지 청년단체도 비슷한 양상이었다.

1925년 6월 강영철·민경식·권경득 등을 중심으로 대전청년회는 다시 창립되었다. 그러나 창립 1개월 만에 창립위원 전원은 대전청년회를 탈퇴한 후 우리청년회를 조직했다. 강령은 ① 우리는 일치단결해 인격을 완성할 일, ② 우리는 일치 행동으로 사회 개선을 기할 일 등이었다. 조직은 실행위원부와 평의위원부로 구분되는 집행위원제였다.[122] 이는 조선청년총동맹 결성 이후 대전 지역 청년단체도 회장제에서 민주적인 중앙집권제로 변화된 상황을 증명한다. 이를 계기로 대전유학생친목회·대전엡윗청년회·대전형평학우회 등이 조직되는 등 청년운동은 활성화되었다. 대전청년동맹 조직은 조선청년총동맹이 '신운동방침'에 따라 지역별 단일청년조직으로 체계화되는 동시에 청년운동이 전위운동에서 점차 대중운동으로 발전하는 주요 계기였다. 운동 노선, 이념 갈등은 민족해방운동을 가로막는 장애 요인이었다.

전남 함평청년회는 1920년 7월 4일 조직된 이후 교육운동과 계몽운동을 주도했다. 주요 구성원인 최득렬·오백동·권승일·서상기 등은 지주·금융업자·양조업자 등이었다. 함평축산조합 조합장인 이재승, 전무이사 이재혁, 이사 이길범·최석기·이계윤, 감사 김갑선 등은 함평청년회를 매개로 활발한 활동을 전개했다.[123] 초기 회원은 100여 명으로, 임원진은 회장 서상기, 부회장 이재혁, 총무 모영현 등이었다. 이후 임원진 교체는 빈번했으나 새로운 인물로 교체되지 않았다. 창립 당시 모집된 의연금은 3000원에 달했다. 주민들은 함평청년회를 지원하기 위해 부형회를 조직하는 등 격려·후원을 아끼지 않았다.

주요 활동은 〈나의 힘〉·〈실력을 배양으로〉·〈문화의 장래〉·〈동정의 세력〉 등을 주제로 한 강연회 개최였다. 이는 시세 변화에 부응하는 실력 양성의 중요성을 각성하게 했다. 전남구락부 순회강연단을 초빙해 〈청년 평일의 수양〉·〈현대여자 요구〉·〈사람의 자존〉·〈현대 도덕〉 등을 강연해 청년들을 각성하게 했다. 함평 출신 도쿄 유학생들과 강연단을 조직한 함평청년회는 방역단과 함께 위생 선전은 물론 악습 개선과 미풍 장려를 위한 대대적인 활동을 펼쳤다.[124] 〈우리 생활상 의미 깊은 우리와 운명이란〉·〈유언〉 등의 소인극 공연이나 〈사업 성공에는 물질호 정신호아〉 등의 월례 토론회 개최도 이러한 의도에서 비롯되었다.

여자교육의 시급함을 인식한 임원진과 여교사 등은 여자야학을 설립해 한글·한문·산술·일어·습자 등을 매일 3시간씩 가르쳤다. 주요 인사는 회장 이재혁, 학감 박정희·이길범, 간사 김갑선·모성환, 교사 모판갑·전수경·박정희 등이었다. 함평청년회는 학교 당국과 함께 1개년 과정의 보습과를 설치해 13세 미만 학령아동 구제에 노력을 기울였다. 손불면 동암리 서당이 동암강습소로 전환되거나 평릉면 초포리 강습소가 설립된 것 등은 이러한 활동에 자극을 받아 이루어졌다.[125] 일본인 경찰서장이 관내 8개 주재소 부설로 설립한 야학은 당시 고조된 교육열을 그대로 엿볼 수 있는 부분이다.

아동에 대한 인식 변화는 유치원을 설립하는 등 유아교육 관심을 집중하게 했다. 함평청년회의 지원은 유치원교육의 중요성을 새롭게 인식하고 더불어 유치원이 발전되는 요인이자 기반이었다.[126] 함평청년회는 영역을 확대하고 회원 간 단결력을 도모하고자 회관·운동장을 준공하는 등 주민들의 지원 속에서 발전을 거듭할 수 있었다. 인근 청년단체와 유대를 강화하기 위해 체육대회를 개최했다. 수천 명이 모인 체육회는 회원은 물론 주민 간 신뢰를 다지는 동시에 올바른 여론을 조성하는 등 지지 기반을 확충하는 요인이었다.[127] 회원들은 노동단체·농민단체·소년단체 조직을 직접 지도하거나 지원하는 등 노동운동·농민운동·소년운동 등에 막대한 영향력을 발휘했다.

전남 담양청년회는 1912~1913년경 조직된 담양공립보통학교 동창회가 1919년 3월 28일 개최된 청년체육대회에서 청년회 조직을 집중적으로 논의해 설립되었다. 중심인물인 국채웅·정용준·구평학·국용호·박이규·김재린 등은 실업가, 보통학교 학무위원 등으로 담양공립보통학교 동창생이었다. 이들은 창립총회를 개최해 부서를 정하는 동시에 임원진을 선출했다. 임원진은 회장 국기렬, 서기 서기현·강재완, 총무간사 임민호·정경인, 지육간사 정기선·김문규, 체육간사 김만철·국한종, 실업간사 국수렬·정용인, 경리간사 국정만·김용은, 오락간사 최원갑·정기환 등이었다.[128] 창립 당일 모금된 의연금은 7500여 원에 달했다. 회원은 100여 명으로 총회 참석자만도 60여 명이었다. 주민들의 매우 적극적인 호응·후원은 담양청년회가 발전하는 주요 기반의 하나였다.

창립과 더불어 담양청년회는 노동야학·부인야학을 설립해 국어·일어·산술 등을 중심으로 40여 명을 가르쳤다. 임기정·금한철·강재완·국길현·박영순 등은 명예교사를, 국용호·임기정은 경비를 담당했다. 교장은 매일 밤 순시·감독하는 등 야학생들에게 향학열을 고취했다. 학령아동 구제를 위한 야학도 설립해 보통학교 과정으로 조선어·한문·일어·산술·체조·습자·주산·지리·역사·이과 등을 가르쳤다.[129] 이에 자극을 받은 유지들은 금성면 금월리 노동야학, 월산면 삼다리 진명사숙, 월산면 신계리·용암리·용흥리의 사숙, 남면 인암리 남창신숙, 담양면 객사리의 유치원과 여자강습소, 영화면 삼산학교, 수북면 강습소 등을 설립했다.

회원들은 교육기관을 지속적으로 운영하기 위해 학계·교육후원회를 조직하는 등 노력을 아끼지 않았다. 담양 출신 일본유학생의 서광회曙光會나 서울유학생의 추성학우회秋城學友會 등도 농촌계몽운동에 앞장서는 등 청년회 활동을 지원하고 나섰다.[130] 운동 방향을 둘러싼 학생들과 국채웅의 대립은 청년회 존폐 문제로 확대되었으나 임원진 노력으로 이를 원만하게 해결했다.

1924년 초 청년회관 준공을 계기로 활동 영역은 더욱 확장되었다. 호남학생순회강연단을 초빙해 〈개인과 사회〉·〈우리의 급무〉·〈다망多望한 우리의 각오〉 등을 연제로 개최한 강연회에 400여 명이나 운집하는 대성황을 이루었다. 동아일보 사장인 송진우宋鎭禹의 〈소감所感〉을 주제로 한 강연회에도 수백 명이 운집했다. 이후 담양청년회는 정기적으로 강연회를 개최했다. 1925년 조직된 순회강연단은 관내를 이동하면서 〈우리의 당면한 문제〉·〈농촌청년에게〉·〈소작제도에 대하여〉·〈신시대 윤리〉 등을 주제로 강연했다.[131]

분위기 일신을 위한 1925년 4월 26일 12회 정기총회에서는 회보 발간, 학원 설립, 마약중독자 구제와 웅변대회·원족회 개최 등을 결의했다.[132] 성대한 청년회관 낙성식 개최도 이러한 목적에서 이루어졌다. 3일간에 걸친 소인극 〈우정의 정탐〉·〈등대 책임〉·〈사형死刑? 무죄?〉·〈조혼의 폐〉 등의 공연은 입추의 여지가 없는 성황리에 끝났다. 사상단체인 이월회二月會 조직과 회원들 교양 함양, 의식화를 위한 독서회 개최는 주민들의 적극적인 후원으로 가능했다. 12월 9일 담양청년동맹은 "첫째로 본 동맹은 전 조선 청년 대중의 정치적·경제적 민족 권리의 획득을 기함. 둘째로 본 동맹은 전 조선 청년 대중의 의식적 교양급 훈련의 철저를 기함. 셋째로 본 동맹은 전 조선 청년 대중의 공고한 조직 완성을 기함"[133]을 강령으로 조직되었다. 13개 면에는 지부를 설치하는 등 담양청년동맹은 담양 지역 민족해방운동 기반을 굳건히 구축하는 중심체였다.[134]

전북 전주군 고산청년회는 1920년 7월 30일 조직되었다. 야학 운영과 강연회·활동사진회 개최는 문맹퇴치운동 일환이었다. 이 단체는 덕성을 함양하게 하고 지식을 계발하게 하며 체력을 건실케 하는 동시에 실업을 장려해 실력양성운동 기반을 조성했다.[135] 중심인물인 이춘재·고백준·김진영·공준영·고정식 등은 자산가·실업가·교육가 등이었다. 초기 회원은 200여 명으로 고산 지역 상당수 청년이 회원으로 가입했다. 이후 회원 연령도 15~30세에서 15~40세까지로 확대하는 등 조직 확대에 노력을 기울였다.

이춘재 등은 고산공립보통학교에 부녀야학을 설립해 일어·산술·조선어·한문·수신·가사 등을 중심으로 교수했다. 정만모·이즈미야泉谷·김성원·김진영 등이 명예교사로 자원했다. 이 야학은 1921년 12월 26일 거행된 수업식에서 24명에게 수업증서를 주는 등 명실상부한 고산 지역 여자교육기관으로서 자리매김할 수 있었다.[136] 유호준은 일어·영어·산술을 중심으로 한 점원야학을 설립해 일본인과 함께 강사로서 활동했다. 청년회 사업으로 악대를 조직하는 한편 연주회를 개최하는 등 정서 함양에도 노력했다. 1923년 7월 30일 창립 3주년 기념강연회에는 1000여 명이 호응하는 성황을 이루었다.[137]

1923년 5월 민립대학설립운동 후원회를 조직한 후 활발한 모금활동도 전개했다. 고산청년회는 고산유치원이 운영난에 직면하자 후원회를 조직해 지원했으며 야학·강연회·음악회·체육대회 등을 통해 문화운동의 기반을 조성하는 데 노력을 아끼지 않았다. 1927년 창립

7주년 기념사업을 준비하던 중 신종갑이 〈출판법〉 위반사건으로 구속된 이후 활동은 상당히 위축되었다.[138]

부안청년회는 전북 부안에서 1920년 7월 11일 발기회를 개최한 후 18일에 설립되었다. 중심인물인 신기익·김태경 등은 청년회 운영비를 자담한 자산가이자 명망가였다. 창립일에 의연금 1500여 원과 회관건립비 3000여 원이 모금된 사실은 이들의 경제 기반을 보여준다. 임원진은 회장 신성석, 부회장 김태경, 총무 신기익, 간사 신영탁·이재호, 문예부장 김태규, 체육부장 김찬균, 경리부장 김태경 등이었다.[139] 이후 빈번한 임원 교체가 단행되었으나 주요 인물은 그대로 유임되는 등 커다란 변화는 없었다.

설립 취지는 연소한 회원들이 학술 연구, 체육 발달, 친목 도모 등을 통해 새로운 시대에 부응하는 실력을 양성하는 데 있었다. 창립 1주년을 기념하기 위해 개최한 체육대회는 수천 명 주민이 운집하는 등 성황을 이루었다. 특히 부안공립보통학교 부속 여자부와 기독교 부속 여학교생들의 경주대회는 여성에 대한 인식이 변화하는 요인이었다. 부인야학 설립은 이러한 결과의 소산이었다. 여성교육을 위한 부녀야학이 설립되자 부안청년회 간사인 신영탁은 일어·산술·국어·한문 등을 매일 2시간씩 교수하는 등 문맹퇴치에 노력을 기울였다.[140] 부녀야학 운영자들은 〈우리 사회에 요구할 것이 학문이냐 금전이냐〉라는 연제로 토론회를 개최하는 등 여성교육과 여성들의 사회적인 역할을 권장했다. 부안청년회의 노동야학, 줄포청년회의 야학회, 원천리 노동야학, 백산면 대죽리와 보안면 영전리 영명학회 설립·운영은 이러한 상황을 반영한다. 교육후원회·줄포여자학우회·서영단西英團 등도 부안청년회의 주도로 교육기관 후원을 위해 조직되었다.[141] 1923년 어린이날 제정과 함께 부안소년회를 조직·후원하는 등 소년운동 확산에 이바지했다.

1925년 조선청년총동맹이 군 단위로 청년운동단체를 통합함에 따라 관내 모든 청년단체는 부안청년동맹으로 결집되었다. 운영체제는 회장제에서 민주적인 집행위원장제로 변경되는 등 임원진의 대폭적인 교체가 이루어졌다. 분위기 쇄신과 활동 영역 확대를 위해 15~30세로 회원 연령을 제한하는 등 많은 노력을 기울였다. 노동운동·농민운동·여성운동 등을 중심으로 한 운동 노선 변화는 회원 간 대립·갈등이 증폭되게 했다. 면 단위로 조직된 지부와 빚어진 갈등은 오히려 통일적인 운동 역량을 분산·고립되게 하고 말았다.[142] 이 일대에서 끊임없이 전개된 소작쟁의에 부안청년동맹이 적극적으로 개입·지도하지 못한 사실이 의미하는 바가 크다. 이 단체는 신간회 부안지회의 모체나 다름없었다.

통영청년회는 경남 통영군 통영면 대화정에서 1919년 8월 23일 조직되었다. 이 단체는 활동사진대를 조직해 전국 70여 곳을 순회하면서 영사회를 개최하는 등 다양하고 폭넓은 문화운동 기반을 조성했다. 중심인물인 황하일·여병섭·김재균·서상권 등은 통영을 대표하는 유지였다. 새로운 사조에 부응해 4~5개의 단주동맹회를 결성하는 등 분위기 일신에 노력을 기울였다. 임시회관인 협성학원에서 개최된 〈우리 조선 사회의 급선무가 피괴인가 건설인가〉·〈문명은 영웅의 비례〉·〈편언片言〉·〈청년단의 현금現今〉·〈주류의 해독〉 등을 연제로 한 토론회·강연회도 이러한 목적에서 비롯되었다.[143] 부서로서 강연부를 중시한 이유도 여기에 있었다.

동아일보사 통영지국과 공동으로 현상특별토론회도 개최하는 등 토론문화 정착에도 크게 이바지했다. 임원인 황하일·송정택·여병섭 등은 통영부인회 결성을 지원하는 한편 고문으로서 활약했다. 이 단체는 부대사업으로 통영기독교유치원을 운영하는 등 1920년대 전반기를 대표하는 여성단체로 발전을 거듭했다. 청년회 활동에 자극을 받은 협성계·소방계·흥학회는 협성회로 통합되었다.[144] 통합 목적은 교육 장려와 풍속제도 개량 등 새로운 시세 변화에 부응하는 동시에 능력을 배양하는 데 있었다.

교육부는 일반 청년에게 현대에 필요한 법률지식을 보급키 위해 강습회를 개최했다. 과목은 민법·회사법·조합법·수형법대요手形法大要 등으로 회원인 서상권·김홍정은 명예교사로서 열성을 다했다. 교육열 고조에 부응해 교육부는 협성회와 함께 통영중학교 기성회를 조직했다.[145] 기성회가 즉석에서 출연을 약속한 의연금은 20만 원이었다. 교육부는 목표한 의연금 40만 원을 모집하기 위해 찬성회도 조직하는 등 통영중학교 기성회를 적극 지원했다.

지육부는 통영공립보통학교 입학에 탈락한 지원자를 구제하기 위한 사립보통학교 설립도 병행했다. 자본금 10만 원으로 '재단법인 통영사립보통학교'를 설립하려는 계획은 이러한 활동의 일환이었다. 먼저 160여 명을 갑·을·병 3개 반으로 편성해 갑·을반은 오후, 병반은 야간에 각각 가르쳤다. 천도교 전교실도 가정부인 30여 명을 모집·교수하는 등 부녀야학에 노력했고, 통영기독청년회는 보통학교 졸업생을 대상으로 영어·법률·위생·강화講話 등을 가르치는 야학을 설립했다. 통영청년회는 보통학교 과정을 교수하는 주학강습소 설립을 계획하는 등 활동 영역 확대를 꾀했다. 통영공립보통학교 3~4학년생이 교장과 갈등을 빚어 동맹휴학同盟休學을 단행하자 청년단·협성회 임원과 학무위원들은 이들을 설득하는 한편 학교 당국과 교섭해 이를 원만히 해결했다.

회원의 친목 도모와 협력심 배양을 위한 운동회와 원족회 실시는 주민들이 청년회의 위상을 제고하는 계기였다. 활동사진대의 활동은 통영청년회를 전국으로 널리 알리는 계기이자 가장 역점을 둔 사업이었다. 목적은 신문화를 개발하는 동시에 최급선무인 교육기관 확장을 위한 선전활동 등이었다. 진주청년회·진주천도교청년회·진주기독교청년회, 동아일보사 진주지국 후원으로 시작되었다. 수입금 중 실비를 제외한 나머지는 진주노동야학교와 부인야학교에 각각 기부했다.[146] 활동사진대는 동래·김천·대구 등지를 거쳐 서울에 입성해 조선청년회연합회의 후원을 받아 〈오해〉·〈지무와 애견愛犬〉·〈회오梅悟의 광명〉·〈강정强情의 주인〉 등의 교육극과 인정극을 상영했다. 수입금은 중앙유치원에 기부하는 등 교육 보급, 문화 선전에 크게 이바지했다. 6개월 동안 70여 곳에서 영사회로 얻은 수익금을 300여 교육기관에 기부하는 성과를 거두었다.[147] 각지를 순회하면서 여자교육의 절박함을 느낀 단원들은 귀향과 동시에 부녀야학회를 설립했다. 관내 산양면·용남면·한산면·원량면 등지에서 행한 교육 선전활동으로 각처에 개량서당·강습소 등이 우후죽순처럼 설립되었다.

교육 내실화와 교육방침, 경영상의 결함 등을 보완하기 위해 청년회 주도로 통영교육연구회도 조직되었다. 주요 회원은 통영청년회와 강습회 대표·강사, 통영자성회 대표·강사, 동광강습소 대표·강사, 대화정유치원 대표·강사, 서부유치원 대표, 통영협성학원 강사, 무전강습소 대표, 명신강습소 대표 등이었다.[148] 청년회는 신문예 연구를 목적으로 백조사를 조직해 잡지《백조白鳥》를 간행하다가 일제의 탄압으로 폐간했다. 이에 3개월 간의 영어야학강습회를 실시하는 등 새로운 사조에 부응했다. 이후 신간회 통영지회의 모체는 이 단체를 기반으로 했다.[149]

1920년 7월 3일 경북 고령청년회는 자산가·실업가·교사 등을 주축으로 조직되었다. 이봉조·유우식·이상봉 등은 고령공립보통학교 평의원, 금융조합 이사, 교사, 신문사 지국장이었다. 이들은 지역사회 여론을 형성·주도하는 등 영향력을 발휘하는 자산가로서 유력자였다. 창립총회 당일 참석자는 무려 100여 명에 달하는 등 성황을 이루었다. 임원진은 회장 김귀현, 부회장 박지화, 총무 이정근 등이었다.

1920년 11월 청년회는 학령아동 구제와 문맹퇴치를 위해 노동야학을 설립했다.[150] 교과목은 한글·한문·일어·산술 등을 중심으로 편성되었다. 교사는 회원 중 이상봉·이정근·유우식 등과 공립보통학교 교사인 김명덕·노정용 등이었다.

고령청년회는 공립보통학교 부설로 강습소를 설립해 학령아동을 구제하는 등 지식 보급에도 노력을 기울였다. 일본인 경찰서장 요시무라 노보루吉村登는 강습소 신축을 위한 의연금 모금에 동참했다. 이러한 활동에 자극을 받은 주민들이나 단체 등은 야학·강습소를 설립·운영하기에 이르렀다. 우곡면 객기동교회 장로 홍재우·구성서 등은 야학강습회를 설립한 후 달성군 박재곤을 강사로서 초빙했다. 이에 합천군 덕곡면 청소년들도 출석하는 등 발전을 거듭할 수 있었다.[151] 고령읍 내 기독교회가 가정부인을 대상으로 운영한 여자야학도 이러한 분위기에서 이루어졌다.

유도진흥회 고령지부도 각 면 단위로 학원을 설립했다. 창립 이래 유도진흥회는 매월 2차례 이상 토론회·강연회를 개최하는 등 시세 변화에 부응하는 민지계발에 노력을 아끼지 않았다. 유학생학우회나 각지 청년단체 연사를 초빙한 강연회도 이러한 의도에서 실행되었다. 특히 1921년 4월에는 인근 대구청년회·현풍청년회·합천청년회·초계청년회·해인청년회와 연합대강연회를 개최하는 등 유대를 도모했다.[152] 민립대학설립운동에 청년회원들도 의연금을 모금하는 등 동참했다. 물산장려운동에도 부응해 금주단연을 결의하는 등 실력양성운동에 호응하기에 이르렀다. 유도진흥회 활동은 다른 지역과 마찬가지로 침체기에 직면했다. 1925년 집행위원제로 체제를 개편하는 등 새로운 방향을 모색하기 위해 다양한 방안이 강구되었다.[153] 이듬해 고령청년동맹으로 개칭하는 등 발전을 위한 기반을 마련했다.

1920년 8월 3일 경북 달성군 현풍면에서 조직된 현풍청년회는 회원들 실력 양성을 도모하는 등 민족해방운동 기반을 확대·조성했다. 이 단체는 현풍면 일대의 자산가·실업가·교사 등을 중심으로 조직되었다. 중심인물인 임태진·곽종해·곽정곤 등은 유지로서 지방사회의 여론을 주도하는 계층이었다.[154] 창립 발기인은 100여 명으로 당일 모금된 의연금은 3400여 원에 달했다. 창립총회 장소는 공립보통학교로, 이는 식민통치하 합법적인 영역에서 운동 방향을 모색한 사실을 의미한다. 이를 통해 이들의 사회경제적인 배경이나 성격 등은 어느 정도 엿볼 수 있다.

창립 당시 임원진은 회장 곽종해, 부회장 김윤규, 총무 김문기, 서무부장 곽종철, 재무부장, 풍속부장 김창도, 친목부장 김한기, 연학부장 곽정곤, 체육부장 김계곤 등이었다. 임원진은 창립 직후 금주단연을 결의하는 한편 강연회·토론회 등을 개최했다. 특히 인근 지역 고령청년회·대구청년회·합천청년회·초계청년회 등과 연합대강연회를 개최하는 등 민지계발에 노력을 기울였다.[155]

1921년 8월 학생대회 순회강연단을 초빙해 〈가정을 위하여〉·〈조선의 장래와 토지에 대한 개요〉·〈지방적 노력〉 등을 연제로 한 대강연회를 성황리에 개최했다. 1921년 6월 회관을 준공한 후 9월 20일 노동야학을 개최해 160여 명에 달하는 학령아동과 문맹자들을 구제하는 등 향학열을 고조했다. 회원들은 지역 내 강습소·야학 설립과 운영을 주도하거나 명예교사로서 활동하는 등 지식 보급에 노력을 아끼지 않았다.[156] 풍기문란 단속은 10여 명 회원으로 조직된 사찰대가 맡았다. 이들은 퇴폐풍속과 인습을 배격하는 등 새로운 민중문화 창출에 앞장섰다. 야학생들의 학예회 개최는 이러한 목적과 무관하지 않았다.

현풍청년회는 토산품 장려, 금주금연 실시 등을 통해 물산장려운동에 동참했다. 이후의 활동은 노동야학만을 운영할 정도로 위축되었다. 이러한 과정에서 회원 간에 활동 방향을 둘러싸고 갈등이 조성되었다.[157] 그 결과 1925년 달성청년연맹이 조직되면서 현풍청년회 지부 형태로 운영되었다.

함남 북청군 신포청년회는 1920년 7월 조직되었다.[158] 신포 일대에서 강연회·토론회를 개최하고 야학강습소를 설립하는 등 실력양성운동을 주도하는 가운데 전염병을 예방하기 위해 자위단도 조직했다. 구성원은 기독교인·천도교인이거나 자산가 등이었다. 주요 발기인인 김명준·이창희·임학수 등은 기독교인이거나 실업가인 지역 유지였다. 창립 초기 회장은 김만원이었으나 구체적인 조직 부서나 임원진은 알 수 없다.

신포청년회는 교육열 고조에 부응한 부설로 야학강습소를 설립했다. 수업기간은 농한기를 이용한 2개월이었으며, 교과목은 일어·산술·상업·부기 등이었다. 청우장학회靑友奬學會 순회강연단을 초빙해 〈잘 살아보세〉·〈부형제씨의 각성과 청년의 책임〉·〈배워야 하겠네〉 등을 연제로 강연회를 개최했다. 하기강습소에서 〈여자교육이 승어勝於 남자교육〉·〈강유强柔〉 등을 주제로 토론회를 개최하는 등 여론 조성에도 힘을 기울였다.[159]

1921년 4월 정기총회에서 선출된 임원진은 회장 우정률, 부회장 황덕현, 덕육부장 김만원, 체육부장 이창희, 회계 하재희, 서기 정근형, 평의장 강병선, 간사장 이원동 등이었다. 물산장려운동이 확산되자 신포청년회는 토산장려와 금주단연 등을 주요 내용으로 하는 선전물 수천 매를 인쇄·배포했다. 한편 〈단연하자〉·〈금주하여야 된다〉·〈토산을 장려하라〉 등을 연제로 하는 강연회도 수백 명의 환호 속에서 개최했다. 이들 활동에 부응해 70세 이상 노인인 장춘백·주봉원·박동준 등도 단연회를 조직하는 등 주민들의 적극적인 호응을 받았다.[160] 신포청년회는 신포천도교전교실·신포면려청년회 등과 더불어 문화운동 기반 확충에 이바지했다.

평북 희천청년회는 일명 희천대동청년회로 1920년 6월 17일 희천 천도교구에서 조직되었다.[161] 1920년대 초반 희천군 일대 문화운동은 회원들이 주도했다. 이 단체는 희천 일대의 천도인과 유림들을 중심으로 결성되었다. 중심인물인 김봉훈·김종협·노봉익 등과 설립준비위원인 황용기·김병원 등은 일찍이 천도교에 가담했다. 임원진은 회장 김지훈, 부회장 노봉익, 총무 황용기, 간사 김병원, 회계 백영식·김득락, 평의원 고여용·김수현 외 8명, 서기 임종형 등이었다.[162] 이들은 천도교 중앙 본부와 긴밀한 연계 속에서 지역문화 창달에 노력했다. 인근 지역 청년단체와 맺는 교류는 외부 세계와 소통하며 회원들이 각성하는 기제였다.

오봉빈과 이돈화李敦化가 희천군 천도교청년회와 공동으로 〈오인吾人의 각성을 촉함〉·〈신문화의 건설과 청년회〉라는 연제로 개최한 특별대강연회에는 1000여 명이 참석하는 등 대성황을 이루었다. 강연회·연설회·토론회 등의 빈번한 개최는 회원은 물론 주민들이 각성하는 주요한 계기로 작용했다.[163] 야학을 설립해 문맹퇴치운동을 전개하는 등 교육열 고조에 따른 근대교육 보급에도 노력했다. 체육대회·학예회 개최는 야학생과 주민들의 유대를 강화하는 것은 물론 여론을 수렴하는 공론의 장소로도 활용되었다. 1920년대 중반 이후 운동 노선을 둘러싼 회원 간 갈등으로 청년회는 유명무실한 단체로 전락하고 말았다. 사회주의 이념에 입각한 청년단체의 급격한 대두와 더불어 희천청년회는 희천청년연합회로 통합·흡수되었다.

영흥청년회는 함북 영흥군에서 1919년 3월 17일 조직되었다. 중심인물은 실업가·교사·목사·신문기자인 최석기·김용관·김태진 등 기독교·천도교인이었다.[164] 이들은 대한제국기 현지에서 계몽운동을 주도한 계봉우桂奉瑀의 영향을 많이 받았다. 창립 초기 임원진은 부장 김규황, 부부장 양창석, 총무 조봉희, 서기 원용국·황윤명, 간사부장 김용관, 강연부장 김명섭, 도서부장 김장현, 재무부장 고응찬 등이었다. 영흥청년회는 강연회·토론회를 개최해 위생관념과 민족의식을 고취했다. 주요 주제는 〈정신〉·〈데모크라시와 맹자〉·〈자강력〉·〈오인의 전도〉·〈생활상 도시와 농촌〉·〈우리 청년의 타락한 현상〉 등이었다.[165]

노동자의 인격 향상과 지식계발을 목적으로 한 노동야학인 홍명강습소는 주민들의 적극적인 지원을 받으면서 발전을 거듭했다. 강습소 임원진은 소장 조봉희, 학감 원용국·이병년, 재무 김동엽·맹승인, 서기 윤영제 등이었다. 학우회 순회강연단을 초빙한 강연회는 근대교육의 중요성·긴박함을 역설해 영흥 일대 교육열을 드높였다.[166] 회원들은 학령아동 구제와 성인들 문맹퇴치에 적극적이었다. 진평면 김태영이 설립한 야학, 장흥면 봉산야학회, 우리청년구락부의 야학회 등은 노동자 문맹퇴치와 학령아동 구제를 위한 대표 교육기관이었다.

체육대회는 회원 간 친목 도모는 물론 주민들과 화합하는 주요한 계기였다. 함흥청년구락부를 초빙해 개최한 축구대회는 상호 유대 강화를 위한 목적에서 비롯되었다. 1921년 영흥청년회는 영흥청년구락부와 통합한 후 새로운 임원진을 조직했다. 개선된 임원진은 부장 양창석, 부부장 조봉희, 총무겸 강론부장 김명섭, 의사부장 김준호, 서무부장 맹승운, 도서부장 이창각, 운동부장 전재석, 재무부장 김종하 등이었다. 1924년 5월 창립 5주년 기념사업으로 개최한 함경도 축구대회는 주민들의 어린이에 대한 관심을 높이는 계기였다.[167] 조선청년총동맹이 군 단위로 청년운동단체를 통합함에 따라 12개 단체는 영흥청년동맹으로 통합되는 동시에 면마다 지부를 조직했다. 이는 1927년 신간회 영흥지회 모체로서 발전을 거듭할 수 있었다.[168]

우후죽순처럼 조직된 청년단체는 1920년대 지역 문화계몽운동을 주도했다. 당시 풍미한 개조론은 이러한 분위기를 조성하는 배경으로 작용했다. '기만적인' 문화통치에 대한 비판은 대중운동의 폭발적인 확산으로 귀결되었다. 지역별로 약간 차이는 있으나 1920년대 중반을 기점으로 청년단체를 주도하는 세력이 교체되었다.[169] 이는 국내 항일운동 전반에 변화를 초래하는 등 부문별 민족해방운동을 견인하는 요인이었다. 야학운동도 교육생의 요구를 수용하는 등 변화에 부응하는 방향으로 나아가는 계기를 맞았다.

한편 1930년대 청년운동은 지도노선을 둘러싸고 심각한 갈등을 겪었다. 1930년 12월 개최된 간담회는 '청년대중의 경제적·사회적 이익 획득, 민족적·장광적場廣的 투쟁, 청년대중의 교육적 임무, 의식적 훈련'에 주력한다는 방침을 결정했다. 간담회 내용이 알려지면서 각지 청년동맹의 중앙간부 불신임과 지도노선 전환에 항의하는 성명서가 계속 발표되었다.[170] 이어 길주청년동맹과 진도청년동맹 등은 중앙간부로 선임된 소속 회원들에게 사임을 요구했다. 김해농민조합 청년부 노재갑과 강영갑 등은 조직원 단결을 도모하는 일환으로 독서회를 조직했다. 이러한 변화는 합법적 청년운동을 비판한 청년동맹을 중심으로 급속하게 확산되었다.

더욱이 조선총독부는 세계대공황 여파로 사회주의에 노선에 입각한 청년운동을 농촌사회에서 격려하고자 했다. 나아가 농촌진흥운동을 견인하고자 청년단체에 적극적인 관여도 병행했다. 조선총독부 사회과는 학교교육 기반을 활용하는 가운데 사회교육 일환으로 청년강습회를 개최했다. 목적은 "시국상 또는 조선의 사회교화·농촌진흥 등에서 청년의 교화지도가 중요한 사업이므로 각 도의 중견청년을 모아 이러한 요구에 부응"[171]함임을 밝혔다. 이는 1920년대 전반에 시행된 청년강습회와 명칭은 유사하나 성격이나 운영 주체가 전혀 달랐다.

1929년부터 설치된 청년훈련소는 식민지배정책을 옹호하는 '중견인물' 양성을 표방하면서 시작되었다.[172] 초기에는 청년단체를 지배체제로 포섭하는 데 중점을 두었다. 1930년대 후반 중일전쟁 발발을 계기로 전시체제 구축과 더불어 확산을 거듭했다. 이는 일본어 상용화를 위한 일환으로 활용되었다.

5

언론사와 학생이
하나로
결합하다

입학난은 식민지 시기 가장 긴급한 교육 현안 중 하나였다. 이는 문화계몽운동이 확산되었음에도 여전히 중대한 과제로 남았다. 언론사는 물론 계몽단체나 종교단체를 중심으로 적극적인 구제 활동에 나섰다. 조선농민사와 조선어학회는 매우 열성적이었다. 상급반 학생들은 여름방학을 맞아 귀향 활동 일환으로 문맹퇴치에 전력을 기울였다.[173] 대표적인 경우는 조선일보사의 문자보급운동과 동아일보사의 브나로드운동이다.

중앙고등보통학교 교사 최두선崔斗善은 문맹퇴치를 위한 학교 설립을 주장했다. 이어 무료로 월간이나 주간 잡지를 만들어 배포한다면 교육 효과도 크게 거둘 수 있음을 강조했다. 조선농민사 이성환도 마찬가지 입장을 표명했다. 이성환은 문맹한 부녀자 등이 글을 알아 무엇을 하겠느냐고 하는 푸념적인 현실을 안타깝게 생각했다. 글을 아는 목적부터 절실히 자각해야 한다는 사실도 지적했다.[174] 기독교여성 청년회 유각경兪珏卿은 각 단체가 지방으로 들어가서 문맹퇴치에 적극적으로 호응할 것을 제안했다. 언론사는 이러한 분위기에 즈음해 문자보급운동을 신년 특집으로 다루었다.[175] 이러한 분위기 조성은 적극적인 문맹퇴치를 전개하는 기반이었다.

조선어학회와 각 언론기관·청년학생이 결합해 한글 보급, 대중 생활 및 의식을 계몽하기 위해 문맹퇴치운동을 전개했다. 문맹퇴치운동은 민중의 근대적 자각과 문명개화에 필수인 문자 습득을 목표로 한 계몽운동이다.[176] 대한제국 시기에는 한글에 대한 본격적인 연구가 이루어지기 시작했다. 한글은 '단순한' 문자가 아니라 민족문화의 정수精髓로서 인식되는 분위기였다. 그럼에도 국문표기법이 통일되지 않아 문맹률은 매우 높았다. 80퍼센트 이상에 달하는 높은 문맹률은 문명사회 건설이나 민족의식 고취에 커다란 장애물이었다.[177] 국문야학을 통한 문맹퇴치는 이와 같은 역사적인 배경에서 시작되었다. 안타깝게도 민지계발을 위한 계몽야학은 강제병합으로 일본어 보급을 위한 국어강습회로 변질되고 말았다.

3·1운동 이후 교육열은 급속하게 고조되었다. 개조론이 풍미하는 가운데 이를 실행하는 지름길은 근대교육 보급임을 각성하는 분위기였다. 당시 학생과 지식 청년, 문화계몽단체, 언론기관 등은 본격적인 계몽운동에 나섰다. 방학을 이용한 순회강연단의 계몽운동이나 천도

교 조선농민사의 귀농운동歸農運動 등은 학생들이 중심이었다.[178] 이들은 야학·강습소 운영으로 민족의식을 깨우치는 한편 여름방학을 이용한 문맹퇴치운동에 앞장섰다. 특히 한글로 된 신문이나 잡지 덕분에 한글이 쉽게 보급될 수 있는 여건도 마련되었다.

이른바 '문화정치'를 이용해 한글학자들은 1921년 조선어연구회를 만들었다. 국어연구학회를 계승한 이 단체는 '조선어의 정확한 법리法理 연구'에 목적을 두었다. 훈민정음 반포 480주년인 1926년에 '가갸날'을 제정하는 등 한글에 대한 국민적인 관심을 고조했다.[179] 영광·사리원·문천·천안 등지 청년단체와 각 신문사지국 등은 이를 기념하는 대대적인 행사를 전개했다. 특히 한용운韓龍雲은 한글날 제정에 대한 기쁨을 다음과 같이 표현했다.

… 가갸날에 대한 인상을 구태여 말하자면 오래간만에 문득 만난 님처럼 익숙하면서도 새롭고 기쁘면서도 슬프고자 하여 그 충동은 아름답고도 그 감격은 곱습니다. … 이 인상은 무론毋論 흔히 연상하기 쉬운 민족관념이니 조국관념이니 하는 것을 떠나서 또는 무슨 까닭만한 이론을 떠나서 직감적 거의 무의식적으로 받은바 인상입니다.[180]

또한 신문사 등은 이를 특집으로 다루는 등 사실상 가갸날은 '국가기념일'이나 다름없었다. 가갸날은 이듬해 기관지 월간《한글》이 발행된 후 '한글날'로 변경되었다. 한글날은 1940년《훈민정음해례》원

본이 발견된 후 양력 10월 9일로 변경돼 오늘에 이르고 있다.[181]

이에 부응해 조선어연구회 회원들은 물론 조선교육협회도 조선어사전 편찬사업을 위한 발기에 착수했다.[182] 1931년에는 조선어학회로 명칭을 바꾸었다. 연구자들은 이듬해 12월 원안을 마련하는 데 열성을 다했다. 마침내 1933년 10월 19일에는 〈한글맞춤법 통일안〉이 채택되는 쾌거를 거

〈그림 18〉《한글》(독립기념관 소장)

두었다.[183] 한글 연구와 상용화를 위한 객관적 기틀은 이러한 가운데 마련된 셈이었다. 이러한 변화로 민족의 문자인 한글을 민중에게 보급해야 한다는 필요성이 문화운동 전반에 확산되었다.

조선일보사는 1929년부터 하기방학으로 귀향하는 중등학교 학생들에게 문자보급운동을 시작했다. 문자보급운동은 문자 보급뿐만 아니라 이전부터 해오던 보건체조운동과 병행해서 이루어졌다.[184] 첫 해에는 409명의 학생이 한글보급반을 조직해 전국 각지에서 한글 가르치기에 분망했다.[185] 이들은 '아는 것이 힘 배워야 산다'·'가르치자! 나 아는 대로'란 구호를 내세웠다.《한글원본》이라는 4주용 교재도 펴냈다. 또한 1등부터 4등까지 등급을 매겨 성적이 우수한 학생들에게 시상했다. 또한 학자금을 보조하거나 '한글기념가'나 '문맹타파가'까

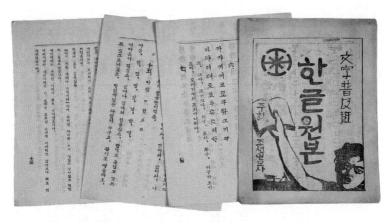

〈그림 19〉《한글원본》(독립기념관 소장)

지 현상 모집해 발표했다.[186]

　문자보급운동은 1931년 3회까지 계속되다가 재정난으로 중단되었다. 이후 1934년에 다시 재개되었으나 이듬해부터 더는 진행되지 않았다. 1935년 동아일보사의 브나로드운동 금지와 마찬가지로 조선총독부의 지시로 중지되었다. 문자보급운동은 중단될 때까지 민족의식 고취에 기여했다. 문자보급운동은 1929년에 409명의 학생이 참가했고 수강자는 2849명이었다. 1930년에는 900명의 학생이 참가했고 수강자가 1만 567명, 1931년에는 1800명의 학생이 참가해 수강자가 2만 800명, 1934년에는 5079명의 학생이 참여했다. 학교별로는 보성고등보통학교 422명, 연희전문학교 205명, 양정고등보통학교 195명, 보성전문학교 117명, 대구교남학교 116명 등이 참가했다.[187]

들불처럼 야학운동이
확산되다

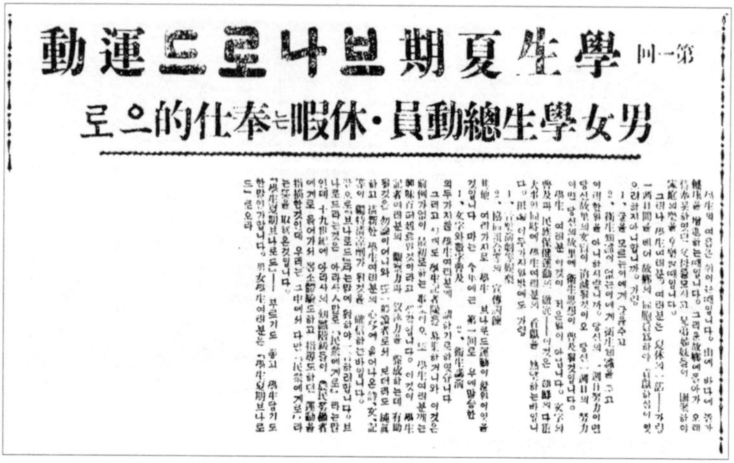

第一回 學生夏期브나로드運動

男女學生總動員·休暇는奉仕的으로

〈그림 20〉〈제1회 학생 하기 브나로드운동〉(《동아일보》 1931년 7월 16일)

한편 동아일보사는 1928년 8월 창간 8주년 기념행사의 하나로 문맹퇴치운동을 계획했으나 조선총독부 저지를 받았다. 이후 1931년 여름방학 때부터 브나로드운동이라는 이름으로 문맹퇴치운동을 시작했다.[188] 이 운동은 학생조직과 연계해 1931년부터 1934년까지 전개되었다. 당초 동아일보사는 러시아 브나로드운동과 아무런 관련 없이 다만 '민중 속으로'라는 어의만을 따서 문맹 타파와 국문 보급, 위생 지식 보급에 국한하려는 의도였다. 그런데 학생들은 이 운동을 통해 위생운동, 문맹 타파 차원을 넘어 민족적 자각과 민족해방운동을 중심으로 선전활동에 임하려는 입장이었다. 결국 1933년 5월에는 브나로드운동을 문맹퇴치에 국한하기로 결정했다.[189]

운동을 추진하는 중심 기구는 크게 3대로 편성되었다. 한글과 산술을 가르치는 중등학교 4~5학년 학생으로 조직된 '학생계몽대'는 현장에서 문맹자를 직접 가르치는 조직이었다. 주요 활동은 조선문과 산술을 최소한 1주일 이상 교육했다. 대상지는 각자의 고향이나 인근 지역으로 1곳에 2인 이상이 서로 협력해 가르치게 했다. 교재는 이윤재李允宰의 《한글공부》, 백남규의 《일용계산법》 등으로 동아일보사에서 제공했다. 1935년에는 멀리 중국 동북 지역 한인사회에도 보급되는 등 대단한 호응을 받았다.[190] 일제는 괴뢰정권 만주국 수립 이후 동요하는 한인들을 포섭하려는 술책에서 비롯되었다.

전문학교 학생으로 조직된 '학생강연대'는 위생·학술 강연을 전담했다. 위생강연회는 환등과 활동사진 상영, 학술강연회는 음악이나 가극 등을 상연하는 등 주민들의 정서 함양과 위생의식을 고취하는 데 중점을 두었다. 〈기행일기〉·〈고향통신〉·〈생활체험 수기〉 등을 신문사에 투고하는 임무는 '학생기자대'가 맡았다. 학교교육자·서당교사·동리유지·지식청년 등 참가를 희망하는 사람을 위해 별동대를 두었다. 별동대에는 186명이나 참가하며 학생들과 함께 활동했다.[191]

교재는 1931년에 30만 부, 1932~1934년에는 각각 60만 부를 발간할 만큼 적극적이었다. 계몽대원은 1931년에 423명, 1932년에 2734명, 1933년에 1506명, 1934년에 1098명 등으로 각각 파악된다. 수강생은 1931년에 9492명, 1932년에 4만 1153명, 1933년에 2만 7352명,

1934년에 2만 601명이었다. 실제로는 이보다 많은 문맹자가 교육을 받았다. 4회에 걸쳐 최소한 10만 명 이상이 문맹 상태에서 벗어날 수 있었다.[192] 학생들의 열성적인 활동에 최현배崔鉉培는 다음 글을 통해 격려를 아끼지 않았다.

(1)
한 사람의 마음이 널리 퍼지며
한동안의 생각이 길이 전하나
글자의 보람이 정말 크도다
인류사회 화려한 현대문명은
문자 활용 발달이 낳은 것이네
(2)
생존경쟁 맹렬한 20세기에
남과 같이 날뛰고 살아가랴면
무엇보다 첫일이 글자 알기라
눈뜨고도 글 못보는 글장님으로
경쟁장리 낙류자 면치 못하네
(3)
여보 우리 2천만 형제자매들
세계에서 훌륭한 한글 임자로
글장님이 많은 딱한 일이다

가르치세 배우세 우리 한글을

그래야만 이 민족 살아나겠네.[193]

조선어학회는 1931년부터 조선일보사와 동아일보사의 문맹퇴치 운동의 교재를 만드는 동시에 회원들을 강사로 파견했다. 동아일보사와 공동으로 3회에 걸쳐 전국 주요 도시에서 조선어강습회도 개최했다. 멀리 중국 동북 지역 간도까지 진출해 한인들에게 한글교육을 실시했다. 1931년 1회 때에는 37개 지역, 1932년 2회 때에는 29개 지역, 1934년 3회 때에는 40개 지역에서 개최했다. 또한 한글 보급을 위해 독자적인 강습회도 마련했다. 1931년 7월부터 9월까지 권덕규·이병기·이윤재 등을 강사로 해 진주·마산·부산·군산·목포·평양·흥원·청진·용정 등에서 한글강습회를 개최했다.[194] 신문사 지국이나 청년단체들은 편의 제공과 아울러 주민들의 적극적인 참여를 권장했다. 한글보급운동이 맹렬한 기세로 확산되자 조선총독부는 이를 1935년 6월부터 전면 금지했다. 보통학교를 비롯한 중등학교 이상에서는 조선어 교수시간을 크게 축소했다. 1938년 4월에는 일체의 조선말을 학교에서 가르치고 사용하는 것조차 엄금했다. 문맹퇴치운동은 조선총독부의 강력한 금지로 중단된 대신 동아일보사가 주최하고 조선어학회가 후원한 한글 강좌는 1935년과 1936년에 걸쳐 지속되기도 했다.

이 밖에 기독교계 학교나 청년회원들은 주일학교나 하기아동성경학교를 통해 한글보급운동을 전개해 나갔다.[195] 문맹퇴치운동은 민중 계몽을 통해 항일의식을 고취하고자 언론사·조선어학회·청년학생 등이 국내외적으로 전개한 문화계몽운동이었다. 현재 이에 대한 반론도 적지 않은 현실이다. 신문사의 문맹퇴치운동은 문맹퇴치와 위생 지식의 보급·계몽이라는 일제의 문화정책에 편승하는 내용을 담고 있었다. 특히 신문사는 판매부수 확장을 위해 경쟁적으로 전개한 측면이 있었다. 또한 계몽야학마저 일제의 탄압으로 폐쇄되던 시기에 문맹퇴치운동은 5년 이상 전개된 점에 주목한다. 이는 일제강점기의 문화계몽운동이 지닌 한계로서 지적될 부분으로 생각된다.

한편 1919년 9월 창립된 천도교청년교리강연부는 이듬해 4월에 천도교청년회로 개칭되었다. 천도교청년회에서 역점을 두고 추진한 사업은 잡지 간행에 의한 민지계발이었다. 개벽사를 설립하고 기관지인 《개벽》을 간행해 이러한 문화운동을 실현하려고 했다.[196] 청년회는 천도교청년당으로 확대·개편된 이후에도 이와 같은 취지를 관철하고자 노력했다. 천도교청년당은 당운동의 대강大綱 중 문화운동을 다음과 같이 정의했다.

인간 사회의 일체 승패득실은 각기 자체의 의식 과정과 문화 정도의 고하에 따라서 생겨지는 성과이다. 사상의 신구, 방법의 우열 등 관계도 적지 않으나 인간 사회의 근본적 향상은 창생급蒼生級의 의식적 각성과 문화적 향상에 있다.[197]

'의식적 각성과 문화적 향상'을 위한 지름길은 바로 인문개벽운동인 신문화운동이었다. 즉 인내천을 근간으로 하는 청년당의 신문화운동은 바로 민중을 깨우치는 의식개혁에 맞닿아 있었다. "천도교의 인내천주의로써 먼저 인간의 사상을 개벽하려는(정신·민족·사회의 3대 개벽의 하나인 - 인용자) 정신개벽은 후천신문화창조의 전제가 됨에서 가장 큰 의의를 가진다. 이 점에서 천도교운동 중 신문화운동은 가장 중대한 임무를 갖지 않으면 아니 된다"[198]라는 요지였다.

《개벽》에 실린 대부분의 내용은 농민의 각성, 농민교육의 진흥 등 농민의 정신을 개조하는 문화운동 방식의 농촌 개량을 지향했다. 점진적·개량적인 방법은 토지에서 배제된 농민층에게 공감을 얻을 수 없었다. 상당수가 천도교인인 농민들은 사회주의자들 주장에 공감하는 분위기였다. 이는 천도교단에 상당한 위기의식을 초래했다. 1925년 8월 김기전·이돈화·박달성·박래홍·강우·방정환·이두성 등의 농민단체 설립 계획은 이와 같은 분위기에서 시작되었다.[199]

1925년 10월에 선우전·박찬희·김준연·최두선·국기열 등은 조선농민사 창립에 주도적인 역할을 했다. 조선농민사는 서울에 본부, 지방에는 지부와 사우회社友會를 각각 두었다. 이 단체는 효율적인 '농민의 교양과 훈련'을 위한 월간잡지 《조선농민》을 발간했다.[200] 12월 창간호는 1만 부를 발간했고 2년 후에는 발간 부수를 1만 8000부까지 늘렸다. 조선농민사의 주요 활동은 야학·강연회·귀농운동 등 계몽운동이 중점이었다. 기관지에는 〈농민독본農民讀本〉·〈농민과학강

左<ruby>農民科學講座<rt>農民科學講座</rt></ruby>〉·〈위생강좌<ruby>衛生講座<rt>衛生講座</rt></ruby>〉·
〈상식문답<ruby>常識問答<rt>常識問答</rt></ruby>〉 등을 연재했다. 또
한 잡지《농민》과《농민세상》을 발간
해 교육의 중요성과 농사제도 개선의
필요성을 농민들이 각성하게 했다.[201]
아울러 농민야학을 운영하거나 이를
장려하는 차원에서 활동가 등에 대한
표창도 실시했다.

〈그림 21〉《조선농민》창간호
표지(천도교당 중앙자료실 소장)

　1930년대에는 조직·교양·경제의
3운동에 관한 강목을 발표하는 등 지
식계발과 교양운동을 활발히 전개했
다. 김기전의《조선 최근사 13강<ruby>講<rt>講</rt></ruby>》, 박사직의《대중독본》1권, 이지현
<ruby>李智鉉<rt>李智鉉</rt></ruby>의《비료제조법 및 시용법》, 최병서<ruby>崔秉瑞<rt>崔秉瑞</rt></ruby>의《대중산술》상권, 백
세명<ruby>白世明<rt>白世明</rt></ruby>의《대중간독<ruby>大衆簡牘<rt>大衆簡牘</rt></ruby>》등의 발간은 이러한 취지를 실천하
려는 일환이었다.《대중독본》2권, 김달영의《조합기장법》, 백세명의
《한글독본》발간도 마찬가지였다.[202] 출판 사업은 경제적인 빈궁에서
방황하는 농민층을 천도교로 견인하려는 의도와 무관하지 않았다. 김
기전의 다음 글은 이와 관련해 많은 시사점을 던져 준다.

　학생들은 청년이나 장년들보다도 15세 이상 18~19세의 소년들이 제일
　많고 사람 수는 한 야학에 20명 내지 30명이 보통이며, 장소는 그 동네 서

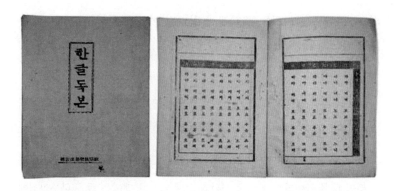

〈그림 22〉《한글독본》(독립기념관 소장)

당이 있으면 서당, 그렇지 않으면 그 동리에 사는 어떤 큰 집의 사랑을 쓰
는데 제일 곤란한 것은 어떤 책을 쓸까 하는 그것인데 지금은 흔히 보통학
교 교과서를 쓰는 모양입니다.[203]

　　보통학교 교과서는 한글이나 농민의 현실과 전혀 무관한 식민지배
를 찬양하거나 미화하는 내용을 담고 있었다. 이는 농민들에게 무력
감을 주는 동시에 농민야학이 지향해야 할 부분과 전혀 동떨어진 내
용이었다. 그런 만큼 농민야학이 추구하는 내용과 상충될 수밖에 없
었다.[204] 농민들의 의식과 인식을 계도하는 교재 발간은 농민운동을
추동하기 위해 시급한 현안이었다.

　　조선농민사는 조직을 확대하면서 문맹퇴치 활동에 주력했다. 일본
어가 국어로서 자리매김하는 상황에서 임원진은 수수방관할 수 없었

들불처럼 야학운동이
확산되다

다. 일본어를 장려하는 현실에서 천도교 이념을 확산하는 지름길은 한글 보급이 필수임을 인식했다.

본시 우리 조선 사람에게 가장 알맞은 글은 우리 글밖에 또다시 없을 것이다. 배우기 쉽고 뜻을 서로 통하기 쉬울 뿐 아니라 그 자체가 힘차고 아름답다. 우리 한글은 세계 어느 나라의 글보다도 가장 좋은 글이라 한데 아무리 나쁜 글이라도 한민족 생활과 오랜 역사를 맺어온 글은 하루아침에 그 민족과 떠나기 어려운 데다가 우리 한글은 우리의 전통에서 떠날 수 없으며 우리의 생각에서 울어 나온 것인 만치 우리를 떠나려야 떠날 수 없는 매여짐을 가지고 있다.[205]

조선농민사의 문맹퇴치를 위한 활동은 다양하게 전개되었다. 본부와 지방당부에서 개최한 강습회는 한글 강좌가 필수 활동이었다. 종리원과 천도교청년당 지방부는 시일학교를 설립하고 한글 강좌를 개설했다. 여성단체인 내수단도 가정부인 문맹퇴치에 적극적이었다.[206] 특히 기관지에 게재된 한글 강좌 연재는 농한기 농민야학 교재로 활용되었다. 한글 강좌의 주요 내용은 한글 발음법·철자법·이별법·표기법, 글의 덩이와 씨 등이었다.[207] 이 외에도 각종으로 발간된 잡지는 농민계몽을 위한 중요한 교재였다.

비록 조선농민사의 농민운동은 종교운동이라는 한계를 보인다. 다만 무안군 농민항쟁은 일제강점기 농민운동과 관련해 주목할 부분이다. 사회적인 관심은 여기에서 찾아볼 수 있기 때문이다.

전남 무안군 암태면 농민조합에서는 동면 10개소에 농민교양을 위해 1926년 2월 8일 세포단체인 각 동리 농민단으로 하여금 농민야학회 개최를 결의하였다. 이곳은 이미 8월부터 1924년 8월까지 1년 동안 계속된 위의 극복 노력인 소작쟁의와 긴밀한 관계를 맺고 있었다. 같은 면 장고리에서는 노동단이 1925년 11월 소작쟁의의 와중에 야학을 설립하였다.[208]

조선농민사는 강한 조직력으로 농민야학과 같은 계몽운동과 공생조합·공작계운동과 같은 경제운동을 통해 민족의 역량을 결집하는 기반이었다.[209] 이는 일제의 폭력적인 수탈에 항거하는 에너지원으로 작용했다. 시행 과정에서 농촌진흥운동에 동조하는 한계도 드러냈다. 조선농민사에 대한 비판적인 평가는 이와 같은 역사적인 배경과 무관하지 않았다.

6

사회교육기관으로
거듭나다

야학운동의 가장 중요한 활동은 문맹퇴치를 위한 사회교육이었다. 제도권 교육기관에 취학하기 어려운 학령아동이나 교육을 전혀 받지 못한 청소년·성인 등을 대상으로 하는 문맹퇴치에 중점을 두었다. 그런 만큼 교육내용은 문자해독을 위한 초등교육이 일반 수준이었다. 즉 한글을 중심으로 초보 한자·산술·습자 등을 주요 과목으로 교수했다. 야학은 소수 지식인층을 중심으로 전개된 교육 활동과는 달리 신분·계급의 차별 없이 민중에게 균등한 교육기회를 부여했다. 이리하여 근대교육의 보급을 통한 개인의 능력을 배양하는 등 근대교육사뿐만 아니라 민족해방운동의 진전에 이바지할 수 있었다. 야학운동은 민중을 민족해방운동의 성원으로 확보해 더욱 폭넓은 기반에서 청년운동·노동운동·농민운동·여성운동 등과 함께 추진되었기 때문이다.

야학은 크게 네 가지 측면에서 교육적으로 기능했다.[210] 첫째 학령 아동을 수용하는 초등교육기관이다. 이러한 목적에서 설립된 야학은 보통학교 교과과정을 1~3년 속성과정으로 교수했다. 교과목도 보통학교에 준하는 과정으로 편성되었는데, 일본어·수신 등의 비중이 높았다. 서울에 소재한 공립보통학교 부설로 운영된 학습회는 초등교육의 축소판이었다. 둘째 청소년이나 성인을 대상으로 한 사회교육이다. 교과목은 한글·습자·일반상식 등 일상생활에 필요한 영역을 중시했다. 특히 여자야학은 가정생활에 필요한 재봉·위생 등을 교과목으로 편성했다.[211] 셋째 상급학교 진학을 위한 입시준비기관이다. 이러한 범주는 공립보통학교 편입을 위한 경우도 포함되는데, 초등교육기관으로서 야학에 진학한 상당수가 여기에 포함된다. 넷째 업무 능력의 향상을 위한 야학이다. 상업 종사자를 위한 점원야학·영어야학 등이 바로 그것이다.[212] 이는 오늘날 '평생교육'과 비견될 정도로 선구적인 의미를 지닌다.

단기간 수학으로 한글은 물론이고 일본어·영어 등으로 시험 답안지를 작성할 정도로 발전했다. 불타는 향학열은 야학생들이 지식을 습득하는 데 기폭제로 작용하는 분위기를 조성하기에 이르렀다. 특히 학생들은 야학을 통해 단순히 지식만 습득하지 않고 그들의 가치관을 정립하는 한편 시세 변화에 부응했다. 이리하여 여성이 가정과 사회에서 자기 역할을 충실히 병행할 수 있는 능력을 배양할 수 있었다.

한편 야학을 설립하는 과정에서 주민이나 단체의 구성원은 빈번한 교류를 통해 새로운 인식을 가졌다. 또한 야학을 중심으로 사회단체와 더불어 각종 교과 외 활동을 전개함으로써 새로운 민중문화를 창출할 수 있었다. 즉 토론회·강연회·음악회·영사회 등은 시대 변화에 부응한 민중문화를 창출·수립하는 공간이었다.

학예회는 교육받은 성과를 평가받음으로써 야학생이 자신감을 가지는 계기였다. 문맹자라는 굴레의 탈피는 민중에게 '진정한' 광명을 의미했다. 음악회·영사회는 정서적인 순화와 더불어 민중을 결집하게 하는 유효한 방법의 하나였다. 조선여자청년회가 개최한 활동사진회에 3000여 명이나 몰려드는 등 대성황을 이루었다.[213] 경남 통영청년회는 전국 순회 활동사진회 개최로 사회적인 주목을 받았다. 이 활동사진대는 실비를 제외한 모든 이익금을 개최지에 소재한 교육기관에 기부했다. 이러한 활동은 시대 변화상을 널리 홍보하는 장이자 기부금·의연금 모금으로 주민들의 '숙원사업'을 해결하는 마당이었다. 비제도권 교육기관은 운영비를 보충하는 방법으로 활용하는 경우가 많았다.

강연회는 교육 문제, 풍속 개량, 생활제도 개선 등의 현안을 중심으로 개최되었다. 특히 청년단체나 교육회 등과 공동 개최된 강연회는 민중이 시세 변화를 올바르게 인식할 수 있게 했다. 이른바 '침묵이 미덕이다'라는 소극적인 생활 자세에서 점차 자신의 존재 가치를 인식함으로써 자신감을 배가했다. 더욱이 여성은 남자와 종속관계에서 벗어나 점차 독립적인 존재로서 인식할 정도로 커다란 변화를 가져왔다. 이는 노동자에 대한 사회 인식이 변화하는 요인이었다. 인쇄직공친목회가 주최한 강연회 주제 〈항산의 보장〉(김명식) · 〈노동운동의 의의〉(김사국) · 〈새로운 인생관〉(신일용) 등을 통해 이러한 인식 변화를 엿볼 수 있다.[214] 평등한 인간관계의 논리는 〈자연법〉에 기초한 천부인권설이었다.

토론회 또한 야학생들에게 새로운 세계관을 제공하는 계기였다. 주제를 선정한 후 가편과 부편으로 편성된 토론자가 정연한 논리로 각자의 주장을 거침없이 발표하는 현장은 열기로 가득 찼다. 특히 여성단체가 개최한 토론회에서는 여자교육, 여성 지위, 가정생활 개선 등 여성 문제와 관련 있는 주제가 채택됐다. 경성여자기독교청년회의 토론 주제가 〈여자해방의 요도要道는 교육이냐 경제이냐〉였다는 사실은 이를 분명하게 보여준다.[215] 또 육아법이나 아동보호의 필요성 등 아동복지적인 측면을 강조함으로써 어린이보호운동이 널리 전개될 수 있었다. 1920년대 이후 전개된 유치원설립운동은 이러한 상황과 연관되어 추진되었다.

운동회는 주민을 통합하고 단결하게 하는 활력소였다. 운동회에 수천 명이 인산인해를 이룬 사실은 이를 증명한다. 줄다리기나 계주 등은 주민들의 협동심을 일깨우는 동시에 선의의 경쟁심을 배양하는 학습 현장이었다. 강습소 · 야학회 연합운동회 개최를 계기로 야학생 간의 이해 증진은 물론이고 교육내용의 충실화를 모색할 수 있었다. 교사 간의 친목과 더불어 교육의 내실화를 꾀하려는 방안 등이 자연스럽게 이루어졌기 때문이다. 1922년 10월 15일 장충단에서 개최된 동아강습소·정칙강습소 등이 개최한 연합운동회는 이러한 의도를 엿볼 수 있다.[216] 특히 이러한 행사는 주민들의 관심과 여론을 환기할 정도로 막강한 영향력을 발휘했다.

민중문화 확산은 사회적으로 만성적인 문제인 도박·술 등 이른바 주색잡기의 추방과 아편중독자 근절에도 이바지했다. 각지에 조직된 금주금연단체는 야학운동과 절대 무관하지 않았다.[217] 이는 부문별 민족해방운동을 연계하는 매개체로서 역할을 했다. 또한 위생 관념을 고취하는 등 전염병 예방 활동과 청결운동도 이러한 과정에서 파생되었다. 특히 청년단체 회원과 야학생들로 구성된 방역단 활동은 주민들의 야학에 대한 인식을 새롭게 하는 주요한 계기였다.[218]

야학 유지를 위해 개최된 동회와 여기에서 개진된 다양한 의견은 주민들의 돈독한 유대를 조성하는 계기였다. 나아가 주민들과 자녀들의 교육 문제는 야학·강습소·학원 등의 설립으로 직접 해결하는 등 자신감을 고취할 수 있었다. 이러한 과정을 통해 민중은 새로운 인식과 더불어 점차 식민지체제의 모순을 간파하기에 이르렀다.

야학운동의 역기능도 간과할 수 없다. 즉 입학난 구제와 문맹퇴치는 긍정과 부정의 측면을 동시에 지니고 있다. 자녀 교육 문제를 스스로 해결한 긍정성과 식민지교육정책을 보조한 부정성을 무시할 수 없기 때문이다. 야학운동에 대한 무제한적인 통제권을 장악한 일제는 그들의 의도와 부합하는 방향으로 야학운동을 유도하거나 통제하는 데 주저하지 않았다. 식민정책에 저항하는 활동가·단체 등이 설립자·운영자·교사인 야학은 대부분 탄압을 받아 폐쇄되는 상황이었다. 제도권 교육기관보다 '상대적으로' 보장된 자율이 곧 민족교육의 시행이라는 논리는 비약일 뿐이다.

일본어 교수는 단순히 어학 습득에 그치지 않았고 일본식 인사법이나 가요 등을 통해 일상사의 한 부분으로 위치했다. 위생 생활, 구습 타파, 일본인의 우월성 등을 홍보하는 영사회·활동사진전 등도 바로 야학을 통해 이루어졌다. 더욱이 일상에 필요한 간단한 인사말 등과 같은 일본어교육도 야학의 주요 교과목이었다. 이리하여 부지불식간에 일본인화된 신사나 '신여성'이 부러움의 대상으로서 인식되는 상황이 도래했다. 즉 식민정책의 궁극 목적인 차별화된 동화정책은 야학의 공간 속에서 진행되고 있었다.[219] 이처럼 야학이 일본 풍습·문화를 보급하는 한 통로로 활용되었다. 야학의 식민정책에 대한 순응적인 측면은 여기에서 찾아볼 수 있다.

7

새로운
민중문화를
창출하다

문화운동 확산에 따라 전국 방방곡곡은 야간이나 농한기에 한글교육
으로 술렁거렸다. 학령아동 구제를 위한 노력은 주민들 동참을 견인
하는 원동력이었다. 문맹의 성인이나 가정부인들도 참여를 통해 향학
열을 고취하는 데 앞장섰다. 이 글은 대표 농민운동가 윤봉길과 소설
《상록수》의 모델 최용신을 중심으로 시세 변화에 부응해 새로운 민중
문화를 창출한 이들의 행적을 살펴보고자 한다. 곧 대중운동과 야학
이 새롭게 탈바꿈하는 현장으로 좀 더 가까이 다가가기 위함이다.

윤봉길의 농민야학에 주목하다

윤봉길은 할아버지에게 한학을 수학한 후 1918년 덕산공립보통학교

에 입학했으나 자퇴했다. 식민지 현실에 대한 비판적인 인식은 1930년 봄 중국으로 망명하기 직전 남긴 〈이향시離鄕詩〉에서 잘 드러난다.

슬프다 내 고향아 / 자유의 백서 몰아 지옥 보내고

푸른 풀 붉은 흙엔 / 백골만 남네

고향아 네 운명이 / 내가 어렸을 때는

쾌락한 봄 동산이었고 / 자유의 노래 터졌네

지금의 고향은 / 귀막힌 벙어리만 남아

답답하기 짝이 없구나

동포야 네 목엔 칼이 씌우고 / 입 눈엔 튼튼한 쇠가 잠겼네

고향아 옛날 자유 쾌락이 / 이제는 어데 있는가.[220]

고향에 대한 그리움에도 중국으로 망명하지 않을 수 없는 절박한 심경을 토로했다. 정겹던 고향은 식민통치로 이제 창살 없는 감옥이나 다름없었다. 친지나 친구들은 물론 한민족 전체가 자유를 박탈당한 채 힘든 나날을 보내고 있었다. 고향은 결실의 계절 가을임에도 '춘궁기'라고 서술한 부분 등에서 현실에 매우 비판적인 태도를 엿볼 수 있다.

윤봉길은 7~8세에 서당에서 《천자문》을 배웠다. 당시 재동才童으로 불릴 만큼 윤봉길은 주위에 널리 알려졌다.

7세에 사숙에 취학해 8~9세의 동학자 중 우수하고 총명했으므로 선생과 이웃 부로父老들에게 재동으로 불리었다. 그 반면에 '살가지'라는 별명이 붙었다. 성질이 남달리 강의하고 조급했기 때문에 동배들과 다투어도 패한 적이 없었다. 혹 접장한테 맞아도 눈물 흘리고 울지 아니하고 도리어 욕설을 했으며, 서당의 규칙 위반으로 선생이 종아리를 치려고 옷을 걷으라 하면 두 눈을 크게 뜨고 말똥말똥 쳐다만 보았다.[221]

윤봉길은 근대교육에 대한 관심이 상당하였다. 그럼에도 교육현장에서 일어나는 차별 대우와 민족 멸시는 어린 윤봉길을 분노하게 만들었다.[222] 14세에 동생 윤성의尹聖儀와 함께 서당에서 전통교육을 다시 수학한 사실은 이를 그대로 보여준다. 동료는 이강돈·맹영재·김유현·안수근·김종윤 등이었다. 성주록成周錄이 운영하던 오치서숙烏峙書塾에서 한 수학은 전통교육에 대한 인식을 새롭게 하는 계기였다.[223] 《동아일보》·《개벽》 등의 탐독과 비록 1년이라는 짧은 기간이나마 덕산공립보통학교에서 한 수학 등은 그가 신·구학문의 조화를 도모할 수 있게 했다. 비관적인 현실에 대한 철저한 비판의식은 이러한 가운데 더욱 심화되었다. 신·구학문 조화는 스스로 결단하게 하는 촉매제인 동시에 현실 문제에 대한 관심을 고취하는 자극제 바로 그것이었다.[224] 성현들이 남긴 한시 300여 편을 기록한 사실은 이와 관련해 시사하는 바가 크다.

1926년 '묘표사건'은 비참한 식민지 현실을 객관적인 입장에서 인식하는 계기였다. 무지는 억압적인 식민지배에서 벗어나는 데 가장 큰 공적公敵임을 직접 체험한 현장이었다. 이 사건은 좀 더 중장기적인 관점에서 보면 농촌계몽운동에 투신하는 결정적인 계기였다. 문맹퇴치는 그에게 가장 시급히 해결할 과제이자 현안으로 성큼 다가왔다.

지금 나는 요 건너 덕숭산 기슭의 공동묘지 근처에 갔다가 참으로 기막힌 일을 보고 왔소 하며 조금 전에 있었던 무식한 청년의 경우를 자상하게 이야기한 다음 힘주어 선언했다. 우리는 제국주의 일본의 침략보다 더 무서운 무식의 병균을 우리 온 동네 마을에서 먼저 쓸어내야 할까 봅니다. 아까 청년의 무식은 부모의 산소나 잃었지만 우리가 이대로 나라를 찾겠소. 우리는 잃어버린 3000리 근역을 실력을 쌓아 내 손으로 우리 힘으로 찾아야 하겠단 말이오.[225]

이에 자기 집의 사랑방에 먼저 야학을 설립해 7~8명을 가르치기 시작했다. 동료인 이민덕·정종갑·정종호·황종진·윤세의 등과 논의한 결과로 더 많은 남녀노소를 가르칠 계획도 세웠다. 가장 절실한 문제부터 해결하려는 태도는 농촌계몽운동을 전개하는 일관된 자세였다. 이는 주위 동료 등에게서 무한한 신뢰를 얻는 밑거름이었다. 야학당 발전 요인은 실생활과 직결되었기 때문이다. 야학 설립은 주민 간의 단결과 이해를 증진했다.[226] 일제가 허용한 문화통치를 적극적으로 활용한 사실은 시사하는 바가 크다.

민족의식을 일깨우고 강조하고자 일본어를 가르치지 않았다는 사실에서 야학당은 비인가로 운영될 수밖에 없었다. 그런 만큼 주위에 널리 알려질 수 없었으며, 더욱이 신문이나 잡지 등에 기사로서 게재되지 않았다. 교과목 구성에서 나타나듯이 야학운동 목적은 단순한 문맹퇴치 차원에 그치지 않았다. 야학은 생활 개선을 위한 매개체이자 주민 간 신뢰와 유대를 강화하는 매개체였다.[227] 이는 주민의 실력을 양성하기 위해 설립한 야학에 대한 그의 탁월한 인식으로 주목되는 부분이다.

1927년 20세에 저술한 《농민독본》 3권과 1929년 《기사년일기》 등은 그의 현실 인식을 보여주는 '결정체'임에 틀림없다. 농촌계몽운동을 추진하면서 잡지나 신문 등의 다양한 사례에서 얻은 지식과 인식이 고스란히 여기에 담겨 있었다. 그의 경험을 통한 이론과 현실 인식은 교재에 그대로 용해되었다고 해도 절대 과언이 아니다. 앞서 언급한 《조선농민》을 통해 윤봉길도 조선농민사의 소식을 접했다. 예산에서는 이미 1921년경에 회원 23명의 천도교청년회가 조직되어 활동하고 있었다. 이성환은 《조선농민》에 농민교육용 교재로 〈현대 농민독본〉을 3개월에 걸쳐 총 6개과로 연재했다. 그 내용을 바탕으로 문맹퇴치용 교재 편찬에 착수해 1927년 1월에 《농민독본》 상권을 발행했다. 상권 주요 내용은 문맹자를 대상으로 하는 우리글의 소리 내기, 글자 합하기, 글쓰기법 등이었다. 3월에는 중권도 발행하는 등 야학

교재로서 대단한 호응을 받았다.[228]

　윤봉길도 이를 바탕으로 야학 교재인《농민독본》을 저술했다. 내용 대부분은 이성환 글이나 조선농민사에서 간행한《농민독본》에서 발췌했다. 물론 단순한 전제나 인용이 아니라 자기가 처한 입장에서 이를 수용하는 경우로 한정했다. '농사는 천하의 대본'이라는 격언은 결코 옛말이 아니라 억만 년을 가더라도 변할 수 없는 '대진리'라고 언급했다.[229] 이는 철저한 자기 검증 과정을 거쳐 내면화하는 '자아 성찰'과 맞물려 있었다.《농민독본》에 주목하는 이유도 바로 여기에 있었다.

　전 3권 중 1권은 6·25전쟁 시기에 유실되었고, 2권《계몽편》과 3권《농민의 앞길》이 현재 남아 있다. 2권《계몽편》은 전체 8과로 구성되었다. 1과는 인사로서 새해·회갑·초상 등에 사용하는 인사법을 예시했다. 2과는 격언으로 정신의 확립, 진실의 정신, 근검·절약·근로 등과 관련된 열 두 가지를 언급했다. 3과는 병문안이나 문안 등과 관련된 간결한 편지 내용을 소개했다. 이처럼 윤봉길은 허례허식을 떠난 실질적인 교육에 중점을 두었다. 나머지는 4과 영웅의 야심, 5과 낙심 말라, 6과 백두산, 7과 조선지도, 8과 기경한 현대 등이었다. 7과 조선지도는 13개의 도를 13개의 집으로 비유하는 등 계몽교육의 효과를 극대화하는 데 노력을 기울였다.[230]《계몽편》의 궁극 목적은 세계 속의 당당한 조선인으로서 농민들의 기개와 의욕을 북돋우는 데 있었다.

3권《농민의 앞길》은 농민의 특성을 주장하는 동시에 독자적인 운명의 긍정성과 사명 등을 언급했다. 이 책은 모두 7과로 구성되었다. 여기에서 윤봉길은 농민교육에 대한 책임감과 높은 윤리의식을 보여준다. 그는《농민독본》의 〈농민과 노동자〉에서 노동에 신성한 의미를 부여했다.

나는 농부요 너는 노동자다.
우리는 똑같은 일하는 사람이다.
높지도 낮지도 아니하다.
나는 밭을 갈고 너는 쇠를 다룬다.
우리 세상이 잘되도록 쉬지 말고 일을 하자.
앞으로 앞으로 더욱 더욱 앞으로.[231]

이처럼 농민·노동자의 근면은 인류 역사 발전을 이룬 주요한 요소임을 강조했다. 이들 신분이 '높지도 낮지도 않다'는 표현은 새로운 평등사회인 민주주의를 지향하는 일 단면을 보여준다는 점에서 중요한 의미를 지닌다. '앞으로 앞으로 더욱 더욱 앞으로'는 농민·노동자 중심의 민족공동체 의식을 상징하는 대목이다. 곧 민족 장래는 이들에 달려 있다는 신뢰와 '민중관'을 그대로 보여준다.[232] 결국 신채호申采浩의 '민중에 의한, 민중 직접 혁명'과 같은 인식을 윤봉길에게서도 부분적이나마 엿볼 수 있다. 이는 〈양반과 농민〉에서 양반을 비판하는 문제로 진일보했다.

농민은 못난 사람이 아니다.
못난 사람은 농민이 아니다.
못난 사람이 아닌 농민이다.
농민은 양반이 아니다.
양반은 농민이 아니다.
농민은 양반이 아니다.
또 못난 사람도 아니다.[233]

그에게 농민은 절대 못난 존재가 아니었다. 오히려 인류 사회를 움
직이는 생산자·창조자로서 사회 개혁을 주도할 '신성한' 존재였다.
이는 과거 양반 중심의 우리 역사를 비판하는 가운데 농민을 새롭게
인식하는 안목에서 비롯되었다. 농민의 아들이자 농촌운동 선구자로
서 그의 진면목이 그대로 드러났다. '농민과 노동자는 밭 갈고 쇠 다
루는 똑같은 일을 하는 계층으로 우리 세상이 되도록 쉬지 말고 일하
자'는 농민·노동자의 지적·경제적 향상을 도모하자는 뜻이다. 평등
주의는 자유에 대한 근본 문제로 이어졌다.

인생은 자유의 세상을 찾는다 / 사람에게는 천부의 자유가 있다.
머리에 돌이 눌리우고 목에 쇠사슬이 걸리인

사람은 자유를 잃은 사람이다 / 자유의 세상은 우리가 찾는다

자유의 생각은 귀하다

나에 대한 생각 / 민중에 대한 생각

개인의 자유는 민중의 자유에서 나아진다.[234]

자유는 어느 누구도 부여하지 않는다. 하늘이 인간에게 부여한 특권일 뿐이다. 천부인권설에 입각한 그의 자유관은 민권 평등주의와 직결되는 인식 체계였다. '자유를 상실한 사람은 노예나 다름없는 존재다, 주체적인 삶은 자유를 향유하는 가운데 비롯된다'는 인식 전환과 맞물려 있었다. 이는 궁극적으로 개인이 누리는 만큼 '사회적인 책무'도 수반된다는 의미를 내포한다. 자유에 대한 강조와 갈망은 궁극적으로 식민지배의 부당성을 비판·고발하려는 의도와 무관하지 않았다.[235]

우리 민족은 일제의 압박으로 자유를 상실한 채 억압·고통받고 있었다. 그에게 자유를 되찾는 문제는 바로 조국 광복이었다. 이는 곧 농민·노동자를 중심으로 한 민중의 자유 회복에 달려 있었다. 그는 끊임없는 노력과 실천이 병행될 때 목적한 바를 달성할 수 있다는 낙관적인 희망을 걸었다. 그의 투철한 사명과 선진적인 현실 인식은 이를 통해 엿볼 수 있다. 암울한 식민지 현실도 그에게는 반드시 극복될 수 있는 하나의 장애물에 불과할 뿐이었다.

〈농민〉에서는 '농민의, 농민에 의한, 농민을 위한' 진정한 국가관을

제시하는 등 민중에 대한 깊은 신뢰감을 보여준다.

우리 조선은 농민의 나라입니다. 과거 4천여 년 동안의 역사를 돌아볼 때 어느 때에 비록 하루라도 농업을 아니하고 살아본 적이 없었습니다. … 조선에서 주인공인 농민은 이때까지 주인 대접을 못 받고 살아왔습니다. 그까짓 농군놈들 촌놈들이라고 학대하고 멸시함이 정말 혹독하였습니다. 따라서 조선의 주인공인 농민은 도리어 헐벗고 굶주리고 불쌍한 가난뱅이가 되었습니다. 주인이 못살면 다른 사람도 따라서 못 사는 법입니다. 우리 조선에서는 농민이 이처럼 가난하다는 것은 결국 전소조선이 못살게 되고야 마는 것입니다.[236]

이와 같은 인식은 농민·노동자 중심인 민중본위의 농촌계몽운동이 전개·발전되게 할 수 있었다. 척박한 식민지 현실에서도 절대 좌절하지 않았던 이유도 여기에서 일단을 찾아볼 수 있다. 가장 현실적인 문제에 대한 대안은 관념적·사상적인 것이 아닌 미래지향성과 실천성을 겸비하기에 이르렀다.[237] 윤봉길의 경험과 시세 변화에 부응한 현실 인식 심화는 이를 견인하는 요인이었다. 〈농민과 공동정신〉은 공동체적 삶을 지향하는 내면세계를 잘 보여준다.

독립정신이 조선을 살리는 원동력인 것과 같이 농민의 공동정신이 또한 조선을 살리는 긴요한 하나입니다. 독불장군이라는 말과 같이 한 사람의 힘으로는 아무렇게 해도 이기기 어려운 일을 여러 사람이 공동으로 하면 넉넉히 이기는 것입니다. 천 가지 만 가지로 낡고 물들고 더럽고 못 생긴 것을 무찔러 버리고 새롭고 순수하고 깨끗하고 아름다운 것으로 만들어 놓지 않으면 안 될 조선에서 또 더욱 남달리 가진 힘이 빈약한 조선의 농민으로서는 무엇보다도 경우와 이해를 같이하는 사람끼리 일치 공동의 필요를 느낍니다. … 우리는 '내 밭만이 잘 다스려서 농사가 잘 된다 하여 다른 사람의 밭은 거칠어지건 말건 그까짓 일은 상관할 것 없다'고 해서는 안 됩니다. 내 한 몸을 잘 살게 하기 위해서는 내 사는 농촌을 바로 잡아야 되고 내 사는 농촌을 바로잡기 위해서는 마을에 있는 같은 경우의 사람들의 단합이 아니고는 안 될 것이니 서로 미약하나마 있는 힘을 다해 끝끝내 나아가는 것 밖에는 없습니다.[238]

이렇듯 민족의식과 독립정신을 일깨우려는 열정에 가득 차 있었다. 조선을 살리는 긴요한 사업은 농민의 공동정신을 진작하는 데 있었다. 낡고 더럽고 못생긴 것을 새롭고 순수하고 깨끗하고 아름다운 것으로 만드는 일은 이해를 같이하는 사람들끼리 일치 공동이 필요함을 강조했다. 윤봉길은 공동체적 삶이 피폐한 농촌을 되살리는 원동력임을 간파하고 있었다.[239] 식민지배에 대한 반감이나 저항은 자주 독립 국가를 건설하려는 움직임으로 이어졌다. 5과 〈낙심 말라〉는 이러한 희망적인 메시지를 전해주는 내용이었다.

··· 우리 청년도 이와 같은 사람이 있을 줄로 생각한다. 나이 삼십도 못 된 젊은이들이 나 같은 것은 인제는 공부를 할 수 없다고 하는 이가 있고 또 는 무슨 사업을 하다가 실패를 한 번 하면 인제는 다 틀렸다고 너무 낙심 을 허여 죽는 이도 있다. 아! 우리 사회가 유망히 전개되기를 원한다면 우 리 청년들은 강개한 감정이 흐르는 동시에 건전한 이지적 조화가 있어야 할 것이다.[240]

이는 실패에서 교훈을 얻을 수 있듯이 실패를 참된 거울로 삼아야 한다는 입장이었다. 낙심은 개인의 불행은 물론 사회나 국가에 막대 한 피해를 입히는 절대로 경계해야 할 대상 중 하나였다. 미래에 대한 낙관적인 전망은 자기의 활동을 되돌아보는 요인임에 틀림없었다. 윤 봉길은 자기가 선택한 길을 향해 나아갔다. 농민과 더불어 사는 희망 찬 미래상을 구현하려는 이상향은 그가 꿈꾸는 세계였다.

윤봉길은 1926년 야학을 시작으로 본격적인 농촌계몽운동에 돌입 했다. 80퍼센트 이상인 문맹률은 민족해방운동 진전을 가로막는 커다 란 장애 요인이었다.[241] 시대 상황과 맞물려 실력양성론에 입각한 계 몽활동은 이를 최우선 과제로 추진할 수밖에 없었다. 윤봉길의 집 사 랑방에서 시작된 야학운동은 이러한 현실에서 비롯되었다. 문맹퇴치 는 민족해방운동 진전을 위해 가장 시급하게 해결해야 할 당면 과제 로서 인식되었다. 1929년 부흥원 설립기념 학예회 개최는 이와 무관 하지 않았다. 이솝 우화인 〈토끼와 여우〉는 일제 침략을 간접적으로 풍자·비판하기 위함이었다. 이를 간파한 일제 경찰은 윤봉길을 주재소로 호출하는 등 감시와 회유를 병행했다.[242]

1928년 10월 이태경의 집에서 월진회 조직을 위한 예비단계로 위친계를 조직했다. 취지는 상부상조를 통한 미풍양속 권장 등 주민들의 공동선 추구였다. 이는 단순한 친목 도모의 차원이 아니라 민족해방운동을 진전되게 할 세력 기반을 확대하는 데 있었다. 농촌의 봉건잔재를 청산하는 등 상호 융화, 상부상조를 통한 단결심 확보가 목적이었다. 윤봉길은 1929년 2월 22일부터 서기직을 맡는 등 활동 영역을 확대했다. 같은 해 4월 23일 동지 정종갑·윤순의·김홍기·이성래 등 38명과 더불어 월진회를 조직해 회장에 취임했다. 그가 《농민독본》에서 강조한 '우리 세상이 잘 되도록 쉬지 말고 일을 하자. 앞으로 앞으로, 더욱 더욱 앞으로!'를 실천하려는 의도에서 비롯되었다. 다만 일제의 감시·탄압을 피하고자 〈월진회 취지서〉는 이러한 목적을 표방하지 않았다. "… 우리는 자급자족에 힘을 써 나의 전도를 내가 이행하며 나의 운명을 내가 개척하지 아니하면 불가한 것은 삼척동자도 지실知悉하는 바이다"[243]라는 사실에서 알 수 있다. 〈월진회가〉·〈월진회금언〉 등도 그가 구상한 궁극적인 의도를 부분적이나마 보여준다.

가야산은 우리의 배경이 되고 / 온천은 우리의 무대장舞臺場이다.

두 팔 걷고 두 발 뻗고 출연하여서 / 어서 바삐 자작자급 실현해 보자.

암흑 동천 계명성啓明星이 돌아오나니 / 약육강식 잔인성을 내어버리고

상조상애相助相愛 넉자를 철안鐵案 삼아서 / 굳세게 단결하자 우리 월진회.[244]

월: 월지강月之光으로 일락지암日落之暗을 다시 밝힐 수 있다.

진: 진행곡에 발맞추어 한마음 한뜻으로 전진하자.

회: 회의 준분準分을 간폐肝肺에 굳세게 명각銘刻하자.

금: 금과 같이 당당한 만중萬衆의 숭배물이 되자.

언: 언약불수言約不守면 불신이요, 불신이면 비인非人이다.[245]

농민들의 상부상조와 자작자급은 주요 취지이자 목표였다. 이에 수반된 활동 목표는 ① 야학을 통한 문맹퇴치운동, ② 강연회를 통해 주민들의 애국사상·정치의식을 고취해 독립정신 고양, ③ 공동경작·공동식수를 통한 공동체적 삶의 구현, ④ 축산, 과수 재배 등을 통한 농가 경제력 향상, ⑤ 공동구매를 위한 소비조합운동의 일상화, ⑥ 위생생활과 체력 증진을 통한 건강한 생활 등이었다.[246]

윤봉길은 양육강식에 입각한 국제질서를 철저하게 배격했다. 식민지체제의 모순은 바로 여기에서 확대 재생산될 수밖에 없다고 인식했다. 지배-피지배의 국제 관계는 그에게 인류 평화를 근간부터 뒤흔드는 최대 공적이었다. 월진회는 이러한 모순을 극복하기 위한 방편이자 실천 대안 중 하나였다.[247] 그가 열성적으로 활동한 월진회는 무엇을 위해 조직됐을까. 월진회가 중점을 둔 사업을 통해 그가 추구한 의도를 어느 정도 엿볼 수 있지 않을까 생각한다.

첫째 부흥원을 창설해 야학운동을 지속적으로 추진하는 데 있었다. 성인은 물론 무산 학령아동의 문맹퇴치는 가장 현실적인 중요한 문제이자 최대 현안으로서 부각되었다. 교육열 고조에 따른 학령아동 구제는 긴급한 당면 과제 중 하나로서 부각되었다. 1920년대 각지에서 전개된 '공립보통학교승격운동'은 이러한 상황에서 비롯되었다. 윤봉길은 야학을 통해 가장 현실적인 해결책을 강구해 나갔다. 이는 교육운동사뿐만 아니라 아동복지라는 측면에서 중요한 의미를 지닌다.[248] 학령아동 구제나 문맹퇴치는 사회 구성원으로서 최소한의 자질을 담보하는 문제와 매우 밀접하게 연관되어 있었다. 문명사회 건설에서 가장 큰 공적은 바로 문맹이라고 인식되었다. 높은 문맹률은 식민지배에 무조건 굴종하거나 부화뇌동하는 '식민지형' 인간을 창출하고 있었다. 3·1운동 직후 풍미한 개조론은 이와 관련해 매우 중요한 의미를 지닌다.

둘째 영농기술 개발에 의한 농가 부업의 장려와 근검·저축이었다. 윤봉길은 과학적인 축산법을 연구하는 한편 회원들에게 양돈·양계 사업을 권장했다. 주민들에게 정기적으로 저축하게 한 것은 농가의 경제력을 향상하는 주요한 방편이었다. 특히 소비조합을 설립해 생활필수품을 공동구입한 것도 복리 증진과 더불어 농가의 경제력을 향상하려는 목적과 무관하지 않았다.[249] 근검과 절약의 생활화는 '농민다운' 삶에서 경제력이 절대적인 요소임을 간파해서 이루어진 것이라는 점에서 중요한 의미를 지닌다. 상부상조하는 공동체적 삶을 위한 농업소득 증대는 복지사회를 구현하려는 의도와 무관하지 않았다.[250] 경제력 향상으로 삶의 질을 높이려는 목적은 여기에 그대로 담겨 있었다.

셋째 산림녹화사업의 일환으로 과수 재배를 통한 농가소득 증대를 도모했다. 윤봉길은 동지들에게 목계천 주변에 각각 50주 이상 식수할 것을 권장하고 포플러 6000주와 밤나무 1000주를 야산에 식수했다. 야학생도 동참하게 하는 등 청소년에게 산림의 중요성을 일깨웠다.[251] 이는 공동체 활동을 통한 공동정신 함양과 사회의식 앙양에 중점을 두었다. 오늘날 자연환경보호운동을 이미 80년 전에 간파한 탁견은 여기에서 엿볼 수 있다.

넷째 독서회·학술토론회·학예회 등의 개최였다. 윤봉길은 회원들 교양 향상은 물론 주민의 정서 함양을 도모코자 노력했다. 나아가 황종진·정종갑·이태경·윤신득·이정룡 등 주요 회원을 중심으로 조직된 독서회에서 주 1회 회합해 시국 문제에 대한 의견을 교환했다. 회원 간의 시국관은 공동 목표를 지향하는 '매개체'로서 작용하는 계기였다. 월진회 창립 1주년 기념으로 개최한 소인극은 모순된 식민지 현실을 적나라하게 보여주었다.[252] 자주독립을 향한 항일 의지는 부지불식간에 전파되는 위력을 발휘했다. 〈월진회가〉 4절에서 농촌 부흥을 위한 첩경이 단결임을 강조했다. 교류에 의한 의견 교환은 다수의 행복을 위한 활동 방향을 결정하는 밑거름이나 마찬가지였다. 이는 상호 신뢰와 유대를 강화하는 기제로서 작용했다.

다섯째 보건위생운동을 전개하는 등 건강한 삶을 지향했다. 가정의 청결은 물론 마을 도로 청소도 정기적으로 시행했다. 월진회의 운동부인 수암체육회를 조직한 것과 동시에 마을에 운동장을 설치하는 등 청소년의 심신 단련에 노력을 아끼지 않았다.[253] 이는 상무정신 고취와도 무관하지 않았다. 윤봉길이 1930년 중국으로 망명한 후 의열투쟁에 투신할 수 있었던 요인 중 하나도 여기에서 찾아진다. 건강한 육체와 심신 단련은 조국 광복을 위해 살신성인하는 의연함을 유지하는 원천이었다. 홍커우공원의거 당시 긴장된 가운데 정확하게 목표를 향해 폭탄을 던질 수 있었던 기개는 여기에서 찾아진다.

동지들과 함께한 노력에도 농촌사회의 빈궁은 크게 개선되지 않았다. 일제의 탄압은 식민체제 모순의 심화와 더불어 가속되었다. 산미증식계획, 수리시설 개선 등에 따른 부담이 농민에게 고스란히 전가되는 등 파멸적인 상황으로 내몰렸다. 전형적인 농업국가에서 만성적인 식량 부족은 만주산이나 안남미 등의 식량 수입으로 해결하려는 국면이었다. '한 끼 흰쌀밥에 쇠고깃국이나 배불리 먹고 죽었으면 여한이 없겠다'는 표현은 절대 과장이 아닌 '절실한' 염원이었다.[254] 세계공황의 여파는 식민지 조선에서 계급 모순과 민족 모순을 심화했다. 농촌 경제의 파탄을 더욱 심각하게 인식한 윤봉길은 새로운 민족운동론을 모색하기에 이르렀다. 이는 해외로 망명해 적극적인 민족해방운동에 투신하게 한 배경이었다.

최용신과 샘골강습소를 이야기하다

최용신은 함남 덕원군 현면 두남리 64번지에서 1909년 8월 12일에 태어났다. 이곳은 명사십리와 해당화로 널리 알려진 유명한 휴양지였다. 최용신은 우리에게 《상록수》 주인공으로 너무나 잘 알려진 '채영신'의 모델이었다.[255] 부친은 창희로 본관은 경주였다. 선조들은 경주에서 대대로 세거하다가 11대조가 원산 섭섬으로 귀양을 간 것을 계기로 이곳에 정착했다. 형제는 언니, 큰오빠 시풍, 작은오빠 시항, 여동생 용경 등으로 3녀 2남 중 차녀였다.

두남리는 원산에서 10리쯤 떨어진 풍광이 아름다운 전형적인 농촌이었다. 일찍부터 기독교가 전래돼 교회·학교가 운영되는 등 이곳은 근대문물을 적극 수용했다. 인근에 우리나라 최초 근대교육기관인 원산학사가 설립된 것은 자생적인 개화운동으로서 의미를 지닌다. 또한 과수원으로 유명한 학농원學農園도 이곳에 터전을 잡았다. 이는 식민지 시기 개량된 과일을 생산하는 대규모 농장으로 발전을 거듭했다. 농학원은 평남 중화군 이화원梨花園과 함께 당대 조선을 대표하는 과수원이었다.[256] 과수 재배기술 향상은 소득 증대로 이어지는 등 주민들의 많은 관심을 받았다.

한편 개항에 따라 형성된 일본인 거류지도 주민들에게 근대문물에 대한 관심을 자극했다. 일본인들은 각종 근대 시설물을 조성·운영하는 등 민족적인 우월감을 드러냈다. 유치원·소학교·은행·회사 등은 근대 문물로서 위용을 유감없이 발휘했다. 이는 원산으로 일본인이 유입하게 하는 '촉매제'나 마찬가지였다. 원산항이 외형적이나마 비약적으로 '발전'한 것은 이러한 역사 배경에서 비롯되었다. 외래 문물에 대한 주민들 반응은 부러움과 질시, 배척과 수용 등 '이중' 입장이었다.[257]

시세 변화에 대한 인식과 더불어 집안 분위기도 크게 변화되었다. 근대문물을 수용하기 위한 최선책은 근대교육 시행으로 이어졌다. 조부와 부친도 사립학교를 설립하거나 교사로서 활동하는 등 교육·계몽운동에 종사했다. 이러한 분위기는 개항장 원산의 일반적인 추세였다. 다만 이곳은 도내 다른 지역보다 빠르게 변모하는 상황일 뿐이었다.

최용신은 어릴 때 마마(천연두)를 앓아 얼굴은 물론이요, 정강이에도 선명한 상흔傷痕이 남아 있었다. 동네 아이들은 그녀를 위로·동정하기는커녕 곧잘 놀리거나 면박을 주는 등 심하게 구박했다. 자연스럽게 최용신은 외톨이로 혼자 있는 시간을 즐겼다.[258] 어릴 때부터 그녀는 감내하기 힘든 고민과 아울러 깊은 사색에 빠졌다. 마을 교회가 운영하는 주일학교는 그녀의 유일한 위안처였고 기독교에 더욱 관심을 갖게 만들었다. 주위 놀림에서 벗어난 신앙생활은 커다란 위안과 평온함을 동시에 안겨주었다. 신앙생활과 봉사활동에 투신할 수 있었던 바탕은 이때부터 이미 형성되고 있었다.

8세인 1916년에는 마을에 있는 사립학교에 입학했다. 2년간 이곳을 다니던 중 부모님은 최용신이 1918년 원산의 루씨여자보통학교로 전학하게 했다. 이 학교는 진성여학교와 더불어 원산 일대를 대표하는 여자교육기관이었다. 3·1운동 당시 여학생들도 동참해 민족 모순 해결에 일익을 담당했다. 식민지교육에 대한 루씨여자고등보통학교 학생들의 저항은 이후 지속적으로 전개되었다. 광주학생운동에 동조한 동맹휴학은 이러한 루씨여자고등보통학교 학생들의 항일의식을 잘 보여준다.[259] 모순된 현실을 타파하려는 인식은 학생들이 사회운동에 적극적으로 관심을 갖게 하는 요인이었다.

학창시절은 그리 순탄하고 즐거운 나날만 있었던 것이 절대 아니었다. 최용신은 악조건에서 항상 여유와 미덕을 쌓으려는 노력을 게을리하지 않았다. 재학 중 남을 위해 희생하고 봉사하는 생활 자세는 교외 활동을 통해 스스로 터득했다. 독실한 신앙생활은 자신의 전 생애를 지탱하는 버팀목이었다. 이는 일상사에서 그녀에게 가장 중요한 일과였다. 새벽 기도는 자신의 존재를 인식하게 한 점에서 중요한 의미를 지닌다.

박현숙·박재열 등과 함께 루씨여자고등보통학교를 우등으로 졸업한 최용신은 교목인 전희균田義均의 권유로 서울에 있는 협성여자신학교로 진학했다.[260] 입학한 이듬해 이 신학교는 남녀공학으로 변경되었다. 남학생 15명과 여학생 5명은 동료로서 학업과 신앙생활에 몰두했다. 특히 지도교수인 황에스터(일명 황애덕)는 학생들에게 농촌계몽운동의 중요성과 실천을 강조한 인물이었다. 황에스터는 학문적인 이론을 강조한 것은 물론이고 현장에서 직접 체험할 것을 적극 권장했다. 기독교 복음화를 실천할 인물 양성은 학교의 교육방침이었다. 이는 한국YWCAYoung Women's Christian Association 활동과 부합하는 가장 실천적인 현안 중 하나였다.[261]

최용신은 1929년 여름방학을 이용해 황해도 수안군 천곡면 용현리로 첫 봉사활동에 나섰다. 동료인 김노득金路得 등과 함께한 현장실습은 주민들에게 좋은 반응을 얻었다. 1931년에는 강원도 통천군 옥마동에서 실습 겸 계몽활동을 병행했다. 현지 활동은 그녀에게 많은 갈등과 자책감을 초래했다. 가난과 무지가 만연한 피폐한 생활상은 그녀가 신학 공부에만 매달릴 수 없게 만들었다. 최용신은 거금 100원에 달하는 풍금을 기증했다. 그럼에도 그곳에 대한 애정과 아쉬움은 시간이 지날수록 간절해졌다.[262] 더욱이 최용신은 학교 운영을 둘러싸고 교장과 대립했다. 독실한 신앙인으로서 학업을 중단한 것은 이러한 연유와 전혀 무관하지 않았다. 이는 기독교를 복음화하기 위해 농촌계몽가로서 첫발을 내딛게 한 요인이었다.

최용신은 1931년 10월 10일 경기도 화성군 반월면 천곡(일명 샘골)에 한국YWCA '농촌지도원'으로서 파견되었다. 1934년 봄까지 2년 6개월 동안과 1934년 9월부터 이듬해 1월 중순 사망하기 직전까지 본격적인 활동을 전개했다.[263] 종래 운영되던 교회 부속 야학인 천곡강습소 인가와 교사 신축은 첫 번째 과업이었다. 아동은 물론 청년·부녀자 등의 문맹퇴치는 최우선적으로 추진되었다. 이는 문맹퇴치 차원을 넘어서 분위기를 일신하기 위한 '기초 작업'이었다. 생활 개선, 농가 부업 장려를 위해 부녀회·청년회를 조직하는 등 부단한 노력도 기울였다. 1932년 7월 21에는 서울에서 개최된 한국YWCA 정기대회에 참석해 현지 상황과 현장 경험 등을 가감 없이 보고했다.[264] 참석자들은 최용신의 헌신적인 활동에 성원을 아끼지 않았다. 이

〈그림 23〉 1929년 협성여자신학교 시절 최용신(앞줄 오른쪽)(최용신기념관 소장)

로써 그녀는 중장기적인 농촌계몽운동을 설계하게 되었다.

다양한 경험을 통해 장기 계획의 농촌계몽운동이 필요함을 더욱 절감했다. "이만큼 자리 잡은 샘골을 위해 지금부터 새로운 농촌운동의 전개가 필요하다. 그러나 나의 좁은 문견으로는 도저히 능력이 부족하다. 만일 이대로만 간다면 곧 침체되어 이 모양조차 유지해가기가 곤란할 것이다. 이곳을 이 땅의 농촌운동의 한 도화선으로 만들자면 새로운 지식과 구상이 필요하다"[265]라는 생각은 그녀를 압박했다. 이는 보람·만족감이 아니라 불안감·자책감 등으로 성큼 다가왔다.

1934년 새로운 지식과 학문을 충족하기 위해 떠난 일본 유학은 현장에서 느낀 생각을 실천하는 문제와 직결되었다.

3월 도일과 동시에 최용신은 고베神戶여자신학교 사회사업학과에 청강생으로 입학할 수 있었다. 새로운 환경은 향학열로 이어져 지적 호기심을 자극했다. 유학 중 교내 잡지에 투고한 기고문은 미래에 대한 희망찬 계획으로 가득 차 있었다.[266] 장래 목적은 기독교 신앙인으로서 부녀자·어린이·농민 등 사회 약자를 보호하고자 함이었다. 큰오빠 시풍과 동경 용경과의 재회는 기쁨을 배가했다. 또한 약혼자 김학준과의 만남은 상호 믿음과 애정을 확신하는 좋은 기회였다. 호사다마라고나 할까 아니면 운명의 장난이라고 할까. 학업에 정진하던 중 그녀는 별안간 각기병에 걸리고 말았다. 그녀는 염원하던 학업을 중단한 채로 귀국할 수밖에 없었다.

6개월 만인 9월 귀국한 즉시 그녀는 샘골로 되돌아왔다. 스스로 지탱하기조차 힘든 병든 몸임에도 이전보다 더욱 정진하는 자세로 일관했다. 그런데 한국YWCA가 샘골학원 보조금의 지원을 중단해 최용신은 경제적인 부담까지 떠안았다. 1934년 10월에는《여론》에〈농촌의 하소연〉이라는 글로 샘골을 살리기 위해 각계의 지원을 호소했다.[267] 최용신의 의지와 달리 사회 반응은 매우 냉담할 뿐이었다. 피로와 정신적인 고통이 누적돼 마침내 이듬해 1월에는 수원도립병원에 입원하고 말았다. 주민들과 학생들의 애절한 기도와 정성에도 아랑곳없이 다시 일어날 수 없었다. 1935년 1월 23일 새벽에 제자와 주민들

이 지켜보는 가운데 영원한 안식처를 찾아 떠났다.[268]

한편 학창시절은 최용신의 신앙심을 더욱 돈독하게 만들었다. 신앙 생활은 그녀 삶의 전부라 해도 과언이 아니었다. 항상 일과는 새벽 기도에서 시작되었다. 후배 전진의 회고담은 이를 분명하게 보여준다. "용신 언니는 남의 앞에서 내가 독실한 예수교 신자다 하는 태도를 보이지 않는 성미였어요. 그러므로 그가 참으로 기독교의 가르치는 정신 그대로 살아보겠다는 사람인 것을 알지 못하고 그저 열심인 사람인 줄로만 알기 쉬워요. 그는 세상 사람들이 겉으로 보는 것보다 훨씬 높고 깊은 견실한 신앙을 가진 사람이에요. 저는 용신 언니를 몹시 따랐고 또 그 분도 저를 참 사랑해 주었어요. 용신 언니가 루씨여자고등보통학교에 재학하고 있을 때에도 날마다 이른 새벽에는 열심스러운 기도를 계속했고, 협성여자신학교에 가서도 이 새벽 기도의 생활은 더욱 열심히 힘 있게 계속된 것"[269]을 알고 있어요.

최용신이 남긴 수기 중 1929년 4월 2일 〈새벽 종소리에 따라 올리는 기도에서〉는 신앙인으로서 진면목을 보여준다. 기도는 일과 중 가장 중요한 부분이었다.

전능하신 여호와의 능력이 아니면
어찌 이 아름다운 새벽이 있으며
하나님의 은혜가 아닌들
어찌 나로 하여금 이 기쁨의 동산을 보게 하였으리요.

...

거룩하신 주여,

이 몸을 주를 위하여 바치나이다.

여호와여, 이 몸은 남을 위하여 형제를 위하여 일하겠나이다.

여호와여, 살아도 주를 위하여 살고

일하여도 의를 위하여 일하옵고

죽어도 다른 사람을 위하여 죽게 하소서

여호와여, 이 몸을 주께 바치오니

이 아침 공기가 신선하고 깨끗함 같이

내 마음을 새롭게 하소서.

오, 주여, 오늘 하루를 기쁘게 하여 주소서.[270]

일과를 새벽 기도와 더불어 시작하는 등 목회자와 같은 금욕적인 생활로 충만했다. 하느님에 대한 찬양과 동경은 최용신을 지탱하고 이끌어가는 '디딤돌'이었다. 피로하거나 무료할 때도 언제나 찬송가를 애창하는 등 신앙생활이 병행되었다. 곧 신앙생활과 일상사는 동전의 양면과 같았다. '살아도 주를 위하여 살고, 이 몸을 주께 바치오니'라는 자기고백은 이를 증명한다.

하느님과 함께하는 시간은 스스로 존재 의미를 되새기는 요인이었다. 이타적인 삶에 대한 확신은 역동적인 사회활동으로 이어졌다. '이 몸은 남을 위해 형제를 위해 일하겠나이다'는 새로운 시작과 함께 스스로 각오를 다짐한 참회나 다름없었다. 일상사에 대한 반성과 고백 등은 적극적인 봉사활동을 견지하는 밑바탕이었다.[271] '일해도 의를 위해 일하옵고, 죽어도 다른 사람을 위해 죽게 하소서'라는 다짐은 독실한 신앙인의 면모를 유감없이 보여준다.

나아가 질곡으로 점철된 여성해방을 위한 기반도 구축했다. 자아의 각성을 통해 여성해방을 위한 진정한 여성활동가로서 면모도 찾을 수 있다. 부녀회·저축계 조직과 계몽활동 등은 최용신의 원대한 이상을 실현하는 가장 초보적인 과정이었다. 그녀의 참된 생애와 의미는 타인을 위한 무조건적인 자기희생에 있었다. 이는 신앙인 차원을 넘어 타인에게 용기와 희망을 안겨주는 신선한 '청량제이자 생명수'와 같았다.

최용신은 루씨여자고등보통학교 시절부터 농촌문제에 남다른 관심을 보였다. 부친과 오빠의 적극적인 사회활동으로 최용신은 자연스럽게 현실 문제에 관심을 가졌다. 두호구락부 주최 유학생토론회 참가는 실천에 앞선 자기검증 과정이었다. 두호구락부는 현면 청년들을 중심으로 1923년 12월 8일에 조직된 계몽단체였다.[272] 임원진은 위원장 김문연, 서무부 최종희·김우연·최시성, 체육부 최시항, 문예부 최시준 등이었다. 체육부 임원인 최시항은 작은오빠로서 단체의 중심인물 중 하나였다.

두호구락부는 덕원 일대 유학생을 대상으로 하계방학을 이용해 토론회를 개최했다. 연제는 〈현대 문화 향상에는 설舌이냐? 전錢이냐?〉

였다. 가편은 이해성·김학준·김영은·박경옥, 최용신은 최만희·김충신·최직순 등과 부편에 편성되었다.[273] 현안에 대한 좀 더 합리적인 방안은 이를 통해 모색할 수 있었다. 김학준과의 만남은 미래에 대한 꿈을 키우는 희망찬 학창시절로 이어졌다. 원대한 이상은 루씨여자고등보통학교 시절에 이미 준비되고 있었다.

최직순은 고모로서 이후 한국YWCA에서 같이 활동하며 최용신의 사회활동을 이끌어준 인물 중 하나였다. 최직순은 이화여자고등보통학교 교사로서 학생맹휴·독서회를 지도했고 아울러 조선공산당재건운동에 참여하는 등 사회운동에 매우 적극적이었다. 김학준은 같은 마을에 사는 후배이자 동료로서 절친한 관계였다. 그는 최용신의 농촌계몽활동을 절대적으로 지지하는 동지에서 약혼자로서 발전한 인물이었다. 김학준과의 이성적인 만남은 수많은 대화를 통해 일생을 함께하는 반려자 관계로 진전되는 등 깊은 신뢰감을 쌓았다. 약혼 이후 일본과 샘골이라는 공간적인 간격도 이들은 절대 멀리 느껴지지 않았다.[274] 믿음은 국경을 초월해 자기 존재를 확인하는 계기나 다름없었다.

루씨여자고등보통학교를 졸업할 무렵에는 농민과 더불어 일생을 헌신하려는 확고한 신념으로 충만했다. 1928년 3월 농촌계몽운동에 대한 포부는 이를 분명하게 보여준다.

… 이제 우리는 교문을 떠나 사회에 발을 들어 놓게 되었다. 과연 우리의

전도는 평탄하다고는 도저히 믿을 수 없다. 그는 즉 이 사회에 부족함이 잇고 없는 것이 많은 까닭이다. 그럼으로 이 사회는 무엇을 요구하며 누구를 찾는가? 그는 무엇보다도 누구보다도 신교육을 밧고 나아오는 신인물을 요구한다. 그중에서도 더욱이 현대 중등교육을 밧고 나아가는 여성들을 가장 요구하는 걸 안다. 그는 여성이 남성보다 출중하여 그런 것이 아니라 조선의 재래를 보면 남성들의 다소 노력과 활동이 있었으나 그 노력과 활동으로써 그만한 성과를 어찌 못하였다. 그는 남성의 노력이 부족하며 활동이 적은 까닭이 아니다. 원래 사회의 조직은 남녀양성으로 된 것이다. 재래로 우리 조선여성이 반만년동안 암흑 중에 묻히어 사회에 대세는 고사하고 자기 개성조차 망각하고 말았다. 그럼으로 남녀양성을 표준한 이 사회에서 남성 편중에 활동과 노력할 뿐만으로써는 원만한 발전을 밧을 수 없을 것이다. 여기에서 우리 교육을 받은 여성이 자각하고 책임의 분을 지고 분투한다고 하면 비로소 완전한 사회를 건설할 줄로 믿는다.

이 의미에서 중등에 교육을 마친 우리는 자기의 이상 하는 바에 의하여 자기 힘자라는 데까지 노력하지 아니하면 안 될 것이다.

이제 그 활동의 첫걸음은 무엇보다 농촌여성의 지도라고 생각한다. 나는 농촌에서 자라난 고로 현실농촌에 상태를 잘 안다. 그럼으로써 내가 절실히 느끼는 바는 농촌의 발전도 여성의 구경究竟함에 있을 줄 안다. 참으로 현대교육 받은 여성으로서 북덕이 싸인 농촌을 위하여 헌신하는 이가 드문 것은 사실인 동시에 유감이다. 문화에 눈이 어두운 구여성만 모인 농촌에 암흑에서 진보되지 못한다 하면 이 사회는 언제든지 완전한 발전을 이루지 못한 것이다.

이 농촌여성의 향상은 중등교육을 받은 우리의 책임으로 알아야 할 것이다. 그러면 중등교육을 밧고 나아가는 우리로 화려한 도시의 생활만 동경하고 안락한 처지만 꿈꾸겠는가? 그렇지 않으면 농촌으로 돌아가 문맹퇴치에 노력하려는가?

거듭 말하나니 우리 농촌으로 달려가자! 손을 잡고 달려가자![275]

최용신은 여성도 남성과 같이 사회 개혁·운동 등에 적극적으로 동참할 것을 호소했다. 더욱이 중등교육 이상을 받은 신여성이야말로 가정에 안주하지 말고 농촌에 뛰어들어 문맹퇴치와 생활 개선을 주도하자고 외쳤다. 문명 생활과 화려한 도시 생활에 안주하는 신여성에 대한 비판은 객관적인 현실 인식에서 비롯되었다. 여성 문제는 여성들의 자발적인 노력과 활동으로 해결해야 할 과제였다. '현실 순응'에 가까운 자아 상실은 자각한 '현대여성'으로서 당대를 기만하는 행위일 뿐이었다. 이처럼 식민지 현실은 그녀에게 모순에 가득 찬 상황으로 인식되고 있었다.

문맹자 없는 농촌, 상호 신뢰와 협력을 바탕으로 잘 사는 농촌의 건설은 궁극적인 이상이었다. 이는 신학교 시절 두 차례 농촌봉사활동을 통해 더욱 절감했다. 시대에 순응하는 현실 안주는 죄악이나 다름없었다. 어쩌면 신학공부는 자기합리화를 위한 변명으로 다가왔는지도 모른다. 그녀는 신학자로서 최고 교육기관인 신학교 학업을 중단한 채 1931년 10월 10일 샘골마을로 달려갔다. 기형적인 농촌문제는 자신이 해결해야 할 중차대한 현안이자 '자기 소명'이었기 때문이다. 이는 단순한 농촌봉사나 농민계몽 차원과 달리하는 문제였다. 자신의 존재 가치와 가치관 실현을 여기에서 찾았다.

신앙생활은 조선남녀학생기독교청년회 하령회 준비 및 회장협의회 개최를 위한 회의 참가로 이어지는 등 독실한 기독교인으로서 거듭나고 있었다. 그녀는 협성여자신학교 대표로서 이 회합에 참가했다. 회의는 1929년 3월 23부터 25일까지 3일간 고양군 숭인면 민영찬·구장회 별장에서 개최되었다. 참석자는 사회적 명성이 자자한 윤치호·신흥우·김활란·장이욱·최현배·조만식·최직순 등 39명에 달했다. 주요 의제는 조선기독교청년학생회의 활성화 방안이었다. 연설 제목은 〈조선기독교의 진로〉·〈기독교와 농민〉·〈조선기독교청년학생의 태도와 사명〉·〈조선기독교학생의 운동과 신앙과 사업〉 등이었다. 최용신은 회의 참석자와 〈학생청년회사업방〉 7개조를 의결했다.[276] 특히 학교와 농촌에서의 봉사활동은 주요 의제로서 향후 구체적인 행동방침까지 채택하기에 이르렀다. 이는 기독교 여성지도자로서 최용신의 위상을 유감없이 보여준다.

한국YWCA 농촌사업의 주요 내용은 농민보건·농민협동·농민교육·농촌부업 등이었다. 주된 활동은 아동과 부녀자 교육에 집중되었다. 협성여자신학교와 이화여자전문학교, 한국YWCA가 실시한 무산아동과 농촌아동·부녀에 대한 교육이 대표적인 경우다. 기독교 복음화와 아울러 점진적인 개혁은 농촌계몽에 대한 인식에서 비롯되었다. 다만 피폐한 농촌을 외면하는 것은 자기를 기만하는 '죄악'이나 다름없었다.[277] 이타적인 삶을 통한 실천력은 최용신에게 너무나 중요한 문제로서 다가왔다. 최용신은 현지 주민들과 합일화된 생활을 꿈꾸었다.

〈그림 24〉 염석주(최용신기념관 소장)

현지 사정은 그녀 생각과 달리 너무나 고통스러웠다. 미래에 대한 희망을 상실한 분위기는 냉랭함을 넘어 황량함 그 자체였다. 여성에 대한 인습이 잔존한 현지인은 그녀를 별로 달가워하지 않았다. 신간회 수원지회장을 역임한 염석주廉錫柱마저 최용신과 첫 만남을 다음과 같이 회고했다.

어떤 날 얼굴이 박박 얽은 신여성 하나이 교회직원 몇과 찾아와서 자기는 지금 샘골에 와있으면서 이 지방 농촌을 위하여 진력하고자 하니 후원해 주기를 바란다고 하는데 오랫동안 사회에서 많은 풍파를 겪어 쓴 것 단 것 다 맛보고 이런 사람 저런 사람에게 모두 실망한 때이라. 그 차림과 체격이 너무 빈약해 보여 어련 무던이 대답은 해 보냈으나 속마음으로는 '날고 기는 놈들도 농촌에서 실적을 못 내는데 네가 무엇을 한다고' 하는 차디찬 경멸을 던져노라.[278]

주민들 반응도 매우 냉소적·비관적이었다. 위생 생활, 생활 개선 등에 대한 반응은 "제기! 파리 안 잡아도 파리에 물려죽은 놈은 하나도 없었다네. 책상물림의 젊은 처녀가 무엇을 안다고 이러니 저러는가"[279]라는 핀잔을 주기 다반사였다. 이에 아랑곳없이 그녀는 부임 초기부터 샘골예배당 부설 샘골강습소의 확대·개편에 착수했다. 동네 유지들과 상의해 신청한 강습소 인가는 1932년 5월에 받았다. 강습생은 점점 늘어나 110여 명에 달하는 등 초만원을 이루었다. 오전·오후·야간반 등으로 분반해도 지원자를 수용할 수 없는 지경에 이르렀다. 교실에 들어오지 못한 청소년들은 집으로 돌아가지 않고 예배당 이곳저곳을 기웃거렸다. 이는 '영원한 상록수'로서 최용신이 부각되는 요인이었다.[280] 일제 경찰의 철통같은 감시에도 절대 흔들리지 않는 우뚝 선 '불사조' 같은 존재로서 각인은 여기에서 비롯되었다.

강습소 증축 계획은 8월 한가위를 맞아 학부형위로회(일명 추석놀이) 개최로 이어졌다. 학생들은 그동안 갈고 닦은 실력을 유감없이 발휘했다. 예배당 마당에 모인 주민들은 독창·합창·춤·연극·연설이 끝날 때마다 아낌없는 갈채를 보냈다. 최용신 연설에 호응해 즉석에서 천곡학원건축발기회도 조직되었다. 홍수득·안종팔·강치형·황종연과 샘골부인저축계원, 일부 학부형 등이 주요 발기인이었다.[281] 마을 부인들은 그동안 저축한 300원 전액을 헌금할 의사를 밝혔다. 최용신은 이 중 150원만 기부금으로 받기를 결정했다. 이는 발기인들이 모금활동에 더욱 분발하는 분위기로 확산되었다. 운동회는 지역 주민을 총동원한 마을 축제로서 성대하게 개최되었다. 시세 변화에 부응한 새로운 민중문화는 이를 통해 창출될 수 있었다. 주민 간 신뢰는 미래의 원대한 이상을 실현하는 주요한 밑거름이었다.

강습소 증축 공사는 발기회 조직 5일 후에 착수했다. 장소는 샘골 뒷동산 솔밭으로 소유주 박용덕의 1052평 기증으로 이루어졌다. 남녀노소를 가리지 않은 자발적인 교사 증축 참여로 공사 일정이 단축되는 등 교사 증축이 급진전되었다. 한 달 만인 10월 27일 정초식과 이듬해 1월 15일 낙성식 거행은 이를 증명한다. 낙성식은 기념사, 건축비 사용 경과 보고, 학동들의 학예회 등 다양한 축하 행사로 이어졌다.[282] 주민들은 최용신의 헌신적인 활동에 찬사를 보내는 한편 존경심을 표했다. 단결심과 화목한 인간관계는 이러한 과업을 실행하는 원천적인 힘이었다. 이제 주민들은 무엇이든 할 수 있다는 자신감이 충만해지는 등 적극적인 생활 자세를 견지했다. 샘골강습소는 현지인에게 단순한 교육기관 차원을 넘어 주민들 염원을 담은 '상징'이나 다름없었다.

농가 부업 증대 방안은 학교 주변에 뽕나무 심기와 누에치기 권장으로 이어졌다. 감나무 등 각종 유실수도 마을 주민에게 골고루 나누어주었다. 여기에서 나오는 수입 중 일부는 강습소 유지비나 농기구 구입 자금으로 쓰였다. 부녀회를 중심으로 위생 생활, 환경 개선, 저축 장려 등의 강연회도 계획대로 실천에 옮겨졌다. 다양한 계몽활동은 부인들이 사회적인 존재로서 자기의 가치를 인식하는 요인이었다. 이는 적극적인 사회활동 유도로 이어지는 등 새로운 변화를 초래했다. 최용신은 학용품과 교재 등을 지원하기 위해 힘든 노동을 마다하지 않았다.

오전·오후반 수업과 야학·가정순회 등도 더욱 계획적·지속적으로 추진했다. 그 와중에 10여 리 떨어진 야목리로 가서 윤흥림과 함께 농촌부흥운동 활성화 방안에 관한 간담회도 정기적으로 열었다. 이는 보통사람이면 전혀 감내할 수 없는 어려운 일이었다. 독실한 신앙심과 주민들에 대한 무한한 애정·신뢰 등이 여러 난관을 극복하게 하는 정신적인 지주였다.[283] 그녀는 난관에 부딪힐수록 더욱 정진하는 등 주위 사람들의 존경을 한 몸에 받았다.

최용신 의지와 달리 육신은 점차 병들고 피로가 중첩되었다. 과중한 업무에 따른 피로는 중병으로 이어지는 등 불운이 그녀에게 다가오고 있었다. 악조건에도 전혀 개의치 않는 가운데 오직 자기의 열정을 불태울 뿐이었다. 운명하는 마지막 순간에도 자기의 소망과 인간으로서 미안함을 유언으로 남겼다.

① 나는 갈지라도 사랑하는 천곡강습소를 영원히 경영해 주십시오.

② 김 군과 약혼한 후 십년 되는 금년 사월부터 민족을 위해 사업을 같이 하기로 했는데 사라나지 못하고 죽으면 어찌하나.

③ 샘골 여러 형제를 두고 어찌가나.

④ 애처로운 우리 학생들의 전로를 어찌하나 애처로운 우리 학생들의 전

로를 어찌하나.

⑤ 어머님을 두고 가매 몹시 죄송하다.

⑥ 내가 위독하다고 각처에 전보하지 마라.

⑦ 유골을 천곡강습소 부근에 묻어주오.[284]

그녀는 생을 마감하는 직전까지 샘골마을에 대한 희망을 잃지 않았다. 조선사회의 '이상적'인 농촌으로 거듭나는 것이 궁극적인 소망이었다. 영원한 천곡강습소 운영에 대한 부탁은 농촌계몽운동의 불씨를 더욱 살리는 의도였다. 이는 물질적인 풍요와 더불어 정신적인 안락을 추구하는 문제와 직결되었다. 현지인 자력으로 이룩된 자신감을 충만하게 한 '결정체'는 바로 천곡강습소였다.[285] '미안함'으로 가득찬 제자들에게 무한한 애정을 표현함으로써 이를 증명한다. 그녀는 죽음 앞에서 이들과 함께하지 못하는 현실을 자책했다.

약혼자와 함께 참다운 농촌계몽운동을 하지 못함에 대한 아쉬움에서 진한 인간적인 정감을 물씬 느끼게 한다. 10년 전 굳은 언약은 실행 직전에 중단될 수밖에 없었다.[286] 이는 약혼자에 대한 진정한 배려

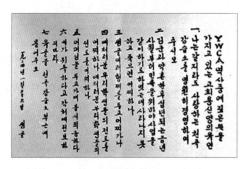

〈그림 25〉 최용신 유언(독립기념관 소장)

이자 미안함에 대한 자기 독백인지도 모른다. 또한 '어머님을 두고 가매 몹시 죄송하다'는 못난 자식으로서 회한에 가득 찬 고백이다. 너무나 인간적이고 우리가 공감하는 최용신의 참모습이 바로 여기에 있다. 남을 위한 삶의 위대함은 그녀가 우리에게 무언가를 일깨우려 한 강력한 메시지로서 다가온다. 마지막 소망은 천곡강습소의 영원한 '수호신'으로 부활이었다. 유언으로 남긴 묘지 위치는 이러한 염원을 부분적이나마 보여준다. 청빈에서 열정적으로 살다간 생애는 주민들에게 참다운 삶을 인도하는 '등대'였다.

1920년대 민족해방운동은 활동 영역 확대로 질적인 변화를 초래했다. 사회주의이념 수용은 부문별 민족운동이 진전하게 했다. 노동운동·농민운동 분화는 당시 변화 상황을 여과 없이 보여준다. 이러한 가운데 종교단체·언론사를 중심으로 한 농촌계몽운동도 본격 추진되었다. 기독교 농촌운동이나 천도교 조선농민사 활동이 대표적인 경우다. 특히 기독교는 각 교파별로 다양한 입장에서 농촌계몽운동을 추진했다. 주체는 한국YMCA·한국YWCA·장로교회·감리교회 농촌부와 농촌사업협동위원회 등이었다.[287] 사업순서는 문맹퇴치 → 단체 조직 → 농사 개량 → 지도자 양성 등으로 수립되었다.

샘골강습소는 장명덕 전도사가 1929년에 설립했다. 1931년 당시에는 수원구역 전도사 룰라 밀러Lula. A. Miller가 운영하고 있었다. 다른 지역 전도 책임을 맡은 밀러는 황에스터 교수를 통해 인수·운영 등을 의뢰했다. 황에스터의 추천으로 최용신은 농촌지도사로서 이곳으로 파견되었다. 그런 만큼 농촌계몽운동은 샘골교회를 중심으로 추진될 수밖에 없었다. 이는 복음 전파를 위한 선교사업과 맞물려 진행되었다. 다만 현지 사정 등을 감안해 순회강연회·전도회 등도 빈번하게 실시했다. 최용신이 열정적으로 추진한 농촌계몽운동 특징은 다음과 같이 정리할 수 있다.

첫째 더불어 사는 공동체적인 삶이었다. 이상적인 농촌 건설은 신뢰를 기본으로 주민 간 존재 가치를 존중하는 문제로 귀결되었다. 남녀차별 철폐, 빈부를 초월한 인간관계 재정립 등은 실생활에서 시행된 대표적인 경우이다. 강습소 신축을 위한 자발적인 참여 유도는 이를 실천하는 현장이었다. 공동경작으로 기금을 마련하는 것 등도 이러한 의도에서 비롯되었다.[288] 미래에 대한 확신은 대단한 단결력과 응집력을 발휘하는 기반이었다.

둘째 삶의 질을 풍요롭게 하는 정신적인 여유를 모색했다. 최용신에게 생활 안정을 위한 물질적인 풍요도 매우 중요한 문제였다. 농가 부업 장려, 생활환경 개선, 근검절약하는 분위기 조성 등은 이와 무관하지 않았다. 문맹퇴치도 이를 실현하기 위한 방편 중 하나였다. 부인회·청년회 조직은 새로운 시세 변화에 부응한 삶의 본질을 개선하기 위함이었다.[289] 남에 대한 배려나 이해는 상호 신뢰를 회복하기 위함이었다. 이는 이타적인 삶을 풍롭게 하는 밑바탕이나 다름없었다.

셋째 남녀평등권 실현이었다. 남성 위주의 기존 질서에 대한 비판은 이러한 인식에서 비롯되었다. 남녀 양성에 대한 긍정적인 평가는 이를 증명한다. 남성이나 여성의 일방적인 교화는 사회 통합을 방해하는 장애물로서 인식될 뿐이었다. 남녀 공존과 협력에 따른 농촌계몽운동만이 이러한 과업을 달성할 수 있다고 자신했다.[290] 최용신은 자기 능력을 십분 발휘함으로써 기대 이상의 성과를 거두었다. 실천력을 겸비한 여성운동가로서 위상을 바로 여기에서 엿볼 수 있다.

반면 시대 상황과 관련한 한계도 지적하지 않을 수 없다. 이는 개인적인 정세 판단이나 현실 인식의 한계에 따른 시대적인 제약일 수 있다. 최용신은 한국YWCA나 수원농림학교 상록수 회원 등과 교류했다. 1934년 한국YWCA는 샘골강습소에 대한 지원을 일방적으로 중단했다. 대응책은 잡지 등을 통해 여론에 소극적으로 호소하는 것에 그치고 말았다. 이는 현실을 제대로 간파하지 못한 낙관적인 입장을 부분적이나마 보여준다. 식민정책 강화와 더불어 농촌계몽운동은 식민체제로 포섭되고 있었다. 합법적인 영역에서 활동은 점차 불가능한 상황이었다.

현지 사회단체·청년단체 등과 연대 모색은 이러한 난관을 타개할 수 있는 기본 요인이었다. 그런데 교류나 연대를 모색한 흔적은 거의 찾아볼 수 없다. 초기에 신간회 수원지회 염석주에게 지원과 후원을 요청한 경우가 유일하다. 원인은 여성에 대한 편견·인습, 현지에서 사회운동의 전반적인 부진 등 여러 요인에서 찾을 수 있다. 더욱이 고립된 활동은 활동 영역을 축소하는 결과로 이어지고 말았다.

한편 기독교 사회운동 일환으로 시작된 활동도 현지인의 호응을 받는 가운데 새로운 차원으로 전개되었다. 최용신은 문맹퇴치를 위한 야학 운영에 절대 안주하거나 만족하지 않았다. 이는 문화계몽운동이 지닌 개량적인 한계를 부분적이나마 극복했음을 의미한다. 식민체제에 대한 적극적인 저항은 아니지만 절대 체제에 포섭되지 않았다. 1933년 작사한 〈샘골강습소 교가〉는 이러한 성격을 잘 보여준다. 강습소는 최용신에게 '조선의 빛이요 조선의 싹'으로 미래를 밝히는 등불이요 희망이었다. 그뿐만 아니라 인류 보편적인 가치관에 입각한 양심을 지키는 '수호신'이었다. 1930년대 중반 최용신을 지도하고 이끌었던 대부분 여성기독교인은 식민지배체제에 순응하는 상황에 직면하고 있었다.[291] '현장 중심주의'적인 생활방식은 그래서 또 다른 값진 의미를 부여할 수 있다.

일제의 민족분열정책은 민족개량주의에 대한 방조와 육성으로 귀결되었다. 민족개량주의는 일제의 지원과 보호를 요구하는 타협적인 자세를 견지했다. 샘골강습소에 대한 여러 차례 탄압에도 이를 끝까지 운영한 사실은 의미하는 바가 크다. '조선인에 의한, 조선인을 위한' 민족운동 차원으로의 승화는 동시대인과 우리에게 무엇인가를 전한다.[292] 동생 용경은 언니 유훈을 받들고자 샘골학원 교사로서 자원하고 나섰다.

일제 당국은 최용신 사후 샘골학원을 폐쇄하기 위해 여러 방안을 강구했다. 관제화에 의한 '근대교육 실현'은 이를 증명한다. 주민들은 응집된 결집력을 바탕으로 이러한 '속임수'에 절대 부응하지 않았다.

최용신에 대한 추모와 절대적인 신임은 물질적인 빈곤 속에서 굴절하거나 비굴하지 않은 참된 모습을 견지하는 밑바탕이었다. 마을 공동사에 대한 격의 없는 의견 교환은 자신감을 배양하는 원천으로 작용했다. 불우한 청소년을 위한 샘골고등농민학원이 1970년대까지 유지된 것도 이와 같은 역사적인 연원에서 가능할 수 있었다.

일본어 상용화에
부응하다

1
야학 50만 개소
설립을
계획하다

2
한글과
한국어 사용은
이단이다

I

야학 50만 개소
설립을
계획하다

중일전쟁 발발을 기점으로 일본어 보급은 새로운 차원에서 전개되었다. 일제는 조선인 청년들을 전쟁터로 효율적으로 동원하기 위한 계획을 수립했다. 1938년 2월에는 〈육군특별지원병령〉을 공포하고 1942년 5월에는 1944년부터 조선인 징병제를 실시한다고 발표했다.[1] 지원병제는 저들이 규정한 자격을 구비한 병력을 충원하는 방안이나 징병제는 모든 조선인 청년을 대상으로 삼았다.

  징병제는 조선인 청년의 완전한 '일본인화'를 전제하지 않으면 많은 부작용과 위험 등을 초래할 수 있는 요인을 안고 있었다. 이는 광범한 일본어 보급을 통해 어학적인 능력을 겸비하게 하는 문제와 밀접한 연관을 지닌다. 식민 당국은 미온적인 일본어 보급에서 적극적인 방안을 모색하지 않을 수 없었다. 내선일체론에 의거한 황민화정책은 이와 맞물려 계획대로 착착 진행되었다. 〈3차 조선교육령〉으로 한글에 대한 탄압, 창씨개명 강제, 지원병제도 실시, 징병제 계획과 실시 등은 이러한 식민통치 변화 속에서 이루어졌다.[2]

1938년 3월 3일 전문 16조의 〈3차 조선교육령〉이 제정됐다. 주요 현안은 이제까지 존속한 보통교육의 계통을 통일적으로 시행하는 문제였다. 학제는 일본과 마찬가지 형식이었다. 보통학교는 소학교, 고등보통학교는 중학교, 여자고등보통학교는 고등여학교로 각각 명칭을 바꾸는 동시에 일본과 동일한 각급 〈학교령〉 적용을 받았다. 사범학교도 종래 일본인을 위한 소학교 교원 양성 기능과 조선인을 위한 보통학교 교원 양성 기능을 통합했다.[3] 교과목·교과과정·교수요목 등은 '조선어'를 제외하고 조선인과 일본인이 같았다. 개정 본질은 외형상 동등성 운운과 달리 오히려 조선인의 특수성을 무시·말살하는 데 있었다.

이는 〈조선교육령〉보다 상징적 의미가 작은 하위 규정인 각급 〈학교 규정〉에 그대로 드러난다. 대표 조처는 '조선어' 교과목을 수의과목으로 바꾸고 수업시수를 대폭 축소한 점이었다. 조선총독부는 '조선어' 교과를 부과하지 못하게 강제하는 동시에 각급 학교의 교수 용어를 일본어로 통일했다. 특히 공민과公民科를 중등학교 고학년에 새로 부과하는 등 기존 '수신' 교과와 함께 일본인화를 강조하는 데 목적을 두었다. 이는 1920년대 이후 식민지배에 저항해 온 중등학생들에 대해 사상통제를 강화하려는 의도와 무관하지 않았다.

일제 말기까지 일부 신설된 공립학교를 제외한 대다수 학교에서는 의도와 달리 민족 간 이질감을 절대 반감할 수 없었다. 고등교육기관인 사범학교조차 입학부터 처우나 성적 평가 등 여러 방면에서 조선인 학생들에게 민족 차별을 자행했다. 황국신민 된 교육자 정신, 덕성 함양, 일본어교육 철저 등을 표방한 사범교육도 예외는 아니었다. 사범교육에서 수신과·공민과·체조 등의 상당한 비중은 이러한 의도에서 비롯되었다.[4] 체조시간 증가도 검도·유도·교련 등 신체 단련을 중시한 시대 상황과 교육 당국의 시국 인식과 무관하지 않았다. 반면 조선어 교수시간은 절대적으로 감소되는 등 언어 말살을 통한 민족말살정책이 병행되었다.

한편 당시 학제도 이전과 크게 변화하지 않았다. 다만 초등교육기관이 부족한 시골은 사설강습소나 야학·서당 등을 간이학교로 전환·승격하는 등 공교육기관을 대폭 확충했다. 중일전쟁 이후 청년층 강제 동원을 위한 교육기관은 청년훈련소青年訓練所 운영으로 귀결되었다. 초등교육을 수료한 청년들에게 황국신민 정신과 일본어를 보급해 양질의 '제국 군인'을 양성하기 위함이었다.[5] 동리 단위 청년단 조직도 이와 같은 의도였다.

한편 1943년 3월 칙령 113호로 전문 6조의 〈4차 조선교육령〉이 제정됐다. 외형상 초등교육기관 명칭은 국민학교로 바뀌었고, 중등교육은 〈중등학교령〉에 포괄·규정되었다. 사범학교 관련 규정은 〈사범학교령〉에 의거해 전문을 크게 줄였다. 조선총독부는 1941년 3월 〈국민학교령〉에서 '조선어' 교과목을 완전 폐지하는 등 한글 말살과 일본어 상용화에 노력을 기울였다.[6] 또한 〈중학교령〉·〈고등여학교령〉·〈실업학교령〉 등을 없애고 〈중등학교령〉에 포괄함과 동시에 수업연한은 5년에서 4년으로 축소했다.

1943년 3월 말 각급 중등학교 규정을 개정한 교육 목적은 '황국皇國의 도에 기초한 국민의 연성'으로 규정했다. 중등교육기관 '조선어' 교과목은 완전히 폐지됐다. 이는 일본어 상용화를 통해 황국신민의 정신을 고취하는 가운데 침략 전쟁에 조선인 학생들을 조직적으로 동원하려는 의도에서 비롯되었다. 교육의 전시체제화를 목적으로 하는 일련의 정책과 더불어 학교는 병영기지화가 되었다. 즉 〈전시학도체육훈련실시요강〉·〈학도전시동원체제확립요강〉·〈학병제 실시〉·〈학도동원본부규정〉·〈학도근로령〉·〈학도군사교육강화요강〉·〈결전교육조치요강〉 등은 대표적인 법령이었다.[7] 특히 〈학도근로령〉은 〈국민근로보국협력령〉을 보완해 초등학교 고학년부터 적용하는 등 근로의식 고취를 명분으로 내세웠다. 주요 내용은 다음과 같다.

근로동원기간은 종래에 〈근로협력령〉에 따라 16일간으로 하고 필요에 따라 기간을 연장하여 운용하여 왔는데 이번에 1년 이내로 한다. 초등학교 고등과 생도와 중등학교 하급반에 대한 동원을 강화하고 종래 학도를 인솔 지도해 왔던 학교직원도 직접 동일하기로 한다. 학도들을 받아들인즉 지도가 불충분한 때에는 학도의 출동을 정지할 수 있도록 규정하여 이른

바 수입측受入側의 지도를 강화한다.[8]

목적은 〈3차 조선교육령〉과 마찬가지로 황국신민화를 위한 민족의식이나 민족정신 말살이었다. 이는 연합국 특히 대미 교전에서 위기를 느낀 일제가 조선인을 전쟁에 효율적으로 동원하기 위함이었다. 일제는 군제를 징병제로 바꾸면서 학교를 군대 하부기관으로 편성·운영했다. 군사교육을 강화하는 한편 각급 학교는 전시체제에 필요한 인적자원을 편성·공급하는 방향으로 운영되었다.[9] 1943년 10월 조선인 학생에 대한 학병제 실시와 1944년 8월 〈여자정신대근로령〉, 1945년 5월 22일 〈전시교육령〉 등의 제정은 일본 본토의 결전에 대비해 교직원·학생을 학도대學徒隊로 구성하려는 학교 병영화의 획책이었다. 학교는 전시에 필요한 인적 자원을 육성·공급하는 장소에 지나지 않았다.[10] 병영을 방불케 하는 군사훈련과 교련경연대회 등은 이를 증명한다.

〈조선교육령〉은 명목상인 조선인을 위한 교육을 일찍이 포기한 채로 교육 일반의 목적에서도 크게 벗어났다. 이는 인간형 지향 면에서 이상적·도덕적으로 황국신민화를 추구했다. 곧 실제 목적은 인문적 교양을 갖춘 지도자보다 실용적 지식을 가진 직업인 양성이었다. 교육내용은 일본어교육과 수신교육을 기본으로 실업교육을 강조하는 결과를 낳았다.[11] 목적은 황국신민 정신에 충만한 일본인의 양성이었다. 조선인을 열등하게 보는 편견은 조선인에게 권리·기회를 제대로 부여할 수 없었다.

초기 〈조선교육령〉 대상과 포괄 범위는 국내 조선인만을 대상으로 삼았다. 3·1운동 이후 조선에 거주하는 일본인도 포함하는 〈공학 규정〉을 두었다. 이후 동일 학제에 편성하는 등 외형적인 변화도 보였다. 곧 〈4차 조선교육령〉 당시 조선 학생들은 법률상으로 일본인과 동등한 대우를 받았다. 이는 일제를 위한 전쟁에 헌신적으로 참여할 의무와 함께 주어진 '멍에'에 불과한 미사여구였다. 궁극적인 의도는 조선인을 일본인에 종속되게 하고 하등 국민으로 끌어들이는 것을 전제했다. 국민국가의 국민으로서 권리보다 천황에 대한 충성과 희생이라는 의무만을 강요하는 동화정책의 본질이 여기에 잠복해 있었다.

전시동원체제에 따른 병영문화는 학교교육의 본질을 완전히 훼손하고 말았다. 일제강점 말기 교사는 가면을 쓰고 이중 생활을 하지 않으면 절대로 교단에 설 수 없는 존재였다. '우리는 일본 신민이다'·'우리는 일본에 충성하자'·'조선의 민족적 사상이나 민족운동에 감염되거나 참가하면 국민이 아니다'라는 구호는 교사가 일상적으로 학생들 앞에서 선창하는 문구였다. '광란과 광기'로 얼룩진 학교병영화는 이러한 사회 분위기와 맞물려 더욱 극성을 부렸다. '복종 = 미덕, 강요 = 자발'에 입각한 상명하복上命下服은 학교생활의 일상사나 다름없었다.[12] 진정한 스승의 참모습은 여기에서 깡그리 망가지고 있었다. 오직 전쟁 수행을 위한 인적자원을 양성·공급하는 병영기지 또는 '전초기지'가 바로 학교였다.

"국어 보급이 국가 소장消長을 보여주는 문화적 무기임은 저 영미어·프랑스어가 외교어·무역어로서 전 세계를 풍미했던 사례를 보아도 명백하다. 그러나 영미도 옛날 영미가 아니며 프랑스 또한 궤멸된 오늘날, 동아의 맹주, 세계의 지도자가 된 일본 국민은 국기가 나아가는 곳에서는 반드시 국어를 상용하게 해야 한다는 것은 말할 필요도 없다"[13]라고 강조했다. 이는 대동아공영권 종주국으로서 일제의 영향력이 미치는 모든 영역에서 일본어를 사용할 것을 주장하는 논리였다. 대동아공영권의 중추적인 역할을 강조해도 조선에서 일본어 보급은 크게 진전되지 않았다. 난관을 타개하려는 방안은 학교뿐만 아니라 전 사회에 일본어 보급이었다. 한글에 대한 탄압과 사용 금지는 이러한 의도에서 비롯되었다.

원대한 계획에도 장차 인가증가율 등을 고려할 때 단순히 공립보통학교 증설만으로 문제를 해결할 수 없었다. 모든 행정기관을 총동원한 계획은 이러한 인식에서 비롯되었다. 간이학교 증설이나 공립보통학교 부설인 국어강습회·국어보급회의 조직은 새로운 일본어 보급을 위한 기지로서 활동되기에 이르렀다. 이는 1910년대 국어강습회를 확대·강화한 점과 상당한 유사성을 지닌다. 다만 점진적인 일본어 보급이 아니라 급격하고 전면적으로 시행된 점이 다르다.[14] 1938년 수립된 계획안에 따르면 향후 10년간 11세 이상 30세 이하의 조선인 중 일본어를 이해하지 못하는 전 계층을 대상으로 삼았다. 대상자는 각 가정에 한 사람을 선정하되 어학 능력이 출중한 사람이 우선 대

<표5> 일본어 보급 상황

연도	조선인 인구 총수(명)	일본어를 해득하는 조선인 수(명)	일본어 해득률(%)
1937	21,682,855	2,397,398	11.06
1938	21,950,716	2,717,807	12.38
1939	22,800,647	3,069,032	13.89
1940	22,954,563	3,573,338	15.57

상이었다. 곧 징용과 징병 대상이 되는 연령층에 대한 일본어 보급은 우선 목표였음을 엿볼 수 있다. 이와 같은 원칙은 지속된 일본어 보급 정책에 그대로 반영되었다. 이는 일본어 보급이 가장 절박한 문제임을 의미한다.

국민총력운동 일환으로 전개된 '국어전해·상용운동'을 적극적으로 추진한 1942년 당시 파악한 일본어 보급 상황은 〈표 5〉와 같다. 〈표 5〉에서 강제병합을 한 지 약 30년이 지난 1940년에 일본어를 해득하는 조선인은 16퍼센트 미만이었다.

해득 수준도 일본어를 조금 이해하는 사람과 보통 회화에 지장이 거의 없는 사람으로 크게 구분했다. 통계에 제시된 숫자는 전자와 후자가 각각 절반을 차지했다. 그런데 지역별이나 성별로 상당한 편차를 보였다. 도시 지역이 농촌보다, 남자는 여자보다 일본어 해득력 높았다. 이는 취학률 보급에도 그대로 반영되어 있었다. 1937년에는 남자 학령아동 100명에 비해 여자 21명, 1938년에는 여자 23명, 1939

년에는 여자 25명만이 입학하는 수준이었다.[15] 지역적으로 경기·경남·함북 등 도시지역과 공업화가 진행된 지역이 일본어 보급률에서 우위를 보였다.

일제가 일본어 보급에 적극적으로 관심을 가진 직접적인 계기는 내선일체론에 입각한 황민화정책과 불가분의 관계가 있다. 이와 더불어 조선인에게 병역 의무를 부과하려는 징병제 실시도 주요한 요인 중 하나였다. 일본어에 대한 해득력이 저조한 농촌 지역 청년들을 전장으로 동원하기에는 많은 한계를 드러낼 수밖에 없었다. 농촌 지역의 경우에 1939년 일본어 해득률은 평균 13퍼센트 미만이었다.[16]

2

한글과
한국어 사용은
이단이다

일제 말 일제는 각급 학교와 공식 회합에서 조선어의 사용을 금지했다. 1942년 조선어 큰사전 편찬 작업을 하고 있던 조선어학회를 해체하기 위한 조작에 돌입했다. 곧 함흥학생사건을 왜곡해 조선어학회 회원과 그 사업에 협조한 사람을 대부분 검거했다. 19세기 말 개화기 이래 우리말과 글을 연구하고 지켜온 선각자들의 최대 관심사는 언문일치와 한글표기법의 확립이었다. 일찍이 주시경은 1896년 맞춤법 확립을 위해 국문동식회를 조직했다.[17] 이러한 전통은 3·1운동 이후 한글 연구와 상용화를 위한 어문운동으로 계승되었다.

대한제국정부는 고조되는 교육열에 부응해 한글연구를 위한 국문연구회를 운영했다. 한글만을 가르치는 국문야학 성행은 이러한 분위기와 무관하지 않았다.[18] 주시경에게 직접 간접으로 가르침을 받은 장지영張志暎·김윤경金允經 등은 3·1운동 이후 문화운동 확산에 부응하는 방안을 모색했다. 이들은 한글연구 심화와 더불어 우리글 보급에 노력했다. 원대한 계획을 실천한 기관은 바로 조선어연구회였다. 조선어연구회는 1929년 10월 483돌 한글날에 각계 인사 108명이 발기해 '조선어사전편찬회'를 조직해 조선어 큰사전 편찬사업을 추진했다.[19] 조선어연구회는 1931년 조선어학회로 이름을 바꾸었다.

조선어학회는 조선어 큰사전 편찬의 바탕이 되는 〈한글맞춤법 통일안〉을 마련해 국문표기법의 정리와 통일을 도모했다. 〈한글맞춤법 통일안〉은 권덕규權悳奎·이극로李克魯·이희승李熙昇·최현배崔鉉培 등 12명의 제정위원이 2년 동안에 걸쳐 초안을 만든 후 두 차례의 독회를 거쳐 최종안을 3년여 만인 1933년에 확정해 발표했다. 〈한글맞춤법 통일안〉이 제정되자 조선어학회는 사전의 편찬사업을 전담하며 준비 작업으로서 〈사정한 조선어 표준말 모음〉·〈외래어표기법 통일안〉 등을 발표해 사전 편찬사업이 급진전되게 했다.[20]

중장기적인 경제불황에 직면한 일제는 탈출구로 중국 침략에 본격적으로 나섰다. 만주사변과 중일전쟁을 도발한 일제는 전면적인 전시체제를 구축했다. 태평양전쟁을 도발하고 파쇼를 강화한 일제는 조선어말살정책을 펴고 조선어학회를 탄압함으로써 사전 편찬사업은 완성을 보지 못했다. 일제는 1937년 중일전쟁 이후 1938년 3월 3일 〈조선교육령〉을 전면 개정해 학제를 전시체제로 개편하고, 조선어 과목을 완전히 없애버림과 동시에 한글 사용을 금지했다. 전시 파쇼하에

일본어 상용화에
부응하다

서 황민화정책은 본격화되었다. 1936년 〈조선사상범보호관찰령〉을 공포하고 1938년에는 온건한 민족주의자 단체였던 수양동우회修養同友會나 홍업구락부興業俱樂部 회원을 검거했다.[21] 더욱이 회원들이 식민지배에 호응하게끔 강요했다. 침략전쟁에 대한 국방헌금 강요는 대표적인 경우였다. 이러한 공포분위기는 사상 전향과 동시에 반민족적 친일활동으로 귀결되고 말았다.[22]

1941년에는 〈조선사상범예방구금령〉을 공포함으로써 사상통제를 강화했다. 이러한 상황에서 사전의 출판은 사실상 어려운 상황에 직면했다. 1939년 원고의 3분의 1가량이 완성되자 조선총독부는 많은 부분을 수정한다는 조건으로 1940년 3월 조선어 사전의 출판을 허가했다. 마침내 1942년 박문출판사는 조선어 큰사전 원고 일부를 조판에 넘겼다. 1942년 10월 일제는 조선어학회를 독립운동단체로 규정하고 회원을 일제히 검거하기 시작했다. 일제는 사전편찬위원 전원과 조선어학회 회원 대부분을 구금하고 사전 원고도 증거물로 압수했다.

조선어학회사건의 발단은 함흥 영생고등여학교 학생 박영옥朴英玉이 기차 안에서 친구들과 조선말로 대화하다가 조선인 경찰관 야스다安田에게 발각되어 취조를 받은 사건에서 시작되었다.[23] 일본 경찰은 취조 결과 여학생들에게 민족주의 감화를 준 사람이 서울에서 사전편찬에 참여하고 있는 정태진丁泰鎭임을 알았다. 1942년 9월 5일 정태진은 함남 홍원경찰서로 연행되었다. 일제는 그에게서 조선어학회가 독립운동을 목적으로 하는 단체라는 억지 자백을 받았다.[24] 10월 1

일 이극로·최현배·이희승·이중화李重華·장지영·한징韓澄·이윤재李允宰·정인승鄭寅承·김윤경·권승욱權承昱·이석린李錫麟 등을 함흥과 홍원 경찰서로 압송하고, 10월 18일에는 이우식李祐植, 19일에는 김법린金法麟, 20일에는 정열모鄭烈模, 21일에는 이병기李秉岐·이만규李萬珪·이강래李康來·김선기金善琪, 12월 23일에는 서승효徐承孝·안재홍安在鴻·이인李仁·김양수金良洙·장현식張鉉植·정인섭鄭寅燮·윤병호尹炳浩·이은상李殷相을 검거했다. 그리고 1943년 3월 5일에는 김도연金度演, 다음 날에는 서민호徐珉濠를 검거해 홍원경찰서에 구금했다. 일제는 1943년 4월 1일까지 33명을 검거해 물 먹이기, 비행기태우기, 불로 지지기 등 야만적이고 잔인한 고문을 서슴지 않았다. 이때 증인으로 불려가 혹독한 취조를 당한 사람도 48명이나 되었다.

사건을 취조한 홍원경찰서에서는 사전 편찬에 가담했거나 재정 보조를 한 사람 및 기타 협력한 사람 33명을 모두 〈치안유지법〉을 적용해 1943년 4월 중순에 기소 24명(이극로·이윤재·최현배·이희승·정인승·김윤경·김양수·김도연·이우식·이중화·김법린·이인·한징·정열모·장지영·장현식·이만규·이강래·김선기·정인섭·이병기·이은상·서민호·정태진), 기소 유예 6명(신윤국申允局·김종철金鍾哲·이석린·권승욱·서승효·윤병호), 불기소 1명(안재홍), 기소 중지 2명(권덕규·안호상)의 의견서를 담당검사에게 제출했다. 이극로·이윤재·최현배·이희승·정인승·정태진·김양수·김도연·이우식·이중화·김법린·이인·한징·정열모·장지영·장현식 등 16명은 기소되고 12명은 기소 유예되었으며, 기소자는 예심에 회부되고 나머지는 석방되었다. 기소된 사람들은 함흥형무소에 수감되어 그해 12월 8일에는 이윤재, 1944년 2월 22일에는 한징이 옥중에서 사망했다.[25] 재판이 열리기 전에 장지영과 정열모는 공소 소멸로 석방되어 공판에 넘어간 사람은 12명이었다.

이들에 대한 재판은 1944년 12월부터 1945년 1월까지 9회에 걸쳐 계속됐는데, 1945년 1월 16일 함흥지방재판소에서 다음과 같은 판결을 받았다. 이극로 징역 6년(구류통산 600일), 최현배 징역 4년(구류통산 750일), 이희승 징역 2년 6월(구류통산 750일), 정인승 징역 2년(구류통산 440일), 정태진 징역 2년(구류통산 570일), 김법린·이중화·이우식·김양수·김도연·이인 징역 2년(집행유예 4년), 장현식 무죄. 집행유예와 무죄선고를 받은 사람은 석방되었다. 실형을 받은 사람 중 정태진은 복역을 마치는 것이 오히려 상고보다 빠르다 하여 만기 복역하고 1945년 7월 1일 출감했다. 이극로·최현배·이희승·정인승 4명은 판결에 불복해 바로 상고했으나 8월 13일자로 기각되었다.

이 사건은 일제가 전시체제를 운영하면서 조선에 대한 식민통치의 융통성을 완전히 상실한 전대미문의 사건이었다. 중일전쟁 이후 조선어교육을 폐지하고 일본어 상용운동을 펴온 일제로서는 우리말의 연구와 보급이 곧 독립운동 일환으로 간주되었다. 결국 일제의 탄압으로 조선어 큰사전이 출간되지는 못했지만, 식민통치 아래서 피지배 민족의 어문이면서도 그 표기법의 통일을 이루고, 가혹한 탄압을 무릅쓰고 사전 편찬이 본격 추진된 것은 민족문화운동의 큰 성과였다.

맺음말

야학운동은 독립운동사에서 '학술운동'으로 정리되며 민족교육의 일환이면서 민족해방운동의 한 영역임을 밝혔다. 노동운동과 농민운동 진전, 농촌계몽운동 확산, 학생운동 심화는 노동야학·농민야학·강습회 등을 활성화하는 배경이었다. 방학을 이용한 학생들의 '귀향 활동'은 민중들에게 식민정책에 대한 저항심을 고취하고 더불어 민족 실력을 양성하는 데 크게 이바지했다. 그동안 일제가 농촌계몽운동을 묵인한 배경이 수탈 강화를 위한 '기만적인' 정책의 실행임을 간과하고, 야학의 시행 사실만이 지나치게 강조됐다. 이른바 식민야학도 실력양성운동 일환이라는 비역사적인 인식을 그대로 드러냈다.

1920년대 말부터 1930년대 중반까지 전개된 문자보급운동과 브나로드운동도 실력양성운동의 주요 영역으로 부각되었다. 이는 학생들의 귀향 활동과 연계되면서 문맹퇴치, 생활 개선 등 부분별로 큰 성과를 거두었다는 논리였다. 학생들은 여기에 참가함으로써 식민지 현실을 좀 더 객관적으로 인식할 수 있었다. 이는 학생운동의 질적인 변화와 발전을 모색하는 계기가 됐다. 그러나 농촌진흥운동은 '중견 인물'을 육성해 식민지배체제로 흡수하려는 식민정책의 본질을 간과했다.

농민운동과 농민야학의 연계는 조선농민사를 중심으로 적극 추진됐다. 농민야학은 1920년 이후 널리 성행할 수 있었다. 함북 함흥군 신중면 보성야학은 1906년부터 농민야학으로 시작됐음을 밝혔다. 특히 서북 지방의 농민야학 실상을 밝힘으로써 '남부 지방이 야학 온상지'라는 종래 견해를 실증적으로 반박하는 성과를 거두었다. 경북 영양군은 거의 모든 마을에서 시행된 농민야학 실상을 규명했다. 결론적으로 신문·잡지 등에 보도된 경우는 '대표적'이거나 '모범적인' 야학임을 알 수 있다. 이는 지역적인 사례나 전국적으로 추진된 야학운동 상황을 규명했다는 점에서 의의를 지닌다. 다만 조선농민사가 식민지정책과 궤를 같이 한 가운데 이루어진 사실을 간과한 점은 아쉽다.

1980년대 중반 이후 야학운동 연구는 이전보다 진전되었다. 독립운동사는 물론 사회학·교육사 분야에서도 야학운동의 실태를 파악하고 아울러 기능·성격 등을 밝히려는 노력이 이루어졌다. 민주화운동의 활성화로 '민주교육'의 실현을 위한 이념 모색과 민족해방운동사에 대한 관심 고조는 이를 가능케 한 요인이었다. 결과적으로 민족해방운동과 관련성, '사회교육' 또는 '민중교육'으로서 성격 등이 다양한 관점에서 규명됐다.

자본주의 교육체제의 문제점을 파악하면서 민주교육을 위한 대안으로서 노동야학에도 주목했다. 노동야학의 시행 배경을 식민지배에 따른 민중의 경제적인 몰락과 민족해방운동의 축척된 경험을 통한 민중의식의 성장에서 찾았다. 노동야학은 식민지교육에 대한 저항 주체인 동시에 민족해방운동이 지속되게 하는 '민족 역량'의 원천이었다는 논리였다. 민중은 자녀 교육 문제를 제도권 교육에서 구하지 않았다. 이들은 야학·강습소 설립을 통해 해결했고, 야학운동 연구는 우리의 민주교육 시점을 여기에서 찾았다. 그러나 교육내용이나 이들의 추진 세력에 대한 현실 인식을 간과하고, 단지 야학의 설립 현황만으로 이해한 논리는 실상과 부합하지 않는다. 야학의 식민지교육에 대한 저항의 측면도 1920년대를 중심으로 좀 더 실증적으로 밝혀졌다. 그런데 새로운 관련 사료에 의한 실증이나 논리는 거의 전무한 실정이었다. 이전 연구자의 논리가 여과 없이 무비판적으로 수용될 뿐이었다.

야학을 식민지 시기 초등교육기관의 한 범주로 인식하는 경우도 있었다. 1910년대 보통학교체제의 형성과 실상을 파악하는 방법으로 야학을 주목하기에 이르렀다. 1920년 학령아동을 약 228만 3670명으로 추정할 때 정규 학교에 취학한 학생은 10만 7365명 정도로 취학률은 4.7퍼센트에 불과한 사실이 밝혀졌다. 이러한 현상은 초등교육기관의 입학난을 가중하는 주요 요인이었다. 이를 해결하는 방안은 야학운동의 활성화로 귀결되었다. 결국 식민지 시기 야학은 초등교육사에서 제도권 교육기관보다 높은 비중을 차지했다. 이에 따라 전면적인 보통교육이 실시되었다는 식민교육정책의 허구성을 실증적으로 비판할 수 있었다.

이러한 시각에서 경남 김해 지역 사례 연구는 주목된다. 청년회를 중심으로 운영된 야학·강습소가 이곳 초등교육을 사실상 주도했다는 논지였다. 1920년대 후반 신간회와 근우회의 김해지회가 이러한 교육기관을 인수·운영함으로써 일제는 물론 유지들과 갈등을 초래할 수밖에 없었다. 유지들의 야학 운영권 장악은 야학이 식민교육체제에 흡수되는 주요한 계기였다. 야학운동의 이러한 경향은 김해 지방에 한정되지 않았고 당시 전반적인 현상이었다. 즉 야학을 탄압·폐쇄한 요인은 교육내용의 '불온'보다 설립·운영 주체의 사회활동에서 비롯되었다. 그러나 김해 지역 야학운동을 주도한 인물의 성격이나 야학 수용력을 포함한 민족해방운동사에서의 위치 등은 제대로 규명되지 않았다.

1920년대 중반 사회주의자들이 야학을 실시했는데, 그들은 3·1운동 이후 교육열 상승에 따른 입학난이 야학운동이 발전되는 요인이라고 보았다. 특히 사회주의 사조의 유입은 민중운동을 고조했다. 더불어 '이념의 학습 현장'으로서 야학을 실시하게 했다. 그런 만큼 문자보급의 차원보다는 '계급 해방' 문제가 주요 목적이었다. 결국 야학의 성격은 노동·농민운동을 비롯한 사회주의운동의 진전과 더불어 변화될 수밖에 없었다. 사회주의운동과 야학운동의 관련성을 파악한 점은 의미를 지닌다. 야학의 설립·운영 주체의 성격에 대한 파악 없이는 '막연히' 사회주의 세력이 국내 민족해방운동을 장악했다는 도식적인 한계를 면할 수 없다.

한편 지역 운동활동가들은 야학을 '연결고리'로 해 소통과 유대를 강화하는 지혜를 발휘했다. 경북 안동, 충남 대전, 함북 홍원 지역 사례는 주목된다. 야학운동은 문맹퇴치와 더불어 주민 정서 함양에 크게 이바지했다. 곧 야학운동은 문자 보급과 더불어 민족해방운동의 기반 확대를 위한 주요한 영역이었다. 반면 농민운동의 성격 변화에 주목해 실력양성운동 일환으로 전개된 농민야학은 오히려 식민체제에 순응하는 등 민족해방운동의 한계를 보였다. 반면 지금까지 거의 알려지지 않았던 혁명적 농민조합운동의 일환으로 시행된 농민야학의 교재 등도 밝혔다. 이처럼 지방 활동가들의 정세 인식과 농민운동 변화 속에서 농민야학과 농민운동의 관계를 분석한 점은 시사하는 바가 크다. 특히 야학운동을 통해 배출된 인물들이 해방 공간에서 농촌사회의 활동가로서 활동했다. 그런데 구체적인 교육내용이나 이에 대한 민중의 반응, 나아가 해방 공간에서 구체적인 인물과 연관 등은 추론에 그치고 있다.

한편 민주화를 위한 실천 대안으로서 1980년대 야학의 문제점을 진단했다. 기독교야학연합회의 주장은 1960~1970년대 성행한 노동야학이 노동자 권익 옹호와 의식화에 크게 이바지했다는 논리였다. 반면 《학생운동 논쟁사》는 노동야학이 학생과 노동자 사이의 이질감을 심화하는 등 '학생의 민중화'라는 노학연계의 장애 요인이라고 비판했다. 이에 대한 반론으로 식민지 시기 노동야학이 보여준 실천적인 면모로 일신을 강조하고 나섰다. 곧 변혁운동의 실천 현장이 바로 노동야학이라는 인식이었다. 이는 민주화 열망과 더불어 노동야학에 대한 당시 학생층의 인식을 그대로 반영하는 부분이다. 그런데 식민지 시기 노동야학에 대한 지나친 도식과 편견은 폭압적인 정국과 함께 야학을 '불온시'하는 요인으로 작용했다.

주

머리말

1 노영택, 《일제하 민중교육운동사》, 탐구당, 1979, 128~129쪽; 김형목, 《대한제국기 야학운동》, 경인문화사, 2005, 1쪽.

2 김형목, 〈1920년대 전반기 서울지역 야학운동의 분화·발전과 성격〉, 《중앙우수논문집》 2, 중앙대 대학원, 2000, 81쪽; 김형목, 〈야학운동〉, 《한국독립운동사사전》 5, 독립기념관 한국독립운동사연구소, 2004, 461쪽.

3 천성호, 〈야학의 정의〉, 《한국야학운동사》, 학이시습, 2009, 30~33쪽.

4 김형목, 《대한제국기 야학운동》, 경인문화사, 2005, 5쪽.

5 최근식, 〈일제시대 야학운동의 규모와 성격〉, 《사총》 46, 1997, 1~2쪽. 해방 이후 야학은 보수야학과 진보야학으로 구분하기도 한다(천성호, 《한국야학운동사》, 학이시습, 2009, 33~41쪽).

6 노영택, 《일제하 민중교육운동사》, 탐구당, 1979, 22~23쪽; 조정봉, 〈일제하 야학교재 《농민독본》과 《대중독본》의 체제와 내용〉, 《정신문화연구》 109, 2007, 72~73쪽.

7 지수걸, 〈일제의 군국주의 파시즘과 '조선농촌진흥운동'〉, 《역사비평》 47, 1999, 23~26쪽.

8 김형목, 《대한제국기 야학운동》, 경인문화사, 2005, 6~7쪽.

9 조정봉, 〈일제하 야학의 갈등구조에 대한 교육사적 연구〉, 《교육철학1》 3, 1995, 297~298쪽.

10 김형목, 〈한말 야학운동의 기능과 성격〉, 《중앙사론》 21, 2005, 396쪽.

11 김형목, 〈1906~1910년 서울지역 야학운동의 전개 양상과 실태〉, 《향토서울》 59, 1999, 164쪽.

12 신용하, 《박은식의 사회사상연구》, 서울대학교출판부, 1982, 67쪽.

13 손인수, 〈일제 식민지 교육정책의 성격〉, 《일제하 교육이념과 그 성격》, 한국정신문화연구원, 1986, 68~69쪽.

14 여병현, 〈의무교육의 필요〉, 《대한협회회보》 2, 1908, 9~10쪽; 김형목, 〈강경민회〉·〈고령민회〉, 《한국독립운동사사전》 3, 독립기념관 한국독립운동사연구소, 2004, 73·257~258쪽.

15 박은식, 〈노동동포의 야학〉, 《서우》 15, 1908, 19~20쪽; 김형목, 〈대한제국기 물장수야학의 근대교육사에서 위상〉, 《숭실사학》 37, 2016, 159~162쪽.

16 김형목, 《대한제국기 야학운동》, 경인문화사, 2005, 11~12쪽.

17 조동걸, 〈1910년대 민족교육과 그 평가상의 문제〉, 《한국학보》 6, 1977, 118~129쪽.

18 이승원, 《학교의 탄생》, 휴머니스트, 2005, 227~240쪽; 김형목, 《일본어만능시대와 1910년대 국어강습회》, 경인문화사, 2015, 109~112쪽.

19 윤건차 저, 심성보 역, 《한국근대교육의 사상과 운동》, 청사, 1987, 206~213쪽; 허재영, 《통감시대 어문 교육과 교과서 침탈의 역사》, 도서출판 경진, 2010, 22~31쪽.

20 김형목, 〈일제강점 초기 개량서당의 기능과 성격〉, 《사학연구》 78, 2005, 255~261쪽.

21 김형목, 〈1920년대 전반기 서울지역 야학운동의 분화·발전과 성격〉, 《중앙우수논문집》 2, 중앙대 대학원, 2000, 67~71쪽.

22 《기독신보》 1935년 4월 3일, 〈신학년을 맞이하야〉.

23 《중앙일보》 1932년 1월 4일, 〈야학선생님〉.

24 《매일신보》 1935년 5월 12일, 〈우리야학당, 백곤〉.

25 김형목, 〈대전노동야학연합회〉, 《한국독립운동사사전》 3, 독립기념관 한국독립운동사연구소, 2004, 716~717쪽.

26 강정숙, 〈일제하 안동지방의 농민운동에 관한 연구〉, 《한국근대농촌사회와 농민운동》, 열음사, 1988.

27   노영택, 〈일제시기의 문맹률 추이〉, 《국사관논총》 51, 1994, 124~125쪽.

28   최석규, 〈1930년대 전반기 민중교육운동〉, 《한국학연구》 6·7, 1996, 340~342쪽.

29   허재영, 〈사립학교 통제 정책〉, 《통감시대 어문 교육과 교과서 침탈의 역사》, 도서출
     판 경진, 2010.

30   김형목, 〈서울의 민족교육운동〉, 《서울항일독립운동사》, 서울특별시사편찬위원회,
     2009, 629~643쪽.

31   김형목, 〈최용신 현실인식과 농촌계몽운동〉, 《사학연구》 88, 2007, 947~948쪽.

1. 신학문 수혜 통로로 야학운동이 전개되다

1   정창렬, 〈한말의 역사의식〉, 《한국사학사의 연구》, 을유문화사, 1985, 189~192쪽.

2   이광린, 〈육영공원의 설치와 그 변천〉, 《한국개화사연구》, 일조각, 1989, 103~
     104쪽; 김경미, 《한국 근대교육의 형성》, 혜안, 2009, 67~75쪽.

3   신용하, 〈우리나라 최초의 근대학교의 설립에 대하여〉, 《한국사연구》 10, 1974.

4   손인수, 《한국근대교육사》, 연세대학교출판부, 1971, 14~43쪽.

5   《관보》 1895년 2월 초2일, 〈교육조서〉; 송병기·박용옥·박한설, 〈조칙: 교육에 관한
     건〉, 《한말근대법령자료집》 1, 국회도서관, 1970.

6   김형목, 《대한제국기 야학운동》, 경인문화사, 2005, 52쪽.

7   《고종실록》 1895년 9월 28일, 〈소학교령〉; 송병기·박용옥·박한설, 《한말근대법령
     자료집》 1, 국회도서관, 1970, 513~516쪽; 국사편찬위원회, 《고종시대사》 3, 1969,
     963~967쪽.

8   《관보》 1895년 8월 28일, 〈휘보〉; 《황성신문》 1898년 9월 9일 논설; 국사편찬위원회,
     《고종시대사》 3, 1969, 996쪽.

9   《매일신문》 1898년 10월 8일 잡보; 김형목, 〈사립흥화학교(1898~1911)의 근대교육
     사상 위치〉, 《백산학보》 50, 1998, 298~299쪽.

10   김옥근, 《조선왕조재정사연구》 4, 일조각, 1992, 44~47쪽.

11 김형목, 〈대한제국기 인천지역 근대교육운동 주체와 성격〉, 《인천학연구》 3, 2004, 78~79쪽.

12 김성준, 〈경남 밀양 근대교육의 요람 정진학교 연구〉, 《일제강점기 조선어 교육과 조선어 말살정책 연구》, 경인문화사, 2010.

13 김형목, 《대한제국기 야학운동》, 경인문화사, 2005, 67쪽.

14 정중환, 〈박영효 상소문〉, 《아세아학보》 1, 1965.

15 박득준, 《조선근대교육사》(영인본), 한마당, 1987, 29쪽.

16 유길준, 〈교육하는 제도〉, 유길준전서편찬위원회 편, 《유길준전서》 1, 일조각, 1971, 253쪽; 유동준, 《유길준전》, 일조각, 1987, 154~158쪽.

17 《독립신문》 1899년 1월 6일, 〈교육이 제일 급무〉.

18 《독립신문》 1898년 7월 6일, 〈동몽교육〉.

19 《독립신문》 1898년 9월 13일, 〈여인교육〉; 《독립신문》 1899년 5월 26일, 〈여학교론〉; 박용옥, 《여성운동》 31, 한국독립운동사편찬위원회·독립기념관 한국독립운동사연구소, 2009, 5~7쪽.

20 《황성신문》 1899년 7월 5일 논설; 김형목, 《대한제국기 야학운동》, 경인문화사, 2005, 64쪽.

21 단국대학교 동양학연구소 편, 《박은식전서》 중, 1975, 23쪽.

22 최기영, 《한국근대애국계몽운동》, 일조각, 1997, 160~168쪽.

23 《황성신문》 1905년 9월 14일, 〈이천보고〉; 《황성신문》 1905년 10월 5일, 〈일진설교수회〉; 이인섭, 《원한국일진회역사》, 문명사, 1911, 20쪽.

24 대한자강회, 〈대한자강회취지서〉, 《대한자강회월보》 1, 1906, 9~10쪽.

25 유영렬, 《한국근대민족주의운동사연구》, 일조각, 1987, 51~55쪽.

26 《대한매일신보(국한문)》 1907년 12월 1일 잡보, 〈흥사단 설립〉; 《대한매일신보(국한문)》 1907년 12월 15일, 〈흥사단취지서〉.

27 전재관, 〈한말 애국계몽단체 지회의 분포와 구성〉, 《숭실사학》 10, 1999, 176~180쪽.

28 이상찬, 〈1906~1910년의 지방행정제도 변화와 지방자치논의〉, 《한국학보》 42, 1986.

29 김형목, 《대한제국기 경기도의 근대교육운동》, 경인문화사, 2016, 207~216쪽.

30 윤완, 《대한제국말기 민립학교의 교육활동연구》, 도서출판 한결, 2001, 217~219쪽;
    김형목, 《대한제국기 야학운동》, 경인문화사, 2005, 94쪽.

31 박은식, 〈축의무교육실시〉, 《서우》 7, 1907, 1~4쪽.

32 서북학회, 〈서북학회 역사〉, 《서북학회월보》 2, 1908, 3~4쪽.

33 서북학회, 〈협성학교 수학여행기〉, 《서북학회월보》 24, 1910, 43~47쪽.

34 김형목, 《대한제국기 야학운동》, 경인문화사, 2005, 96쪽.

35 《황성신문》 1909년 4월 25일 잡보, 〈의교확령〉.

36 《황성신문》 1908년 3월 8일 잡보, 〈강화의무교육〉.

37 《대한매일신보(국한문)》 1908년 3월 18일 잡보, 〈강군학풍〉.

38 신용하, 《한국민족독립운동사연구》, 을유문화사, 1985, 164쪽. 56개 학구에 필요한
    의무학교는 56개교였다. 그런데 보창학교 지교 21개교와 진명·계명·창화·공화학교
    등 25개교 외에도 합일학교·광명학교·영생학교·보흥의숙 등을 비롯한 많은 사립학
    교가 운영되고 있었다. 강화학무회의 열성적인 활동은 강화도를 근대교육운동사의
    '중심지'로 부각했다.

39 정숭교, 〈대한제국기 지방학교의 설립주체와 재정〉, 《한국문화》 22, 1998, 298~
    300쪽.

40 김형목, 《대한제국기 경기도의 근대교육운동》, 경인문화사, 2016, 170~178쪽.

41 《대한매일신보(국한문)》 1908년 5월 12일 잡보, 〈강교운동〉; 《대한매일신보(국한문)》
    1908년 5월 17일 잡보, 〈강교운동성황〉.

42 이만규, 《조선교육사》 하, 을유문화사, 1949, 85쪽.

43 김형목, 《대한제국기 야학운동》, 경인문화사, 2005, 90쪽.

44 김형목, 《대한제국기 야학운동》, 경인문화사, 2005, 103쪽.

45 《대한매일신보》 1908년 12월 29일 논설, 〈여자와 노동사회의 지식을 보급케 할 도리〉.

46 김형목, 《대한제국기 야학운동》, 경인문화사, 2005, 115~116쪽.

47 《매일신보》 1914년 3월 14일, 〈학교역방, 사립숭정학교〉.

48 지석영, 〈국문론〉, 《대조선독립협회보》 1, 1896, 11~13쪽; 《독립신문》 1897년 4월

22일, 〈국문론, 주시경〉;《독립신문》1897년 4월 24일, 〈국문론, 주시경〉;《독립신문》1897년 9월 25일, 〈국문론, 주시경〉;《독립신문》1897년 9월 28일, 〈국문론, 주시경〉;《황성신문》1899년 11월 9일 논설;《독립신문》1899년 11월 13일 사설; 최경봉,《한글 민주주의》, 책과함께, 2012, 32~34쪽.

49 《황성신문》1901년 2월 13일 논설, 〈국문학교설립 소문〉;《제국신문》1902년 3월 11일 논설, 〈국문학교 설립〉.

50 김형목, 〈한국 문화의 우수성과 일제침략 만행을 세계에 알리다, 헐버트〉,《기록IN》29, 국가기록원, 2014.

51 《황성신문》1906년 2월 19일 잡보, 〈국문학교〉;《대한매일신보(국한문)》1907년 12월 22일 잡보, 〈농사잡지〉.

52 고영근, 〈개화기의 국어연구단체와 국어보급활동〉,《한국학보》30, 1983, 103~115쪽; 최경봉,《한글 민주주의》, 책과함께, 2012, 29~31쪽.

53 《대한매일신보》1907년 8월 30일 기서, 〈삼화항 거하는 조영태 김경지 양씨가 본사에 기서가 이같더라〉;《대한매일신보》1907년 11월 27일 잡보, 〈국문야교〉;《대한매일신보》1908년 1월 28~2월 26일 광고, 〈가정잡지〉;《대한매일신보》1908년 8월 11일 기서, 장경주, 〈여자교육〉.

54 《대한매일신보》1907년 11월 1일 잡보, 〈사립국문학교취지서〉.

55 김형목,《대한제국기 경기도의 근대교육운동》, 경인문화사, 2016, 99~100쪽.

56 《대한매일신보(국한문)》1908년 1월 26일 논설, 〈국문학교의 일증〉.

57 《대한매일신보》1908년 8월 30일 잡보, 〈국문야학〉; 김형목, 〈한말 국문야학 성행 배경과 성격〉,《한국독립운동사연구》20, 2003, 177쪽.

58 《황성신문》1908년 7월 1일, 〈교육월보〉; 최기영, 〈구한말《교육월보》에 관한 연구〉,《서지학보》3, 1990, 6~8쪽.

59 김형목,《대한제국기 야학운동》, 경인문화사, 2005, 123~124쪽.

60 《독립신문》1899년 8월 23일 잡보, 〈야학승주〉;《황성신문》1899년 8월 29일~9월 21일 광고.

61 김형목, 〈사립흥화학교(1898~1911)의 근대교육사상 위치〉,《백산학보》50, 1998,

313~314쪽.

62 《독립신문》1899년 6월 3일 잡보, 〈학교수리〉;《독립신문》1899년 11월 4일 잡보, 〈학교흥왕〉.

63 《황성신문》1899년 8월 28일 잡보, 〈시무학교〉;《황성신문》1899년 12월 19일, 〈시무교의 확장〉.

64 《독립신문》1899년 5월 29일 잡보, 〈일어야학〉.

65 서북학회, 〈경고어학제군〉,《서북학회월보》17, 1909, 49~51쪽.

66 《대한매일신보(국한문)》1905년 11월 11일 잡보, 〈교불합교회당〉.

67 《황성신문》1906년 3월 28일 잡보, 〈속성야학〉;《황성신문》1907년 1월 7일 잡보, 〈중동교황〉;《만세보》1907년 1월 10일 잡보, 〈중동교 확장〉; 중동학원 편,《중동백년사》1, 중동학원, 2007, 53~78쪽.

68 김형목,《대한제국기 야학운동》, 경인문화사, 2005, 145쪽.

69 《황성신문》1906년 9월 2일 잡보, 〈보성소학교 증과〉;《황성신문》1906년 10월 2일 잡보, 〈보성야학 갱설〉.

70 《대한매일신보(국한문)》1907년 11월 8일 잡보, 〈이야환등〉;《대한매일신보(국한문)》1907년 11월 5~9일, 〈속성야학생모집광고〉;《만세보》1907년 5월 31일 잡보, 〈청풍교영어야학〉.

71 《대한매일신보》1909년 7월 31일 잡보, 〈개진야학교 신설〉;《대한매일신보》1909년 8월 11일 잡보, 〈개진학교 흥왕〉;《대한매일신보》1909년 8월 14일 잡보, 〈개진학교〉.

72 김형목,《대한제국기 야학운동》, 경인문화사, 2005, 147쪽.

73 《황성신문》1906년 8월 23일 잡보, 〈기재미재〉.

74 김형목, 〈1906~1910년 서울지역 야학운동의 전개 양상과 실태〉,《향토서울》59, 서울특별시사편찬위원회, 1999, 176~177쪽.

75 김형목, 〈대한제국기 물장수야학의 근대교육사에서 위상〉,《숭실사학》37, 2016.

76 《동아일보》1924년 10월 13일, 〈북청물장수, 파인〉.

77 김형목, 〈노동야학회〉,《독립운동사사전》3, 독립기념관 한국독립운동사연구소, 2004.

78 이훈상, 〈구한말 노동야학의 성행과 유길준의 '노동야학독본'〉, 《두계이병도박사구순 기념 한국사학논총》, 지식산업사, 1987, 752~754쪽.

79 《독립신문》 1898년 2월 15일, 〈외방통신〉; 《중부일보》 2018년 7월 16일, 김형목, 〈박 문협회, 경기지역 민권운동과 계몽운동을 주도하다〉.

80 김형목, 〈대한제국기 인천지역 근대교육운동 주체와 성격〉, 《인천학연구》 3, 2004, 81쪽.

81 《대한매일신보》 1909년 2월 17일 잡보, 〈함씨열심〉.

82 김형목, 〈한말 안산지역 근대교육운동의 역사적 성격〉, 《이것이 안산이다》 Ⅷ, 안산학 연구원, 2017, 143~144쪽.

83 《대한매일신보(국한문)》 1910년 5월 5일 잡보, 〈사숙신학과〉; 《대한매일신보》 1910년 5월 31일 잡보, 〈그리해야지〉.

84 김형목, 《대한제국기 야학운동》, 경인문화사, 2005, 153~155쪽.

85 《대한매일신보》 1908년 10월 9일 잡보, 〈강씨열심〉.

86 《황성신문》 1908년 2월 18일 잡보, 〈분교야학〉.

87 김형목, 《대한제국기 야학운동》, 경인문화사, 2005, 158쪽.

88 《황성신문》 1908년 6월 24일 잡보, 〈선성야학〉.

89 김형목, 《대한제국기 경기도의 근대교육운동》, 경인문화사, 2016, 99쪽.

90 《만세보》 1907년 5월 21일 잡보, 〈주사야교〉.

91 《황성신문》 1908년 7월 29일 잡보, 〈삼씨찬교〉.

92 《황성신문》 1909년 2월 13일 잡보, 〈옥졸권학〉; 《황성신문》 1909년 6월 20일 잡보, 〈군주열심〉.

93 《대한매일신보》 1909년 12월 30일 잡보, 〈야학교설립〉; 《황성신문》 1910년 2월 24일 잡보, 〈진졸권학〉.

94 《대한민보》 1910년 3월 29일, 지방잡사 〈당졸성예〉; 김형목, 〈내포의 애국계몽운동〉, 《내포의 한말의병과 독립운동》, 충청남도역사문화연구원, 2017, 88쪽.

95 기호흥학회, 〈학계휘문, 직수권학〉, 《기호흥학회월보》 7, 1909, 39쪽.

96 《대한매일신보》, 1908년 8월 26일 잡보, 〈감분연금〉.

97 김형목, 〈한말 충청도 야학운동의 주체와 이념〉, 《한국독립운동사연구》 18, 2002, 41~42쪽.

98 김형목, 〈한말 충청도 야학운동의 주체와 이념〉, 《한국독립운동사연구》 18, 2002, 41~42쪽.

99 《황성신문》 1908년 12월 22일 잡보, 〈장재야학〉.

100 《황성신문》 1908년 4월 25일 잡보, 〈원씨창학〉; 《황성신문》 1909년 1월 6일 잡보, 〈삼동면의무교육〉; 《황성신문》 1909년 3월 2일 잡보, 〈영연유지〉.

101 김형목, 《대한제국기 충청지역 근대교육운동》, 도서출판 선인, 2016, 62~63쪽.

102 박용규, 《우리말·우리역사 보급의 거목, 이윤재》, 역사공간, 2013, 11쪽.

103 《대한매일신보》 1908년 8월 9일 잡보, 〈농무학교 설립〉.

104 김형목, 〈한말 경남지방 야학운동의 전개양상과 운영주체〉, 《한국민족운동사연구》 63, 2010, 19~20쪽.

105 《황성신문》 1909년 4월 14일 잡보, 〈옥씨교육열심〉; 《대한매일신보(국한문)》 1909년 4월 15일학계, 〈마항야학〉; 《대한매일신보》 1910년 5월 31일, 학계 〈노동야학 흥왕〉.

106 김형목, 〈3·1운동 이전 진주지역의 야학운동〉, 《숭실사학》 22, 2009, 47~48쪽.

107 《황성신문》 1908년 11월 20일 잡보, 〈자치야학〉.

108 《황성신문》 1909년 9월 7일 잡보, 〈홍명기흥〉.

109 《황성신문》 1908년 9월 20일 광고, 1910년 1월 9일 잡보, 〈일신교황〉; 《황성신문》 1910년 6월 15일 잡보, 〈친목회법률야학〉.

110 김형목, 《대한제국기 야학운동》, 경인문화사, 2005, 172쪽.

111 《황성신문》 1907년 5월 8일 잡보, 〈영교장취〉.

112 《대한매일신보(국한문)》 1908년 3월 26일 잡보, 〈전주사립진명야학교취지서〉; 김형목, 〈한말 호남지방 야학운동과 사회교육적 성격〉, 《전북사학》 39, 2011, 228쪽.

113 《경향신문》 1909년 3월 12일 각 지방기서, 〈순사열심〉; 《경향신문》 1909년 3월 19일, 〈야학교가 흥왕〉; 《경향신문》 1909년 4월 16일, 〈청송할 일〉; 《대한매일신보》 1910년 4월 2일 학계, 〈그 군수 무던하다〉.

114 《황성신문》 1908년 4월 25일 잡보, 〈목포교황〉.

115 대한협회, 〈본회역사〉, 《대한협회보》 6, 1908, 59~60쪽; 《대한매일신보(국한문)》 1908년 11월 26일 잡보, 〈교사열심〉; 《황성신문》 1909년 3월 30일 잡보, 〈김씨열심〉.

116 김형목, 〈한말 호남지방 야학운동과 사회교육적 성격〉, 《전북사학》 39, 2011, 229~230쪽.

117 김형목, 〈한말 해서지방 야학운동의 실태와 운영주체〉, 《백산학보》 61, 2001, 225~226쪽.

118 《대한매일신보(국한문)》 1907년 5월 28일 잡보, 〈재령흥학〉; 《대한매일신보(국한문)》 1907년 7월 20일 잡보, 〈청년흥학〉·〈재령흥학〉; 《대한매일신보(국한문)》 1908년 3월 24일 잡보, 〈지사기함〉; 《만세보》 1907년 6월 27일 잡보, 〈초목야학〉; 《대한매일신보》 1909년 6월 15일 잡보, 〈보조원의 보조〉.

119 《대한매일신보(국한문)》 1908년 8월 4일 잡보, 〈노동교설립〉; 《대한매일신보(국한문)》 1910년 1월 30일 학계, 〈영교야학〉; 《대한매일신보》 1908년 8월 20일 잡보, 〈장연노동학교〉.

120 김형목, 《대한제국기 야학운동》, 경인문화사, 2005, 184~185쪽.

121 《대한매일신보》 1908년 7월 28일 잡보, 〈노동자농회〉; 《대한매일신보》 1908년 8월 25일 잡보, 〈홍씨열심〉·〈정씨설교〉.

122 김형목, 〈한말 해서지방 야학운동의 실태와 운영주체〉, 《백산학보》 61, 2001, 228~229쪽.

123 김형목, 〈자료 해제, 노백린장군 실기〉, 《한국독립운동사연구》 22, 2004, 233~234쪽.

124 《대한민보》 1909년 8월 27일 학계기문, 〈노씨흥학〉; 《대한매일신보》 1909년 4월 30일 잡보, 〈서흥학교 흥왕〉.

125 김형목, 〈안중근의 국내 계몽활동과 민족운동사상의 위상〉, 《숭실사학》 29, 2012, 89~95쪽.

126 김형목, 〈자강운동기 평안도지방 '야학운동'의 실태와 성격〉, 《한국민족운동사연구》 22, 한국민족운동사연구회, 1999, 45쪽.

127 《대한매일신보》 1908년 2월 13일 잡보, 〈강씨흥학〉.

128 《대한매일신보(국한문)》 1908년 1월 24일 잡보, 〈영군이미〉; 《대한매일신보(국한문)》 1908년 9월 3일 잡보, 〈숙천군명진교〉; 《대한매일신보》 1910년 1월 22일 학계, 〈함씨 야학교 설립〉.

129 《황성신문》 1908년 6월 4일 잡보, 〈김씨열성〉; 《대한매일신보(국한문)》 1909년 5월 7일 학계, 〈노인열심〉.

130 김형목, 《대한제국기 야학운동》, 경인문화사, 2015, 189~190쪽.

131 김형목, 〈자강운동기 평안도지방 '야학운동'의 실태와 성격〉, 《한국민족운동사연구》 22, 1999, 49~51쪽.

132 김형목, 《대한제국기 야학운동》, 경인문화사, 2005, 196~198쪽.

133 《황성신문》 1909년 2월 17일 잡보, 〈양양노동학〉; 《황성신문》 1909년 3월 9일 잡보, 〈양졸열심〉; 《대한매일신보》 1909년 5월 27일 잡보, 〈최씨열심〉.

134 《황성신문》 1909년 4월 16일 잡보, 〈통명점취〉; 《황성신문》 1910년 3월 2일 잡보, 〈통교확장〉; 《황성신문》 1910년 3월 23일 잡보, 〈삼씨열심〉; 《황성신문》 1910년 4월 1일 잡보, 〈양촌익광〉.

135 《황성신문》 1909년 1월 7일 잡보, 〈원주군노동교야 설립〉; 《황성신문》 1909년 1월 19일 잡보, 〈횡졸흥학〉; 《대한매일신보》 1909년 4월 25일 학계, 〈사씨열심〉.

136 오영섭, 〈한말 관동학회 결성과 활동〉, 《한국독립운동사연구》 36, 2010, 199~200쪽.

137 《황성신문》 1909년 2월 3일 잡보, 〈춘천야학〉; 《경향신문》 1909년 2월 19일 각 지방기서, 〈칭송할 일〉.

138 《대한매일신보》 1909년 4월 23일 잡보, 〈친목회 조직〉; 오영교·왕현종, 《원주독립운동사》, 원주시, 2005, 184~185쪽.

139 조동걸, 〈조선농민사의 농민운동과 농민야학〉, 《한국사상》 16, 1978.

140 《대한매일신보(국한문)》 1908년 5월 1일 잡보, 〈경윤장학〉; 《황성신문》 1908년 2월 19일 잡보, 〈경윤흥학〉.

141 《대한매일신보(국한문)》 1909년 9월 14일 학계, 〈문졸장학〉; 《대한매일신보(국한문)》 1909년 9월 17일 학계, 〈문졸장학〉; 《대한매일신보(국한문)》 1909년 9월 23일 학계, 〈문졸업적〉; 《대한매일신보》 1910년 4월 2일 학계, 〈그 군수 무던하다〉.

142 《황성신문》 1908년 2월 19일 잡보, 〈함흥홍인〉.

143 김형목, 《대한제국기 야학운동》, 경인문화사, 2005, 202쪽.

144 《황성신문》 1908년 2월 6일 잡보, 〈청군강습소〉; 《황성신문》 1908년 4월 4일 잡보, 〈북청청회〉; 《황성신문》 1908년 10월 28일 잡보, 〈승평장평〉; 《대한매일신보》 1908년 10월 28일 잡보, 〈북청농무〉.

145 김형목, 〈자료소개, 함경북도 경성의 사립합일학교유지계〉, 《한국독립운동사연구》 55, 2016, 313쪽.

146 《황성신문》 1907년 8월 26일 잡보, 〈업여야학〉; 《황성신문》 1907년 11월 19일 잡보, 〈공여교수〉; 《황성신문》 1908년 3월 24일 잡보, 〈태성교황〉.

147 《황성신문》 1908년 11월 21일 잡보, 〈홍군야학〉.

148 《경향신문》 1908년 5월 29일 일일특보, 〈본년 사월 16일에 함경남도 홍원군〉; 《황성신문》 1908년 5월 10일 잡보, 〈혈서동맹〉.

149 《대한매일신보(국한문)》 1908년 9월 16일 잡보, 〈양씨열심〉; 《대한매일신보(국한문)》 1908년 10월 8일 잡보, 〈용진교용진〉; 《대한매일신보(국한문)》 1909년 8월 19일 학계, 〈노동계지사〉; 《대한매일신보(국한문)》 1909년 9월 18일 학계, 〈열심기인〉.

150 《대한매일신보(국한문)》 1908년 9월 13일 잡보, 〈여교진흥〉; 《대한매일신보(국한문)》 1909년 4월 29일 학계, 〈북교동흥〉; 《황성신문》 1909년 3월 13일 잡보, 〈노동익장〉.

151 천성호, 《한국야학운동사》, 학이시습, 2009, 81~82쪽.

152 김형목, 《대한제국기 경기도의 근대교육운동》, 경인문화사, 2016, 183~185쪽.

153 《대한매일신보(국한문)》 1909년 5월 6일 잡보, 〈천우교목〉.

154 김형목, 《대한제국기 야학운동》, 경인문화사, 2005, 315쪽.

155 《대한매일신보(국한문)》 1908년 7월 3일 논설, 〈하교육월보간행〉; 《황성신문》 1909년 4월 17일 논설, 〈교육월보의 효력〉.

156 《황성신문》 1908년 2월 29일 잡보, 〈농민야학〉.

157 김봉희, 《한국 개화기 서적문화연구》, 이화여자대학교출판부, 1999, 151~154쪽.

158 김형목, 《대한제국기 야학운동》, 경인문화사, 2005, 317~321쪽.

159 윤종문, 〈하와이 한인중앙학원의 설립과 운영〉, 《사학연구》 88, 2007, 999~1004쪽.

160 교육월보사, 〈논설, 노동사회에 권고함〉,《교육월보》2, 보성사, 1908, 1∼3쪽;《대한매일신보》1909년 4월 15∼16일 기서, 안익선, 〈노동의 뜻을 해석〉.

161 《대한매일신보》1908년 10월 7일 잡보, 〈한씨열심〉.

162 김형목, 〈한말·1910년대 여자야학의 성격〉,《중앙사론》14, 2000, 37쪽.

163 김형목, 〈한말 경남지방 야학운동의 전개양상과 운영주체〉,《한국민족운동사연구》63, 2010, 31쪽.

164 《대한매일신보(국한문)》1910년 4월 10일 논설, 〈어학계의 추세〉.

165 김형목,《대한제국기 경기도의 근대교육운동》, 경인문화사, 2016, 178쪽.

166 김형목,《대한제국기 야학운동》, 경인문화사, 2005, 213·320쪽.

167 《황성신문》1907년 12월 11일 잡보, 〈패성교육정황〉.

168 《대한매일신보》1907년 11월 1일 잡보, 〈사립국문학교취지서〉;《대한매일신보》1908년 2월 8일 잡보, 〈국문야학교취지서〉;《대한매일신보》1910년 1월 26일, 학계 〈삼성야학교 설립〉;《경향신문》1909년 5월 4일 국내잡보, 〈노동야학교〉.

169 노영택,《일제하 민중교육운동사》, 탐구당, 1979, 176∼179쪽.

170 《경인일보》2005년 4월 14일, 〈인천인물 100인, 초등교육 선구자 전학준 신부〉.

171 《대한매일신보(국한문)》1908년 6월 6일 잡보, 〈산문흥학〉; 김형목, 〈한말 경남지방 야학운동의 전개양상과 운영주체〉,《한국민족운동사》63, 2010, 63∼64쪽.

172 서북학회, 〈기부금품모집취체규칙〉,《서북학회월보》15, 1909, 60∼61쪽; 김형목, 〈1906∼1910년 서울지역 야학운동의 전개와 실태〉,《향토서울》59, 1999, 183∼184쪽.

173 김형목,《대한제국기 야학운동》, 경인문화사, 2005, 226쪽.

174 《대한민보》1909년 11월 21일 학계기문, 〈실업교육회〉;《황성신문》1910년 2월 26일 잡보, 〈실업야학원모집〉;《대한매일신보》1910년 2월 27일 학계, 〈실업학설립〉.

175 김형목,《대한제국기 경기도의 근대교육운동》, 경인문화사, 2016, 199∼200, 222쪽.

2. 식민지 노예교육으로 변질되다

1   이용창, 《동학·천도교단의 민회설립운동과 정치세력화 연구(1896~1906)》, 중앙대 박사학위논문, 2004, 168~173쪽.

2   《매일신보》 1910년 9월 7일 논설, 〈개혁의 시대〉; 《관보》 1910년 10월 7일, 〈조선귀족령〉; 배민재, 〈1910년대 조선총독부 임시은사금사업의 운영방향과 그 실제〉, 《한국사론》 55, 2009, 209~213쪽.

3   김형목, 〈자강운동기 한성부민회의 의무교육 시행과 성격〉, 《중앙사론》 9, 1997, 102쪽.

4   《매일신보》 1910년 9월 14일 논설, 〈동화의 방법〉.

5   《매일신보》 1910년 9월 16일 잡보, 〈여자교육의 방침〉; 《매일신보》 1910년 9월 23일 잡보, 〈조선인의 어학〉.

6   김형목, 《1910년 전후 야학운동의 실태와 기능》, 중앙대 박사학위논문, 2001, 133~134쪽.

7   《매일신보》 1910년 9월 7일 잡보, 〈조선인교육방침〉.

8   《관보》 1911년 8월 23일 〈칙령 제229호 조선교육령〉; 한기언, 〈일제의 동화정책과 한민족의 교육적 저항〉, 《일제의 문화침탈사》, 정음사, 1970, 17~22쪽; 정재철, 《일제의 대한국식민지교육정책사》, 일지사, 1985, 295~296쪽.

9   《매일신보》 1911년 11월 9일, 〈남해의 저축계〉; 김형목, 〈1910년대 경기도의 일어보급과 국어강습회〉, 《동양학》 39, 2006, 15쪽; 배민재, 〈1910년대 조선총독부 임시은사금사업의 운영방향과 그 실제〉, 《한국사론》 55, 2009, 228~231쪽.

10   《매일신보》 1912년 1월 14일 사설, 〈교육칙어〉.

11   《매일신보》 1911년 7월 26일 잡보, 〈데라우치 총독의 훈시〉.

12   《황성신문》 1906년 10월 30일 잡보, 〈자강건의〉; 《관보》 1908년 6월 22일, 〈학부훈령 제66호 학무위원규정준칙〉; 송병기·박용옥·박한설, 〈학무위원규정〉, 《한말근대법령자료집》 3, 국회도서관, 1971.

13   《매일신보》 1912년 6월 21일 관보, 〈조선총독부경기도령 제9호 학무위원규정〉.

14 《매일신보》 1912년 6월 21일 관보, 〈조선총독부경기도령 제7호 공립보통학교학무위원규정〉; 《매일신보》 1912년 9월 24일 관보, 〈조선총독부황해도령 제4호 공립보통학교학무위원규정〉

15 《매일신보》 1913년 7월 17일, 평북통신 〈교육회조직목적〉; 《매일신보》 1914년 7월 29일 지방통신, 〈황해도 학무회의(해주)〉.

16 《관보》 1908년 9월 1일, 〈학부령 제16호 교과용도서검정규정〉.

17 송민호, 〈대한제국시대 출판법의 제정과 출판검열의 법〉, 《한국현대문학연구》 43, 2014, 31~35쪽.

18 高橋濱吉, 《朝鮮教育史考》, 제국지방행정학회, 1927, 443~446쪽.

19 《매일신보》 1910년 9월 28일 논설, 〈합병과 교과서〉; 《매일신보》 1910년 11월 2일 잡보, 〈조선학동과 교과서〉, 《매일신보》 1911년 2월 22일~3월 2일, 〈교수상의 주의〉.

20 《매일신보》 1910년 11월 6일 잡보, 〈불량교과서조사〉.

21 독립운동사편찬위원회, 《독립운동사》 8, 1970, 333~334쪽; 권대웅, 《1910년대 국내독립운동》, 한국독립운동사편찬위원회 · 독립기념관 한국독립운동사연구소, 2008, 245~256쪽.

22 《매일신보》 1913년 10월 19일 평남통신, 〈사립학교와 국어〉.

23 《매일신보》 1912년 12월 24일, 〈직공야학개설, 데라우치 총독의 진의〉.

24 王揚濱 · 萬葆元, 《朝鮮調查記》, 1915; 全國圖書館文獻縮微復制中心, 《朝鮮調查記》, 國家圖書館藏歷史檔案文獻總刊, 2004, 424~425쪽.

25 조선총독부학무국, 《현행조선교육법규》, 1942, 728~729쪽.

26 《매일신보》 1911년 6월 30일 잡보, 〈경기관내의 국어야학회수〉; 김형목, 《일본어만능시대와 1910년대 국어강습회》, 경인문화사, 2015, 30쪽.

27 《매일신보》 1912년 3월 28일 잡보, 〈평북의 교육기관〉; 《매일신보》 1915년 3월 31일 지방통신, 〈경상남도, 국어장려기부(도내)〉.

28 《매일신보》 1915년 3월 31일 지방통신, 〈경상남도, 국어장려기부(도내)〉.

29 노영택, 《일제하 민중교육운동사》, 탐구당, 1979, 123~126쪽.

30 《동아일보》 1925년 4월 10일 부록, 〈학원 반대파여! 안악 일기자〉.

31 《관보》1918년 2월 21일, 〈서당규칙〉.

32 김형목, 〈일제강점 초기 개량서당의 기능과 성격〉, 《사학연구》 78, 2005, 246쪽.

33 《각사등록》 41권, 6·237·240쪽; 《대한매일신보(국한문)》 1908년 1월 10일 잡보, 〈착미토색〉.

34 《대한매일신보(국한문)》 1908년 4월 4일 잡보, 〈일진탈교〉; 《대한매일신보(국한문)》 1908년 12월 13일 잡보, 〈최관찰의 반대〉; 《대한매일신보》 1908년 12월 13일 잡보, 〈최씨반대〉.

35 《대한매일신보》 1910년 6월 1일 학계보, 〈학교를 방해〉; 《대한매일신보(국한문)》 1910년 6월 4일 학계보, 〈학계의 준대〉.

36 《대한매일신보》 1908년 2월 7일 잡보, 〈교사고빙〉; 김성준, 《일제강점기 조선어 교육과 조선어 말살정책 연구》, 경인문화사, 2010, 102~106쪽.

37 정재철, 〈교육정책〉, 《한민족독립운동사》 5, 국사편찬위원회, 1989, 269~278쪽.

38 김형목, 〈1906~1910년 서울지역 야학운동의 전개양상과 실태〉, 《향토서울》 59, 서울특별시사편찬위원회, 1999, 184~185쪽.

39 이광호·전명기, 〈식민지교육과 민족교육〉, 《한국사》 14, 한길사, 1994, 216~225쪽; 정백수, 《한국근대의 식민지체험과 이중언어문학》, 아시아문화사, 2000, 16~17쪽.

40 장석흥, 〈일제의 식민지 언론정책과 총독부기관지 《매일신보》의 성격〉, 《한국독립운동사연구》 6, 1992, 426~434쪽.

41 《매일신보》 1910년 9월 14일 논설, 〈동화의 방법〉.

42 《매일신보》 1910년 8월 30일 논설, 〈동화의 주의〉; 《매일신보》 1911년 5월 3일 사설, 〈광의의 애국심〉, 1915년 2월 18일 사설, 〈일선융화론〉.

43 《매일신보》 1916년 10월 6일 사설, 〈신일본주의를 고창함〉.

44 《매일신보》 1911년 2월 23일 사설, 〈국어연구의 필요〉; 《매일신보》 1913년 7월 18일 사설, 〈일본어의 세력〉.

45 《매일신보》 1911년 11월 14일 논설, 〈노동계에 대하여〉.

46 《매일신보》 1911년 11월 15일, 〈식민지교육사정〉.

47 김형목, 《1910년 전후 야학운동의 실태와 기능》, 중앙대 박사학위논문, 2001, 146쪽.

48 《매일신보》 1913년 2월 13일, 〈법령부록, 경기도 제2호〉.

49 김형목, 〈1910년대 야학의 실태와 성격 변화〉, 《국사관논총》 94, 2000, 177쪽.

50 《매일신보》 1915년 12월 11일 지방통신, 〈충청남도, 국어경쟁연습대회(서천)〉.

51 《매일신보》 1916년 3월 2일 지방통신, 〈평안남도, 평양고보강화회〉·〈함경남도, 영흥 학예회〉.

52 《매일신보》 1910년 9월 7일 잡보, 〈한불어학〉; 《매일신보》 1910년 9월 13일 잡보, 〈국 문습독〉.

53 《조선휘보》 1916년 2월 1일, 〈공립보통학교에 있어서 국어보급시설〉; 《조선휘보》 1917년 6월 1일, 〈국어보급에 관한 시설조사〉.

54 《매일신보》 1912년 7월 27일, 〈야마다 소장의 열성〉.

55 《매일신보》 1910년 9월 21일 학계보, 〈상류인사의 일어연구〉.

56 《매일신보》 1911년 2월 10일 잡보, 〈일어연구회의 호황〉; 《매일신보》 1911년 4월 22일 잡보, 〈일어연구회 호적〉.

57 허재영, 《일제강점기 어문 정책과 어문 생활》, 도서출판 경진, 2011, 42쪽.

58 《매일신보》 1913년 7월 15일 평남통신, 〈중화야학회 개설〉; 《매일신보》 1915년 3월 22일 지방통신, 〈황해도, 국어강습(해주)〉; 김형목, 〈1910년대 야학의 실태와 성격 변 화〉, 《국사관논총》 94, 2000, 177쪽.

59 《매일신보》 1914년 3월 20일 사설, 〈노학생의 미거〉.

60 《매일신보》 1914년 5월 19일 지방매일, 〈함경남도, 함흥〉.

61 《매일신보》 1913년 7월 23일 경남통신, 〈국어연구의 필요〉; 《매일신보》 1916년 12월 5일, 〈오십세의 학생〉.

62 《매일신보》 1912년 7월 7일 논설, 〈교육계의 모범인〉; 《매일신보》 1915년 4월 25일, 〈조선인교육계에 대한 호실례 1〉.

63 《매일신보》 1916년 10월 3일 사설, 〈사회교육과 신문지〉.

64 《매일신보》 1910년 11월 2일 잡보, 〈조선학동과 교과서〉.

65 허재영, 《일제강점기 어문 정책과 어문 생활》, 도서출판 경진, 2011, 36쪽.

66 《대한매일신보》 1910년 6월 23일 학계보, 〈야학교설립〉; 《대한매일신보》 1910년 7월

1일 학계보, 〈직공야학〉; 《매일신보》 1910년 11월 13일 잡보, 〈직공의 일어강습〉.

67 《매일신보》 1911년 3월 2일 잡보, 〈직공강습소 개학〉; 《매일신보》 1911년 3월 4일 사설, 〈직공강습소〉; 《매일신보》 1913년 1월 28일, 〈연초직공야학교현장〉.

68 김형목, 〈1910년대 야학의 실태와 성격 변화〉, 《국사관논총》 94, 2000, 179쪽.

69 《매일신보》 1911년 1월 10일 광고, 〈학도모집〉; 《매일신보》 1912년 1월 13일, 〈경성학사의 상학시간〉; 《매일신보》 1912년 1월 14일, 〈두모면 상아의 내지어 강습〉.

70 김형목, 〈1920년대 인천지역 야학운동 실태와 성격〉, 《인천학연구》 8, 2008, 8~9쪽.

71 《매일신보》 1913년 9월 23일, 〈수원국어강습회〉; 《매일신보》 1916년 9월 29일, 〈수원에서, 국어강습소 성황〉.

72 《매일신보》 1910년 10월 27일 잡보, 〈가평일어야학〉.

73 《매일신보》 1911년 12월 16일, 〈양주의 국어강습〉; 《매일신보》 1911년 12월 24일, 〈각군의 국어야학회〉; 《매일신보》 1913년 10월 29일, 〈파주의 국어보급〉.

74 김형목, 〈1910년대 경기도의 일어보급과 국어강습회〉, 《동양학》 39, 2006, 11쪽.

75 《매일신보》 1916년 5월 26일, 〈광주, 판교리 국어강습〉.

76 《매일신보》 1916년 5월 26일 지방통신, 〈안성, 국어강습회〉; 《매일신보》 1916년 9월 5일 지방통신, 〈안성에서, 국어강습회의 위치〉.

77 《매일신보》 1918년 1월 26일, 〈강화, 청년부인야학〉; 《매일신보》 1918년 3월 23일, 〈노부인의 개인교수〉.

78 김형목, 〈1910년대 경기도의 일어보급과 국어강습회〉, 《동양학연구》 39, 2006, 10쪽.

79 《매일신보》 1915년 12월 8일 지방통신, 〈어학속성연구회〉; 《매일신보》 1916년 2월 13일 지방통신, 〈홍성어학연구회〉; 《매일신보》 1916년 3월 14일 지방통신, 〈의지소통의 호방법(강경)〉; 《매일신보》 1916년 8월 17일 지방통신, 〈공주에서, 국어강습회〉.

80 《매일신보》 1915년 2월 23일 잡보, 〈전면국어열심(연기)〉; 《매일신보》 1916년 4월 29일 지방통신, 〈충청남도, 국어연구회(당진)〉; 《매일신보》 1916년 5월 31일, 〈모범될 이장, 국어와 부업 권장〉.

81 《매일신보》 1912년 1월 13일, 〈충북의 독지가〉.

82 《매일신보》 1912년 1월 30일, 〈음성의 기업강습〉; 《매일신보》 1912년 3월 27일, 〈충

북의 완고파벽〉;《매일신보》1912년 8월 18일, 〈괴산국어야학회〉.

83 《관보》1912년 12월 19일, 〈국어강습회상황〉.

84 《매일신보》1910년 9월 2일 학계보, 〈강사열심〉;《매일신보》1910년 10월 5일 학계
    보, 〈여교열심〉;《매일신보》1913년 7월 13일, 〈마산의 국어야학 설립〉;《매일신보》
    1916년 3월 21일 지방통신, 〈노동야학교 경건〉;《매일신보》1916년 5월 5일 지방통
    신, 〈청년운동회성황〉;《매일신보》1918년 3월 31일, 〈마산, 야학회에 보조금〉;《동아
    일보》1921년 3월 25일, 〈마산부인야학 졸업〉.

85 김형목,《일본어만능시대와 1910년대 국어강습회》, 경인문화사, 2015, 65쪽.

86 《매일신보》1911년 6월 8일 잡보, 〈경남인민의 국어열심〉;《매일신보》1913년 6월
    28일, 〈최근 사천에서〉;《매일신보》1914년 8월 31일 지방통신, 〈경상남도, 노동교개
    회〉;《매일신보》1916년 8월 9일, 〈산청에서〉.

87 《부산일보》1915년 4월 19일, 〈부산 실업야학교 시업〉;《부산일보》1918년 2월 20일
    기서, 〈실업야학교의 재흥을 간절히 바란다〉.

88 《매일신보》1916년 2월 27일 지방통신, 〈경상남도, 부산진야학회의 성황〉.

89 《매일신보》1910년 8월 31일 학계보, 〈부인열성〉;《매일신보》1912년 4월 5일, 〈이도
    장관 여교 훈유〉;《매일신보》1912년 4월 25일, 〈교육가의 부부〉;《매일신보》1912년
    6월 26일, 〈대구야학의 확장〉.

90 《매일신보》1911년 12월 27일 잡보, 〈경산학교 설립〉;《매일신보》1913년 3월 21일,
    〈모범적 호청년〉.

91 《매일신보》1911년 4월 9일, 〈법성동 유망〉;《매일신보》1912년 12월 5일, 〈용궁보교
    호적〉;《매일신보》1917년 6월 12일, 〈대구, 보통학교입학생도〉.

92 《매일신보》1911년 2월 1일, 〈흥덕노동야학교〉;《매일신보》1912년 1월 24일, 〈금산
    보교 유망〉;《매일신보》1915년 8월 7일, 〈독지의 야학회(옥구)〉.

93 《매일신보》1912년 1월 24일, 〈금산보교 유망〉;《매일신보》1915년 8월 7일, 〈독지
    의 야학회(옥구)〉;《매일신보》1916년 10월 4일, 〈전주에서, 야학부 개시〉;《매일신보》
    1916년 11월 21일, 〈이리에서, 익산의 야학회〉;《매일신보》1917년 11월 23일, 〈고창,
    국어야학회 개최〉.

94   《매일신보》1916년 12월 26일, 〈목포에서, 보통학교 야학 개시〉;《매일신보》1917년 10월 27일, 〈목포의 상업야학〉.

95   《매일신보》1917년 4월 13일, 〈영암에 야학회〉;《매일신보》1917년 11월 7일, 〈진도군에 청년자진회〉.

96   《매일신보》1912년 7월 6일, 〈화천군의 용흥〉.

97   《매일신보》1916년 5월 30일 지방통신, 〈영월, 모범면장의 치적〉.

98   《매일신보》1914년 1월 28일 지방통신, 〈강원도, 철원〉;《매일신보》1916년 7월 1일, 〈철원에서, 이씨의 미거〉.

99   《매일신보》1912년 2월 29일, 〈봉원농무강습〉;《매일신보》1912년 4월 10일 〈사리원 국어강습회〉: 이달원, 〈성공한 봉양원〉,《서울》3, 1920.

100 김형목,《일본어 만능시대와 1910년대 국어강습회》, 경인문화사, 2015, 74쪽.

101 《매일신보》1912년 8월 5일 지방통신, 〈황해도, 국어강습(안악)〉;《매일신보》1914년 2월 24일 지방통신, 〈황해도, 해주〉;《매일신보》1914년 8월 9일 지방통신, 〈황해도, 국어강습(해주)〉;《매일신보》1915년 3월 25일 지방통신, 〈황해도, 순사보의 열심〉.

102 《매일신보》1910년 12월 2일 잡보, 〈개졸의 치적〉;《매일신보》1911년 2월 17일, 〈상원의 국어야학〉;《매일신보》1911년 9월 14일, 〈강서의 농사강습회〉.

103 《매일신보》1914년 5월 8일 지방매일, 〈평안남도, 대동〉;《매일신보》1915년 11월 5일 지방통신, 〈평안남도, 어학강습발회식〉;《매일신보》1917년 3월 14일, 〈진남포, 삼화 청년회연주회〉;《동아일보》1921년 4월 14일, 〈진남포노동야학회〉.

104 《매일신보》1913년 7월 15일 평남통신, 〈중화야학회〉;《매일신보》1916년 1월 21일 지방통신, 〈평안남도, 국어야학과 경관〉;《매일신보》1916년 4월 19일 지방통신, 〈평안남도, 부호가의 독지〉.

105 《매일신보》1913년 2월 16일, 〈제순사보의 미거〉.

106 김형목,《일본어만능시대와 1910년대 국어강습회》, 경인문화사, 2015, 77~78쪽.

107 《매일신보》1912년 3월 28일, 〈평북의 교육기관〉.

108 《매일신보》1910년 11월 13일 잡보, 〈운산의 복성〉;《매일신보》1912년 2월 18일, 〈성천의 국어보급〉;《매일신보》1916년 5월 5일, 〈학구의 국어강습〉.

109 《매일신보》 1911년 7월 19일, 〈의주소식, 일선어학연구회〉; 《매일신보》 1913년 7월 17일, 〈한어연구의 호기〉; 《매일신보》 1915년 1월 21일, 〈의주여자국어야학〉.

110 김형목, 《1910년 전후 야학운동의 실태와 기능》, 중앙대 박사학위논문, 2001, 162쪽.

111 《매일신보》 1910년 10월 15일 교육계, 〈상무교사의 열심〉; 《매일신보》 1914년 7월 23일 지방통신, 〈함경남도, 국어강습〉; 《매일신보》 1915년 4월 23일, 〈국어부기야학 (함흥)〉.

112 《매일신보》 1914년 9월 2일, 〈국어야학(홍원)〉; 《매일신보》 1915년 4월 28일 지방통신, 〈함경남도, 국어야학 설립(홍원)〉.

113 《매일신보》 1914년 1월 24일, 〈북선인과 국어〉.

114 《매일신보》 1911년 11월 11일 논설, 〈기부금의 취체〉.

115 《관보》 1913년 1월 15일; 《매일신보》 1913년 1월 17일, 〈사설학술강습회에 관한 건〉.

116 《매일신보》 1911년 3월 5일, 〈각학교 교수방법 시찰〉.

117 《매일신보》 1912년 1월 1일, 〈조선교육령 정신〉; 《매일신보》 1912년 1월 25일, 〈교육 칙어와 서방〉.

118 《매일신보》 1911년 8월 27일, 〈회장관의 훈유〉.

119 《매일신보》 1912년 6월 8일, 〈선인교원 하기강습〉; 허재영, 《일제강점기 어문 정책과 어문 생활》, 도서출판 경진, 2011, 56쪽.

120 허재영, 《일제강점기 어문 정책과 어문 생활》, 도서출판 경진, 2011, 53쪽.

121 김형목, 〈1910년대 야학의 실태와 성격 변화〉, 《국사관논총》 94, 2001, 192~193쪽.

122 《황성신문》 1909년 4월 24일 잡보, 〈권장노동〉; 김형목, 〈한말 호남지방 야학운동과 사회교육적 성격〉, 《전북사학》 39, 2011.

123 《매일신보》 1915년 2월 22일 지방통신, 〈황해도, 국어강습(해주)〉.

124 김형목, 〈한말·1910년대 여자야학의 성격〉, 《중앙사론》 14, 2000, 34~36쪽.

125 《매일신보》 1913년 7월 23일 경남통신, 〈국어연구의 필요〉, 1914년 5월 19일 지방매 일, 〈함경도(함흥)〉.

126 《매일신보》 1911년 11월 22일 논설, 〈전북민속의 일변〉.

127 안건호, 〈1920년대 전반기 청년운동의 전개〉, 《한국근현대청년운동사》, 풀빛, 1995,

59~68쪽.

128 《매일신보》 1911년 6월 27일 교육잡사, 〈이씨열심〉; 《매일신보》 1911년 7월 7일 교육잡사, 〈이현의 산술강습소 호황성에서, 국어강습회의 위치〉; 《매일신보》 1918년 1월 26일, 〈강화, 청년부인야학〉; 《매일신보》 1918년 3월 23일, 〈노부인의 개인교수〉.

129 《매일신보》 1915년 10월 26일 지방통신, 〈평안남도, 야학강습회(평양)〉; 《매일신보》 1916년 3월 14일, 〈의지 소통의 호방법(강경)〉.

130 김형목, 《1910년 전후 야학운동의 실태와 기능》, 중앙대 박사학위논문, 2001, 185쪽.

131 《관보》 1908년 9월 14일, 〈학부훈령 제3호 서당관리에 관한 건〉.

132 《반도시론》 2-4, 1918, 〈서당규칙과 훈장의 주의〉.

3. 들불처럼 야학운동이 확산되다

1 김형목, 〈1920년대 전반기 경기도 야학운동의 실태와 기능〉, 《한국독립운동사연구》 13, 1999, 104쪽; 김형목, 〈서울의 민족교육운동〉, 《서울항일독립운동사》, 서울특별시사편찬위원회, 2009, 668쪽.

2 《동아일보》 1921년 3월 14일, 〈안성여자교육회조직, 일반여자의 품성향상과 지식계발할 목적으로〉; 《동아일보》 1921년 8월 3일, 〈안성여자교육회강연〉; 김형목, 〈안성여자교육회〉, 《한국독립운동사사전》 5, 독립기념관 한국독립운동사연구소, 2004, 429~430쪽.

3 《관보》 1922년 2월 4일, 〈칙령 제19호 조선교육령〉.

4 김형목, 《교육운동》, 한국독립운동사편찬위원회·독립기념관 한국독립운동사연구소, 2009, 55쪽.

5 김한종, 〈제2차 조선교육령 시기 일선공학 정책과 조선인의 반응〉, 《호서사학》 48, 2007, 258~262쪽.

6 《매일신보》 1922년 4월 5일, 〈입학난으로 생한 비극〉; 《시대일보》 1924년 9월 21일 지방논단, 〈봉산을 지나면서-모정생〉.

7 《매일신보》 1922년 4월 5일, 〈평양 각 학교 입학난〉; 김형목, 〈1920년대 전반기 서울지역 야학운동의 분화·발전과 성격〉, 《중앙우수논문집》 2, 중앙대 대학원, 2000, 64~69쪽.

8 《매일신보》 1923년 4월 7일, 〈함흥 면민대회, 여공보교를 설치코저〉; 《매일신보》 1924년 3월 4일, 〈영동의 면민대회, 공보기성으로〉; 《매일신보》 1924년 9월 26일, 〈잠상면민대회, 신설 공보 기부문제로 면장의 불신임안을 가결〉; 《시대일보》 1924년 3월 2일, 〈평북 용천의 군민대회, 교육기관 충실로〉; 《시대일보》 1924년 5월 5일, 〈고보기성문제의 북청군민대회〉; 《동아일보》 1928년 5월 20일, 〈십년간 운동한 학교를 당국에서 타면에 지정〉.

9 김형목, 〈1920년대 인천지역 야학운동〉, 《인천학연구》 8, 2008, 236쪽.

10 김형목, 〈민립대학설립운동〉, 《서울항일독립운동사》, 서울특별시사편찬위원회, 2009, 660~661쪽. 경성제국대학에 관한 연구 대부분은 민립대학설립운동을 저지하기 위한 일환임을 밝히고 있다. 이는 역사적인 사실이 전혀 다르다. 일제는 민립대학설립운동이 시작되기 이전에 경성제국대학 설립 계획에 따라 이를 추진했기 때문이다.

11 《매일신보》 1920년 5월 31일, 〈교육협회 설립 계획, 유지 발기, 준비위원 선정〉; 《매일신보》 1922년 2월 8일, 〈조선교육협회 인가〉; 《조선일보》 1920년 3월 1일 사설, 〈조선교육회에 대한 감상〉; 《조선일보》 1920년 7월 7일, 〈조선교육회에 대하여〉.

12 박찬승, 《한국근대정치사상사연구》, 역사비평사, 1992, 177~185쪽.

13 《조선일보》 1928년 12월 18~19일, 〈나의 추억, 교육회 초창시대와 유진태씨, 조선의 살길은 교육에 있다〉.

14 유동한, 〈조선교육협회는 무엇을 하는가〉, 《별건곤》 45, 개벽사, 1931, 21쪽.

15 《동아일보》 1920년 6월 14일, 〈심우공조회주최 본사강화분국후원의 하기순회교육장려단일행 강화에서 교육강연회개최〉; 《동아일보》 1920년 7월 29일, 〈심우공조회에서 하기순회교육장려단 조직, 동아일보사강화분국후원(강화)〉.

16 《시대일보》 1925년 7월 10일 사설, 〈노동독본 발간〉; 《동아일보》 1929년 1월 2일, 〈삼천 회중을 옹한 양대 노동회 창립〉; 《중외일보》 1929년 11월 15일 사설, 〈노동독본과 계몽운동〉.

17 박용옥, 〈조선여자교육회〉, 《한국독립운동사사전》 6, 독립기념관 한국독립운동사연구소, 2004, 548~549쪽; 한상권, 《차미리사 평전》, 푸른역사, 2008, 94~105쪽.

18 김형목, 〈1920년대 전반기 서울지역 야학운동의 분화·발전과 성격〉, 《중앙우수논문집》 2, 중앙대 대학원, 2000, 66~67쪽.

19 《매일신보》 1921년 3월 8일, 〈진안 부녀야학생〉; 《매일신보》 1922년 1월 18일, 〈부녀토론회 상황〉.

20 《동아일보》 1920년 4월 9일, 〈초학자의 입학시험, 교육계에 중대한 문제〉; 《동아일보》 1920년 6월 5일 논설, 〈교육진흥과 민간의 적극적 노력, 사학장려〉.

21 《매일신보》 1920년 4월 24~26일, 〈경성공립보교는 여사히 확장할 계획〉; 《동아일보》 1922년 4월 13일, 〈입학난을 구제키 위하여 금일 천도교당에서 방침을 의론〉; 《동아일보》 1922년 4월 15일, 〈실행위원을 선거하야 모든 방침을 진행하기로 입학난구제기성회 협의〉; 《조선일보》 1925년 2월 3일, 〈입학난구제방법연구회에서 세 가지 조건 상의하고서 부윤에게 교섭하기로 결정〉.

22 《조선일보》 1923년 9월 15일, 〈아동교육과 부인〉.

23 김형목, 〈유치원교육〉, 《교육운동》, 한국독립운동사편찬위원회·독립기념관 한국독립운동사연구소, 2009, 24쪽.

24 《조선일보》 1921년 3월 21일, 〈교육의 필요, 국가 발전의 원동력은 교육이다〉; 《조선일보》 1921년 9월 13~14일 사설, 〈학교와 가정의 관계〉; 《동아일보》 1922년 4월 11일, 〈횡설수설〉; 《매일신보》 1923년 3월 20일, 〈입학난과 아동〉.

25 《동아일보》 1922년 5월 11일, 〈보통학교 2부제〉; 《동아일보》 1922년 5월 17일, 〈보교 내에 학습회〉; 《매일신보》 1922년 5월 17일, 〈이부교수수 실시〉.

26 《매일신보》 1921년 10월 21~22일, 〈학교비호별할 납세에 대하여〉; 《매일신보》 1922년 8월 15일, 〈학교비호별할 부과방법 개선〉; 《매일신보》 1925년 1월 19일, 〈취학 못한 아동이 경성에만 만 오천명〉; 《매일신보》 1925년 4월 3일, 〈문명을 등지고 토굴에 생활, 동대문 관내만 6백명〉; 《동아일보》 1924년 2월 9일, 〈토굴생활 3백처〉; 《동아일보》 1925년 2월 2일, 〈학교비호별할〉.

27 이만규, 《조선교육사》 하, 을유문화사, 1949, 264~266쪽.

28 《조선일보》 1927년 2월 1일, 〈교육의 차별, 교육문제에 있어서 일선인 차별 심각한 지경〉;《중외일보》 1930년 3월 23일, 〈죽첨보교에선 이부제를 실시, 명원보다 사배 초과한 지망생의 수용완화로〉; 오성철,《식민지 초등교육의 형성》, 교육과학사, 2000, 329~334쪽.

29 《매일신보》 1925년 3월 1일, 〈경기 각 야학에 5천원 보조〉.

30 《동아일보》 1925년 3월 29일 사설, 〈평안남도의 기괴한 태도, 조선인의 교육을 무시〉.

31 《조선일보》 1921년 5월 3~4일, 〈조선교육개선 건의안〉;《조선일보》 1921년 5월 7일, 〈조선교육제도 요안〉;《동아일보》 1921년 4월 24일, 〈제2회 교육조사위원회 일반민 중의 여론 환기〉;《동아일보》 1921년 4월 30일, 〈교육조사위원회 개최, 총독부에서〉.

32 김형목,《교육운동》, 한국독립운동사편찬위원회·독립기념관 한국독립운동사연구소, 2009, 180~184쪽.

33 《매일신보》 1921년 2월 14일 〈인천부 제씨에게 고경함, 급선무는 교육〉.

34 《동아일보》 1923년 4월 9일, 〈인천공보 입학난〉;《시대일보》 1924년 4월 24일 〈인보 에 이부교수〉;《중외일보》 1933년 3월 22일 〈지방시론, 학교와 부당국에 일언함〉.

35 《매일신보》 1922년 6월 4일, 〈경하할 기성회에 대하여〉.

36 오성철, 〈공립보통학교 학생 중퇴율: 1912-1942〉,《식민지 초등교육의 형성》, 교육과 학사, 2000, 157쪽.

37 김형목, 〈1920년대 인천지역 야학운동 실태와 성격〉,《인천학연구》 8, 2008, 236~ 237쪽.

38 《매일신보》 1920년 1월 14일, 〈교육계의 신기록 경성의 노동야학〉;《매일신보》 1921년 9월 23일, 〈사천야학생 원족〉;《조선일보》 1923년 2월 3일, 〈충주에 교육울 흥〉;《조선일보》 1923년 5월 3일, 〈구좌면 인사의 교육열〉;《조선일보》 1923년 5월 20일, 〈노동청년들의 교육열〉.

39 《조선일보》 1922년 12월 5일, 〈실업자와 구제문제〉;《조선일보》 1923년 3월 15일, 〈증 가하는 실업자를 내하〉.

40 김형목, 〈서울의 민족교육운동〉,《서울항일독립운동사》, 서울특별시사편찬위원회, 2009, 669쪽.

41 김형목, 〈1920년대 전반기 서울지역 야학운동의 분화·발전과 성격〉, 《중앙우수논문집》 2, 중앙대 대학원, 2000, 59쪽.

42 김경일, 〈공업실태와 노동자 구성 및 상태〉, 《일제하 노동운동사》, 창작과비평사, 1992, 40~41쪽.

43 《매일신보》 1919년 4월 30일, 〈소요선동자 징역 5년, 동아연초작공〉; 《조선일보》 1921년 3월 13일, 〈인촌직공의 동맹파업〉.

44 《매일신보》 1919년 10월 25일, 〈동아연초직공 일부 동맹파업, 십구일부터〉; 정연태·이지원·이윤상, 〈3·1운동의 전개양상과 참가계층〉, 《3·1민족해방운동 연구》, 청년사, 1989, 241쪽.

45 《매일신보》 1920년 3월 3일, 〈동아 대구분공장 직공 맹휴, 40여 명이 파업하고 공전을 올려달라〉.

46 윤석수, 〈조선노동연구회〉, 《한국독립운동사사전》 6, 독립기념관 한국독립운동사연구소, 2004, 410~411쪽.

47 신용하, 〈조선노동공제회〉, 《한국독립운동사사전》 6, 독립기념관 한국독립운동사연구소, 2004, 402~405쪽.

48 《매일신보》 1920년 5월 1일, 〈노동공제회 강연〉; 《매일신보》 1920년 6월 9일, 〈노동지회 발회식〉; 《매일신보》 1920년 6월 23일, 〈개성노동회〉; 《매일신보》 1920년 8월 31일, 〈노공제지부 발회식〉.

49 《동아일보》 1922년 3월 20일, 〈안동현 노동야학〉.

50 《동아일보》 1923년 10월 19일, 〈신천노동야학계〉; 《동아일보》 1924년 12월 16일, 〈노동야학 졸업식〉.

51 《동아일보》 1921년 10월 24일, 〈적성야학동정회〉; 《동아일보》 1922월 3월 28일, 〈신천야학교 소식〉; 《동아일보》 1925년 10월 22일, 〈대구노동야학 작품전람회〉; 《동아일보》 1927년 3월 27일, 〈노동야학 경영〉.

52 《동아일보》 1921년 3월 29일, 〈안주협성야학 수업〉.

53 《매일신보》 1920년 6월 26일, 〈천도 안주청년회〉; 《매일신보》 1920년 10월 21일, 〈협성야학교 설립〉; 《시대일보》 1924년 4월 3일, 〈안주의 현상〉.

54 《동아일보》1920년 4월 21일, 〈노동대회선전, 취지서를 돌렸다〉;《매일신보》1920년 5월 4일, 〈성황이었던 노동대회 7백 명이 출석, 2일 광무대에서〉.

55 《동아일보》1920월 5월 1일, 〈노동대회 창립회, 명일 광무대에서〉.

56 《동아일보》1920년 6월 17일, 〈신의주노동대회발기회 개최〉;《동아일보》1920년 6월 30일, 〈노동대회 충북지부 청주에 설립〉;《동아일보》1920월 7월 10일, 〈노동대회 원산지부에서 결당식겸 강연회〉;《동아일보》1920년 7월 17일, 〈노동대회 연백지부 발기총회〉;《매일신보》1921년 6월 14일, 〈광주노동대회〉.

57 《매일신보》1920년 6월 28일, 〈노동대회 강연회〉;《동아일보》1920월 6월 28일, 〈노동대회 주최로 상동예배당에서 강연회〉;《동아일보》1920년 7월 4일, 〈노동대회장김 광제씨 조치원청년회관에서 노동강연〉.

58 《동아일보》1920월 8월 15일, 〈노동대회 임원개선, 지난십삼일 종로청년회에서〉.

59 김광운, 〈조선노농연맹회〉,《한국독립운동사사전》6, 독립기념관 한국독립운동사연구소, 2004, 411~413쪽.

60 김광운, 〈조선노농총동맹〉,《한국독립운동사사전》6, 독립기념관 한국독립운동사연구소, 2004, 400~402쪽.

61 김경일, 〈1920년대 이후 노동자 파업의 전개〉,《서울항일독립운동사》, 서울특별시사편찬위원회, 2009, 775~779쪽.

62 《매일신보》1921년 8월 18일, 〈인천정미소, 여자직공 맹휴〉;《매일신보》1921년 8월 21일, 〈여직공 파업〉;《동아일보》1923년 7월 20일, 〈인천노동문제 대강연회〉;《동아일보》1923년 7월 25일, 〈인천노동강연 비분과 긴장〉.

63 이명화, 〈조선노동총동맹〉,《한국독립운동사사전》6, 독립기념관 한국독립운동사연구소, 2004, 415~416쪽.

64 《동아일보》1921년 2월 25일, 〈지방 청년단체 발전책〉.

65 《동아일보》1923년 7월 22일, 〈민중강좌연기, 서울청년회주최〉;《동아일보》1923년 7월 28일, 〈민중강좌는 어찌하여 중지되었나, 모호한 당국자〉.

66 《시대일보》1925년 1월 15일, 〈전조선노동교육자대회〉;《매일신보》1925년 1월 15일, 〈노동교육대회, 절차는 추후 발표〉.

67 김형목, 〈서울지역 야학현황〉,《서울항일독립운동사》, 서울특별시사편찬위원회, 2009, 678쪽.

68 《매일신보》1919년 12월 21일, 〈독자구락부〉.

69 《매일신보》1920년 5월 5일, 〈노동야학부활〉;《매일신보》1924년 3월 28일, 〈조선여자청년회의 부인강좌〉.

70 《동아일보》1920년 4월 23일, 〈여자야학회, 여자교육회 주최로 종교례배당 안에서〉;《매일신보》1920년 5월 13일, 〈여자교육회 강습회〉.

71 김형목, 〈서울지역 야학현황〉,《서울항일독립운동사》, 서울특별시사편찬위원회, 2009, 679쪽.

72 《동아일보》1921년 11월 7일, 〈무월사의 시천교청년회의 강습소, 견지강습소 설립〉;《동아일보》1921년 12월 11일, 〈견지강습소에서 토론회〉.

73 《매일신보》1923년 3월 5일, 〈음악과 소인극〉.

74 《매일신보》1923년 5월 22일, 〈조선문통신강습학회에서 조선문 선전 강연〉.

75 《동아일보》1926년 6월 9일, 〈서울야학성황〉.

76 《동아일보》1924년 8월 5일, 〈서울야학 근황〉;《시대일보》1925년 7월 5일, 〈도로에 방황할 서울야학원〉.

77 《동아일보》1923년 4월 18일, 〈인천에 여자야학〉;《동아일보》1923년 9월 25일, 〈인천영화여교 야학〉;《동아일보》1923년 10월 7일, 〈인천여자야학 근황〉.

78 《동아일보》1920년 7월 4일, 〈인천노동야학 유망〉;《동아일보》1924년 3월 1일, 〈소성노동야학생모집〉.

79 《매일신보》1920년 10월 16일, 〈상업야학과〉;《동아일보》1921년 3월 5일, 〈고려청년회의 근황〉;《동아일보》1921년 3월 23일 〈청년회상학 수료식〉.

80 《동아일보》1920년 7월 8일, 〈홍원여자야학〉.

81 《동아일보》1920년 9월 16일, 〈단천양교의 여학교〉;《매일신보》1922년 8월 28일, 〈단천야학학예회〉.

82 《조선일보》1921년 11월 20일, 〈진주부인야학 개회〉; 김중섭, 〈일제 식민 통치와 주민 교육 운동〉,《설화와 의식의 사회사》, 문학과지성사, 1995, 272~273쪽.

83 《동아일보》 1921년 4월 8일, 〈합천여자야학 설립〉.

84 《동아일보》 1921년 4월 10일, 〈춘천여자야학회〉.

85 《동아일보》 1921년 9월 1일, 〈통천교육회 사업〉.

86 《동아일보》 1920년 7월 20일, 〈목포여자수양회〉; 《동아일보》 1921년 3월 12일, 〈여
자청년회 음악회〉; 《동아일보》 1921년 9월 22일, 〈목포여자야학 개학〉.

87 《동아일보》 1920년 9월 6일, 〈광주여자야학 속보〉; 《동아일보》 1920년 9월 9일, 〈육
십노온의 향학열〉; 《동아일보》 1921년 9월 2일, 〈여자교육을 위하야, 광주유지의 진
력〉; 《동아일보》 1921년 9월 9일, 〈광주여자야학 기념〉; 《동아일보》 1921년 9월 30일,
〈여자야학진급식〉; 《매일신보》 1920년 6월 11일 지방통신, 〈광주청년회 발기회개최,
장래유망한 차회의 취지〉; 《매일신보》 1920년 9월 5일, 〈광주여자야학〉.

88 《대한매일신보》 1910년 6월 18일, 〈가사부교〉; 《동아일보》 1921년 7월 30일, 〈경천
리여자야학회〉.

89 《동아일보》 1921년 10월 19일, 〈당진여자교육기관〉.

90 《시대일보》 1926년 5월 13일, 〈독진부녀야학 개시〉; 《중외일보》 1926년 12월 21일,
〈청진부녀야학 졸업식 거행〉.

91 고숙화, 《형평운동》, 한국독립운동사편찬위원회 · 독립기념관 한국독립운동사연구소,
2008, 152쪽.

92 《시대일보》 1925년 8월 12일, 〈익산형평분사 야학 설치, 청년회까지 조직〉; 《시대일
보》 1925년 8월 27일, 〈형평사습격사건과 각지단체태도, 익산형평분기〉.

93 《동아일보》 1925년 2월 16일, 〈여자노동야학, 재경여자기독청년회연합 주최〉.

94 김형목, 〈서울지역 야학현황〉, 《서울항일독립운동사》, 서울특별시사편찬위원회,
2009, 681쪽.

95 《동아일보》 1927년 10월 15일, 〈부인시평: 동기와 여자야학, 여자계몽운동의 필요〉.

96 《조선신문》 1926년 7월 7일, 〈경성하기강습회기연장견합〉.

97 《동아일보》 1921년 8월 15일, 〈유신청년회 야학개학〉; 《동아일보》 1921년 9월 19일,
〈유신청년회의 강연〉, 1922년 4월 26일, 〈오성강습소 혹장〉.

98 《매일신보》 1920년 8월 25일 사설, 〈세계사조, 외국어의 필요〉.

99 《동아일보》1922년 1월 21일, 〈저축국에 여자강좌, 사무여가를 타서〉.

100 김형목, 〈서울지역 야학현황〉, 《서울항일독립운동사》, 서울특별시사편찬위원회, 2009, 690쪽.

101 《동아일보》1923년 4월 26일, 〈삼각청년강습회〉.

102 김형목, 〈조선노동교육회〉, 《한국독립운동사사전》 6, 독립기념관 한국독립운동사연 구소, 2004, 405~406쪽.

103 강정숙, 〈일제하 안동지방의 농민운동에 관한 연구〉, 《한국근대농촌사회와 농민운 동》, 열음사, 1988, 357쪽.

104 《동아일보》1923년 10월 5일, 〈근화학원졸업식, 금오일 하오 팔시부터조선여자교육 협회서〉; 《시대일보》1926년 5월 4일, 〈여자학원과 주학, 청진동에 이전〉.

105 《동아일보》1925년 3월 11일, 〈삼성학원 서광, 경비를 전동이 부담할 터〉.

106 김형목, 《교육운동》, 한국독립운동사편찬위원회·독립기념관 한국독립운동사연구소, 2009, 272~273쪽.

107 김형목, 《교육운동》, 한국독립운동사편찬위원회·독립기념관 한국독립운동사연구소, 2009, 275쪽.

108 《시대일보》1925년 1월 15일, 〈전조선노동교육자대회〉; 《동아일보》1925년 1월 15일, 〈노동교육자대회, 노동교육의 충실을 도모하려, 조선노동교육회 주최로〉.

109 박철하, 〈1920년대 전반기 사회주의 청년운동과 고려공산청년회〉, 《역사와현실》 9, 1993, 264~268쪽.

110 《동아일보》1924년 9월 18일, 〈조선노동교육회 창설, 종로삼정목 노동학원에서〉.

111 《시대일보》1925년 1월 22일, 〈전조선의 노동교육자대회, 비절참절한 노동자 교육문 제를 전조선적으로 회합 토의할려고〉.

112 김형목, 〈1920년대 전반기 경기도 야학운동의 실태와 기능〉, 《한국독립운동사연구》 13, 1999, 114쪽.

113 《동아일보》1921년 8월 2일, 〈때의 소리〉; 《동아일보》1921년 9월 11일, 〈때의 소리〉.

114 《동아일보》1920년 8월 18일, 〈괴산청년회 창립〉; 《동아일보》1921년 4월 25일, 〈괴 산청년회 정기회〉; 《동아일보》1923년 12월 10일, 〈괴산여자야학〉.

115 김형목, 〈1920년대 괴산지역 문화계몽운동의 성격〉, 《중앙사론》 30, 2009, 268~
270쪽.

116 《중외일보》 1928년 4월 30일, 〈여류대강연회, 괴산청맹 주최〉.

117 《중외일보》 1927년 11월 7일, 〈괴산청년회의 가택수색사건과 호서기자단 질문에 대
한 경찰서장의 변명〉; 《중외일보》 1929년 2월 28일, 〈괴산청년동맹 집행위원제〉; 《동
아일보》 1927년 11월 7일, 〈추측만 가지고 덮어놓고 수색〉.

118 《매일신보》 1921년 9월 14일, 〈대전구락부 총회〉.

119 조종섭, 《일제하 대전지역의 사회운동》, 공주대 석사학위논문, 1998.

120 김형목, 〈대전청년회〉, 《한국독립운동사사전》 4, 독립기념관 한국독립운동사연구소,
2004, 8~9쪽.

121 《시대일보》 1925년 6월 10일, 〈불온! 또 중지! 대전소녀소녀현상강연회를〉; 김형
목, 〈소년운동〉, 《한국독립운동사사전》 5, 독립기념관 한국독립운동사연구소, 2004,
146~150쪽.

122 《동아일보》 1925년 11월 2일, 〈노동경영준비, 대전 우리청년회서〉; 《동아일보》
1926년 7월 19일, 〈대전 우리청년회 위원회〉; 《매일신보》 1925년 12월 27일, 〈사회
학 강좌, 우리청년회에서〉.

123 김형목, 〈함평청년회〉, 《한국독립운동사사전》 7, 독립기념관 한국독립운동사연구소,
2004, 476~477쪽.

124 《동아일보》 1922년 6월 7일, 〈청중 칠백여명, 함평청년회원의 대활동〉; 《시대일보》
1925년 12월 7일, 〈함평청년회 간부결의〉; 《시대일보》 1926년 1월 26일, 〈함평청년
회 간부회의〉.

125 김형목, 《교육운동》, 한국독립운동사편찬위원회 · 독립기념관 한국독립운동사연구소,
2009, 237쪽.

126 《매일신보》 1920년 8월 12일, 〈함평청년회 활동〉; 《매일신보》 1921년 8월 7일, 〈호남
학생강연단〉; 《동아일보》 1922년 1월 10일, 〈함평청년회 월례회〉; 《동아일보》 1921년
9월 21일, 〈함평청년회의 소인극 성황〉; 《동아일보》 1922년 4월 11일, 〈함평유치원
설립〉.

127 《동아일보》 1922년 1월 10일, 〈함평청년회 월례회〉;《시대일보》 1926년 7월 9일, 〈함평청년6주기념성황, 강연회까지 개최〉.

128 《동아일보》 1920년 6월 19일, 〈담양청년회 발기〉;《동아일보》 1921년 3월 25일, 〈담양청년회 정기회〉.

129 《매일신보》 1921년 11월 29일, 〈담양노야학 성황〉;《매일신보》 1922년 4월 7일, 〈담양 야학 수업식〉.

130 《매일신보》 1922년 8월 28일, 〈담양 소인극 상황〉;《동아일보》 1922년 9월 6일, 〈담양 동경유학생으로 조직된 서광회지부 설립〉.

131 《매일신보》 1924년 2월 2일, 〈담양청년의 순강〉;《동아일보》 1925년 1월 28일, 〈담양청년회 순회강연〉;《동아일보》 1926년 10월 19일, 〈담양청년회 노동청년회 합동순강〉.

132 《시대일보》 1925년 11월 24일, 〈이월회 순회극 할인권〉;《시대일보》 1926년 7월 28일, 〈운동의 정돈, 실행을 목적한 6개 단체 위원회, 담양에서 연합으로 개최〉.

133 《동아일보》 1925년 12월 9일, 〈담양에서 이월회창립, 선언강령도 발표〉.

134 《시대일보》 1926년 6월 4일, 〈40단체 연합 고임씨 영결식〉.

135 김형목, 〈고산청년회〉,《한국독립운동사사전》 3, 독립기념관 한국독립운동사연구소, 2004, 266쪽.

136 《동아일보》 1921년 12월 24일, 〈고산청년회의 부녀야학 종업〉;《동아일보》 1922년 5월 10일, 〈고산청년회 주최의 부녀야학 계속〉.

137 《동아일보》 1923년 8월 9일, 〈고산청년회창립 3주년기념〉.

138 김형목,《교육운동》, 한국독립운동사편찬위원회·독립기념관 한국독립운동사연구소, 2009, 240쪽.

139 《동아일보》 1920년 7월 17일, 〈부안청년회 발기〉;《동아일보》 1920년 7월 25일, 〈부안청년회 창립〉.

140 《동아일보》 1923년 9월 30일, 〈부안부인야학회, 부안청년회 주최〉.

141 《동아일보》 1923년 10월 12일 〈부안군 서영단 조직〉;《시대일보》 1928년 8월 10일, 〈부안소맹임시대회 성황〉.

142 《중외일보》 1928년 7월 5일, 〈부안청년동맹, 집행위원회〉;《중외일보》 1928년 8월

5일, 〈부안청년동맹 집행위원회〉;《중외일보》1928년 12월 6일, 〈부안청년동맹위원
    가택 수색〉.

143 김형목, 〈통영청년회〉,《한국독립운동사사전》7, 독립기념관 한국독립운동사연구소,
    2004, 211쪽.

144 《중외일보》1928년 5월 27일, 〈통영읍 협성회 정총〉;《조선중앙일보》1933년 5월
    22일, 〈통영 협성회, 정기총회 개최〉;《조선중앙일보》1936년 4월 26일, 〈통영협성회
    총회〉.

145 《동아일보》1920년 7월 11일, 〈통영중학기성회 근황〉.

146 《동아일보》1922년 10월 25일, 〈통영청년단활동사대 호적〉;《동아일보》1922년 10월
    31일, 〈통영청년단활동대의 도처 미거〉.

147 정충실, 〈통영청년단의 순회상영과 관객의 영화관람(1921~1923)〉,《정신문화연구》
    139, 한국학중앙연구원, 2015, 101~121쪽.

148 《동아일보》1922년 5월 5일, 〈통영자성회 총회〉.

149 《동아일보》1924년 3월 2일, 〈통영 백조사에서 운영하려든 영어강습소 불허〉.

150 《동아일보》1922년 2월 22일, 〈고령청년회 주최 강습소 근황〉;《시대일보》1924년
    5월 21일, 〈고령, 강습원 확장〉·〈고령, 노동야학 성행〉;《시대일보》1924년 6월 26일,
    〈고령, 노동야학 휴학〉.

151 《시대일보》1924년 10월 27일, 〈고령 노동야학 서광〉.

152 《동아일보》1921년 4월 7일, 〈고령청년회 주최 강연회〉;《동아일보》1921년 4월 3일,
    〈고령청년회 주최로 대구 현풍 합천 초계 해인 불교의 오개청년회연합강연예정〉.

153 김형목,《교육운동》, 한국독립운동사편찬위원회·독립기념관 한국독립운동사연구소,
    2009, 244~245쪽.

154 《동아일보》1920년 8월 11일, 〈현풍청년회창립총회 개최〉;《동아일보》1921년 4월
    3일, 〈현풍청년회 미풍, 청년의 풍기개량에 노력 중〉.

155 《중외일보》1927년 3월 24일, 〈고령청년회의 중대결의 6개조〉.

156 김형목, 〈현풍청년회〉,《한국독립운동사사전》7, 독립기념관 한국독립운동사연구소,
    2004, 547쪽.

157 《동아일보》 1920년 8월 11일, 〈현풍청년회창립총회 개최〉;《동아일보》 1921년 4월 3일, 〈현풍청년회임원회개최 : 회관개수, 의연징수, 음주탐색엄금 등 결의〉;《시대일보》 1925년 5월 28일, 〈기민구제로 현풍청년활동, 동정금을 거두어서 삼면 기민구제할 터〉.

158 김형목, 〈신포청년회〉,《한국독립운동사사전》 5, 독립기념관 한국독립운동사연구소, 2004, 327~328쪽.

159 《동아일보》 1920년 8월 25일, 〈청우장학회의 순회강연회개최, 신포청년회 주최로〉;《동아일보》 1920년 9월 5일, 〈신포청년회토론회 : 여자교육이 승어남자교육이라는 문제로〉;《동아일보》 1923년 5월 22일, 〈신포청년회의 물산선전〉;《매일신보》 1924년 4월 1일, 〈급수부연맹 청우장학회의 위원 주선으로〉;《시대일보》 1926년 1월 29일, 〈청우장학회〉.

160 《동아일보》 1920년 9월 5일, 〈신포청년회 토론회〉;《동아일보》 1923년 5월 11일, 〈신포청년회의 물산선전〉.

161 《동아일보》 1920년 6월 17일, 〈희천대동청년회 설립준비〉.

162 김형목, 〈희천청년회〉,《한국독립운동사사전》 7, 독립기념관 한국독립운동사연구소, 2004, 704쪽.

163 《동아일보》 1920년 9월 24일, 〈희천천도교청년회와 대동청년회 주최 대강연회〉.

164 김형목, 〈영흥청년회〉,《한국독립운동사사전》 5, 독립기념관 한국독립운동사연구소, 2004, 585~586쪽.

165 《시대일보》 1925년 11월 25일, 〈영흥에 강연금지, 연사를 직접 데려오라고〉;《시대일보》 1926년 1월 10일, 〈혁화단 발회식 선전삐라 산포〉;《시대일보》 1926년 1월 11일, 〈혁화단 신년간친회〉;《동아일보》 1925년 12월 17일, 〈사상의 통일과 풍기의 확청을 목적으로 하는 혁화단 발단식〉;《동아일보》 1925년 12월 31일, 〈혁화단 발기회, 30일에〉.

166 《동아일보》 1921년 7월 21일, 〈영흥청년구락부급 영흥청년회연합총회개최〉;《중외일보》 1927년 5월 24일, 〈홍명학원 개교 연기〉;《중외일보》 1927년 7월 23일, 〈홍명학원 인가, 8월 중순 개교〉.

167 《시대일보》 1924년 10월 17일, 〈영흥청년회 주최, 제2회 함경축구대회〉;《시대일보》

1925년 1월 15일, 〈영흥청년회 제군들아〉;《동아일보》1925년 4월 11일, 〈제3회 함
경축구대회, 주최 영흥청년회〉;《동아일보》1925년 7월 31일, 〈영흥 현상 웅변대회〉.

168 경성지방법원 검사국, 〈신간회본부 통문의 건〉,《사상에 관한 정보철》7, 1930;《동아
일보》1927년 9월 11일, 〈신간영흥지회 발기회〉;《동아일보》1927년 9월 17일, 〈신
간 영흥지회 발기〉;《중외일보》1928년 2월 7일, 〈영흥신간 제2회 간사회〉;《중외일
보》1928년 2월 14일, 〈영흥신간 발회식 금지〉;《중외일보》1929년 3월 2일, 〈영흥
일대 석권한 수색 검거의 선풍〉.

169 박철하,《청년운동》, 한국독립운동사편찬위원회·독립기념관 한국독립운동사연구소,
2009, 46~48쪽.

170 《조선일보》1930년 12월 18일, 〈경남도연맹 성명서〉.

171 조선총독부 학무국 사회과,《지방중견청년강습회강연록》, 1933, 292쪽.

172 《조선신문》1929년 10월 1일, 〈청훈령 발포〉;《매일신보》1929년 10월 2일, 〈조선청
훈소령 일간 발포〉.

173 이현희, 〈어문연구와 문자보급운동〉,《한민족독립운동사》9, 국사편찬위원회, 1991,
338~340쪽.

174 《동아일보》1927년 1월 5~6일, 〈문맹퇴치의 실제적 방안 여하 1~2〉.

175 《동아일보》1929년 1월 8일, 〈문자보급운동, 신년부터 문맹퇴치를 실행하자〉.

176 이지원, 〈문맹퇴치운동〉,《한국독립운동사사전》4, 독립기념관 한국독립운동사연구
소, 2004, 450쪽.

177 노영택, 〈일제시기의 문맹률 추이〉,《국사관논총》51, 1994, 141~145쪽.

178 김기전, 〈귀농운동의 구체안〉,《조선농민》2-9, 조선농민사, 1926;《동아일보》1929년
3월 30일, 〈조선청년과 귀농운동〉;《동아일보》1929년 9월 12일~1930년 9월 9일, 〈귀
농운동: 새 주인이 독차지한 5년 동안의 변천, 문맹퇴치편, 농촌개조편, 소작문제편〉.

179 《조선일보》1926년 11월 2일, 〈가갸날 기념간담회 개최〉;《조선일보》1926년 11월
3일, 〈뜻있는 이는 다 오시요! 〈가갸〉날을 기념축하기 위해〉;《조선일보》1926년 11월
6일, 〈조선어연구. 훈민정음 8회갑에 당하여 조선어운동이 일신하게 된 것은 경축할
만하다〉.

180 《동아일보》 1926년 12월 7일, 〈한용운, 가갸날에 대하야〉.

181 《동아일보》 1927년 2월 21일, 〈조선어문잡지《한글》, 한글사에서 창간〉; 박걸순, 〈한 글날의 제정〉, 《국학운동》, 한국독립운동사편찬위원회·독립기념관 한국독립운동사 연구소, 2009, 78쪽.

182 《조선일보》 1929년 10월 31일, 〈31일의 한글기념, 조선어연구회원들이 가갸날 기념 으로 조선어사전편찬을 발기〉; 《조선일보》 1929년 11월 2일 〈가갸날 기념 성대, 조선 어연구회원들이 가갸날 기념으로 조선어사전편찬을 발기〉.

183 《동아일보》 1933년 8월 4일, 〈《한글맞춤법》 통일회 종료, 또 한 번 정리하야 일반에 공포, 정리위원구씨 선정〉; 배성준, 〈조선어학회〉, 《한국독립운동사사전》 6, 독립기념 관 한국독립운동사연구소, 2004, 538~539쪽.

184 《조선일보》 1930년 7월 28일, 〈문맹퇴치운동 일환으로 힌글보급반 개설〉.

185 《동아일보》 1933년 7월 27일, 〈계몽대원에게, 문명타파가의 벽어 해설〉.

186 《동아일보》 1932년 1월 9~29일, 〈사회체육의 신기원 정말체조법 연구〉; 《동아일보》 1932년 4월 16일, 〈서울 보건체조 7회 연합회〉.

187 박성의, 〈일제하 언어·문자정책〉, 《일제의 문화침탈사》, 민중서관, 1970, 291~ 293쪽.

188 《동아일보》 1931년 7월 16~23일, 〈제1회 학생하기 〈브나로드〉 운동〉; 동아일보사, 《동아일보사사》 1, 1975, 292~295쪽.

189 《동아일보》 1933년 5월 9일, 〈남녀학생에게 간고, 금하의 계몽운동에 대하여 문맹타 파효과는 오직 〈브나로드〉운동뿐〉.

190 《동아일보》 1935년 5월 15일, 〈화룡동포 문맹타파에 본사서 대본 기증, 한글공부와 일용계수법 7만 3천 부를 송부〉; 《동아일보》 1935년 7월 11일, 〈한글공부 7만부 만주 가서 〈가갸거겨〉 화룡현장으로부터 감사장〉.

191 《동아일보》 1932년 6월 16일, 〈본사 〈브나로드〉 운동: 80여 학생 총동원, 별동대의 참가원도〉; 《동아일보》 1932년 7월 5일, 〈제2회 학생하기 브나로드운동, 학생계에 총동원령〉; 《동아일보》 1932년 7월 15일, 〈각지로 출동할 학생기자대〉, 1932년 7월 19일, 〈연전 학생강연대, 호남지방 순회〉; 《동아일보》 1933년 7월 5일, 〈참가대원 천

명 돌파 대본 60만부 배부, 별동대 참가원도 답지〉; 《동아일보》 1933년 9월 7일, 〈천

오백 계몽대 활동(25)〉.

192 《동아일보》 1934년 9월 19일, 〈본사 주최 제4회 하기학생계몽운동 총결산〉; 《동아일

보》 1934년 9월 20 · 22일, 〈하기학생계몽운동 활동내용일람〉; 정세현, 《항일학생민

족운동사연구》, 일지사, 1975, 464쪽.

193 《동아일보》 1929년 2월 10일, 최현배, 〈글 장님을 없이자〉.

194 《동아일보》 1931년 7월 25일~8월 25일, 〈제1회 조선어강습회 동아일보사 주최 조선

어학회 후원〉.

195 《동아일보》 1929년 1월 1일, 〈한글보급운동〉.

196 김응조, 《천도교청년회80년사》, 천도교청년회중앙본부, 2000, 221~233쪽.

197 조기간, 《천도교청년당소사》, 천도교청년당본부, 1935, 19쪽.

198 《시대일보》 1924년 5월 21일, 〈공약장 압수, 인내천주의자의 인쇄물 3천매를〉.

199 조기간, 《천도교청년당소사》, 천도교청년당본부, 1935, 40쪽.

200 박지태, 〈조선농민사의 조직과 활동〉, 《한국민족운동사연구》 19, 한국민족운동사연구

회, 1998, 285쪽.

201 편집부, 〈조선농민약사〉, 《농민》 40, 전조선농민사, 1933.10, 29쪽.

202 《동아일보》 1930년 10월 29일, 〈대중독본(제1권) 조선농민사 발행〉; 《동아일보》

1933년 1월 11일, 〈대중독본(제3권)〉; 《중앙일보》 1933년 1월 7일, 〈신간 소개〉.

203 김기전, 《천도교청년당소사》, 천도교청년당본부, 1935, 65쪽.

204 이하준, 《항일기 국어교육》, 가톨릭대학교출판부, 2005, 77쪽.

205 公濯, 〈우리 문화와 우리 글〉, 《신인간》 71, 신인간사, 1933, 3쪽.

206 《시대일보》 1924년 4월 4일, 〈천도교에 내수단, 여자청년회 같은 것이 조직되었다〉;

《시대일보》 1924년 4월 6일, 〈천일기념식 대성황, 내수단의 발회식도 거행〉; 《중외일

보》 1926년 12월 3일, 〈정음보급의 내수단 조직, 원산천도교에서〉.

207 이성환, 〈문명퇴치용 농민독본〉, 《조선농민》, 1928년 2월호, 30쪽.

208 박순동, 〈암태도 소작쟁의〉, 《신동아》, 동아일보사, 1969년 9월호, 372~378쪽.

209 조규태, 〈조선농민사의 농민운동〉, 《천도교청년회80년사》, 천도교청년회중앙본부,

2000, 286~287쪽.

210 김형목, 〈야학운동〉, 《한국독립운동사사전》 5, 독립기념관 한국독립운동사연구소,
2004, 464쪽.

211 김형목, 〈교과목과 야학교재〉, 《교육운동》, 한국독립운동사편찬위원회 · 독립기념관
한국독립운동사연구소, 2009, 266~267쪽.

212 《매일신보》 1924년 12월 30일, 〈평양의 점원야학 강습소를 설치〉.

213 《동아일보》 1924년 8월 5일, 〈납량활동사진에 관중 3천〉.

214 《동아일보》 1922년 4월 23일, 〈인쇄직공강연〉.

215 김형목, 《교육운동》, 한국독립운동사편찬위원회 · 독립기념관 한국독립운동사연구소,
2009, 323쪽.

216 《동아일보》 1922년 10월 14일, 〈강습소연합운동〉.

217 《동아일보》 1924년 8월 31일, 〈기독교여자의 금주금연 선전〉.

218 《매일신보》 1920년 8월 23일, 〈청년회방역단 조직〉.

219 김형목, 《교육운동》, 한국독립운동사편찬위원회 · 독립기념관 한국독립운동사연구소,
2009, 325쪽.

220 윤봉길, 〈이향시〉, 매헌윤봉길전집편찬위원회 편, 《매헌윤봉길전집》, 매헌윤봉길의사
기념사업회, 2012, 54~55쪽.

221 임중빈, 《천추의열 윤봉길》, 인물연구소, 1975, 72~83쪽.

222 김상기, 《자유의 불꽃을 목숨으로 피운 윤봉길》, 역사공간, 2013, 30~31쪽.

223 김학준, 《매헌 윤봉길 평전》, 매헌윤봉길의사기념사업회, 1992, 69~71쪽.

224 김형목, 〈윤봉길의 현실인식과 농촌계몽운동〉, 《충청문화연구》 7, 2011, 147쪽.

225 임중빈, 《천추의열 윤봉길》, 인물연구소, 1975, 106쪽.

226 김상기, 《자유의 불꽃을 목숨으로 피운 윤봉길》, 역사공간, 2013, 16~18쪽.

227 김형목, 《교육운동》, 한국독립운동사편찬위원회 · 독립기념관 한국독립운동사연구소,
2009, 33~36쪽.

228 조규태, 《천도교의 문화운동론과 문화운동》, 국학자료원, 2006, 109쪽.

229 김상기, 《자유의 불꽃을 목숨으로 피운 윤봉길》, 역사공간, 2013, 39쪽.

230 김형목, 《교육운동》, 한국독립운동사편찬위원회 · 독립기념관 한국독립운동사연구소, 2009, 268~269쪽.

231 윤봉길, 〈농민과 노동자〉, 《농민의 앞길》; 매헌윤봉길전집편찬위원회 편, 《매헌윤봉길전집》, 매헌윤봉길의사기념사업회, 2012, 906쪽.

232 김형목, 〈윤봉길의 현실인식과 농촌계몽운동〉, 《충청문화연구》 7, 2011, 151쪽.

233 매헌윤봉길전집편찬위원회 편, 《매헌윤봉길전집》, 매헌윤봉길의사기념사업회, 2012, 906~907쪽.

234 매헌윤봉길전집편찬위원회 편, 《매헌윤봉길전집》, 매헌윤봉길의사기념사업회, 2012, 907쪽.

235 김형목, 〈윤봉길의 현실인식과 청년운동사상 위치〉, 《한국민족운동사연구》 33, 2002, 63쪽.

236 매헌윤봉길전집편찬위원회 편, 《매헌윤봉길전집》, 매헌윤봉길의사기념사업회, 2012, 907~908쪽.

237 김형목, 《교육운동》, 한국독립운동사편찬위원회 · 독립기념관 한국독립운동사연구소, 2009, 271쪽.

238 매헌윤봉길전집편찬위원회 편, 《매헌윤봉길전집》, 매헌윤봉길의사기념사업회, 2012, 909~910쪽.

239 김상기, 《자유의 불꽃을 목숨으로 피운 윤봉길》, 역사공간, 2013, 40~41쪽.

240 윤봉길, 〈낙심말라〉, 《농민독본》 2.

241 김형목, 《1910년 전후 야학운동의 실태와 기능》, 중앙대 박사학위논문, 2001, 9~10쪽.

242 김형목, 〈윤봉길의 현실인식과 농촌계몽운동〉, 《충청문화연구》 7, 2011, 155쪽.

243 매헌윤봉길전집편찬위원회 편, 《매헌윤봉길전집》, 매헌윤봉길의사기념사업회, 2012, 914~916 · 936쪽.

244 매헌윤봉길의사기념사업회, 〈월진회가〉, 《매헌윤봉길의사유고》, 1974.

245 매헌윤봉길전집편찬위원회 편, 《매헌윤봉길전집》, 매헌윤봉길의사기념사업회, 2012, 936쪽.

246 박용옥, 〈윤봉길의사의 농촌운동〉, 《한국인물사연구》 13, 2009, 315쪽.

247 김형목, 〈윤봉길의 현실인식과 청년운동사상 위치〉,《한국민족운동사연구》33, 한국
민족운동사연구회, 2002, 63쪽.

248 김형목,《1910년 전후 야학운동의 실태와 기능》, 중앙대 박사학위논문, 2001, 166~
168쪽.

249 김학준,《매헌 윤봉길 평전》, 매헌윤봉길의사기념사업회, 1992, 155쪽.

250 김상기,《자유의 불꽃을 목숨으로 피운 윤봉길》, 역사공간, 2013, 43쪽.

251 임중빈,《천추의열 윤봉길》, 인물연구소, 1975, 210~211쪽.

252 김형목, 〈윤봉길의 현실인식과 농촌계몽운동〉,《충청문화연구》7, 충남대 충청문화연
구소, 2011, 158쪽.

253 김상기,《자유의 불꽃을 목숨으로 피운 윤봉길》, 역사공간, 2013, 46~48쪽.

254 김형목, 〈윤봉길의 현실인식과 농촌계몽운동〉,《충청문화연구》7, 2011, 159쪽.

255 《조선중앙일보》1935년 3월 3일, 〈썩은 한 개의 밀알, 브나로드의 선구자 고최용신양
일생 1〉.

256 《매일신보》1913년 5월 13일, 〈최근의 평남, 모범과수원〉;《동아일보》1938년 5월
7일, 〈사십년간 연구결정인 학농원임금주 세계적으로 진출〉.

257 김형목, 〈최용신 현실인식과 농촌계몽운동〉,《사학연구》88, 2007, 950~951쪽.

258 홍석창,《농촌계몽운동의 선구자 최용신양의 신앙과 사업》, 세헌, 1984, 142쪽.

259 《동아일보》1930년 1월 28일, 〈원산 루씨여학교생 300여 명이 청년학관생과 합류하여〉.

260 《중외일보》1928년 4월 7일, 〈원산루씨여고 데이회 졸업〉.

261 김형목, 〈최용신 현실인식과 농촌계몽운동〉,《사학연구》88, 2007, 953쪽.

262 김형목,《최용신, 소통으로 이상촌을 꿈꾸다》, 도서출판 선인, 2016, 40~41쪽.

263 홍석창,《농촌계몽운동의 선구자 최용신양의 신앙과 사업》, 세헌, 1984, 110~112쪽.

264 한국YMCA연합회, 〈제9회 정기대회〉,《대한여자기독교청년회연합회회의록》, 1932.

265 일기자, 〈영원 불멸의 명주, 고최용신양의 밟아온 업적의 길, 천곡학원을 찾아서〉,
《신가정》, 1935년 5월호, 103쪽.

266 최용신, 〈나의 소감〉,《푸른하늘》, 고베여자신학교, 1935.

267 김형목, 〈최용신 현실인식과 농촌계몽운동〉,《사학연구》88, 2007, 956쪽.

268 《조선중앙일보》 1935년 3월 4일, 〈썩은 한 개의 밀알, 브나로드의 선구자 고최용신의 일생 2〉.

269 김형목, 〈최용신 현실인식과 농촌계몽운동〉, 《사학연구》 88, 2007, 957쪽.

270 유달영, 《최용신양의 생애》, 아데네사, 1956, 127~129쪽.

271 김형목, 《최용신, 소통으로 이상촌을 꿈꾸다》, 도서출판 선인, 2016, 31~32쪽.

272 《시대일보》 1924년 12월 12일, 〈두호구락기념식〉; 《시대일보》 1926년 1월 12일, 〈두호구락부 정기총회〉.

273 《시대일보》 1927년 8월 13일, 〈남녀유학생 토론대회 개최〉; 《시대일보》 1927년 8월 21일, 〈덕원유학생 토론회 성황〉.

274 김형목, 〈최용신 현실인식과 농촌계몽운동〉, 《사학연구》 88, 2007, 960쪽.

275 《조선일보》 1928년 4월 1일, 〈새봄마저 교문 나스는 재원들〉.

276 김형목, 〈최용신 현실인식과 농촌계몽운동〉, 《사학연구》 88, 2007, 963쪽.

277 부인기자, 〈전위여성단체의 진용 3, 조선여자기독연합회〉, 《삼천리》 4-1, 1932, 98~99쪽.

278 류달영, 《농촌계몽의 선구여성 최용신소전》, 성서조선사, 1939, 31쪽.

279 김형목, 《교육운동》, 한국독립운동사편찬위원회·독립기념관 한국독립운동사연구소, 2009, 55쪽.

280 김명옥, 《백년을 앞선 선각자 최용신의 외로운 진실》, 책과나무, 2017, 86~87쪽.

281 홍인애, 〈민족독립운동가로서 최용신생애와 사상 연구〉, 《한국독립운동사연구》 19, 1998, 91쪽.

282 《조선중앙일보》 1935년 3월 3일, 〈썩은 한 개의 밀알, 브나로드의 선구자 최용신양 일생 2〉.

283 김형목, 《최용신, 소통으로 이상촌을 꿈꾸다》, 도서출판 선인, 2016, 77쪽.

284 《조선중앙일보》 1935년 3월 4일, 〈썩은 한 개의 밀알, 브나로드의 선구자 최용신양 일생 완〉; 김형목, 〈최용신 유언장〉, 《관보》 7월호, 독립기념관, 2006, 13쪽.

285 김형목, 《최용신, 소통으로 이상촌을 꿈꾸다》, 도서출판 선인, 2016, 87쪽.

286 김명옥, 《백년을 앞선 선각자 최용신의 외로운 진실》, 책과나무, 2017, 121~122쪽.

287 윤정란, 《한국기독교 여성운동의 역사》, 국학자료원, 2003, 101~104쪽.

288 김형목, 〈최용신 현실인식과 농촌계몽운동〉, 《사학연구》 88, 2007, 970쪽.

289 김명옥, 《백년을 앞선 선각자 최용신의 외로운 진실》, 책과나무, 2017, 108~111쪽.

290 김형목, 〈최용신 현실인식과 농촌계몽운동〉, 《사학연구》 88, 2007, 971쪽.

291 김형목, 〈최용신 현실인식과 농촌계몽운동〉, 《사학연구》 88, 2007, 972쪽.

292 김명옥, 《백년을 앞선 선각자 최용신의 외로운 진실》, 책과나무, 2017, 133~135쪽.

4. 일본어 상용화에 부응하다

1   《관보》 1938년 2월 26일, 〈육군특별지원병령(4월 3일 시행)〉; 《동아일보》 1938년 2월 23일, 〈육군특별지원병령 금일 관보로 정식공포 내4월 3일로 실시할터〉.

2   정재철, 《일제의 대한국식민교육정책사》, 일지사, 1985, 420~421쪽.

3   김형목, 〈식민지 교육정책과 경기도 내 교육실태〉, 《경기도사》 7, 경기도사편찬위원회, 2006, 71~72쪽.

4   유봉호, 《한국교육과정사 연구》, 교학연구사, 1992, 169쪽.

5   《동아일보》 1938년 3월 11일, 〈청년훈련소 지도자강습회〉; 《동아일보》 1940년 1월 21일, 〈금명년에 청년훈련소 천칠백개소를 설치 내입오육일 각도학무과장회의개최 신년도 신규예산은 입팔만원〉; 《동아일보》 1940년 6월 27일, 〈청년훈련소관계자 협의회개최 경기도에서〉; 《동아일보》 1940년 7월 19일, 〈청년훈련소를 확충명년까지 이천사백개소증설 씩씩한 십만청년양성〉.

6   김형목, 〈서울의 민족교육운동〉, 《서울항일독립운동사》, 서울특별시사편찬위원회, 2009, 637쪽.

7   정재철, 《일제의 대한국식민교육정책사》, 일지사, 1985, 463~464쪽.

8   《매일신보》 1944년 8월 24일, 〈근로가 곳 교육 학도근로령, 조선에도 적용방침〉.

9   김형목, 〈식민지 교육정책과 경기도 내 교육실태〉, 《경기도사》 7, 경기도사편찬위원회, 2006, 73쪽.

10 《부산일보》 1939년 8월 12일, 〈수용 1만 명 학도대의 수련도장 지방에도 소 도장 설치〉: 《부산일보》 1941년 5월 23일, 〈오늘 남빈 빗속의 장관, 청소년학도대 칙어봉재 기념식〉: 《동아일보》 1939년 9월 17일, 〈학도대안에 청년단은 반대〉.

11 김형목, 〈서울의 민족교육운동〉, 《서울항일독립운동사》, 서울특별시사편찬위원회, 2009, 638쪽.

12 김형목, 〈식민지 교육정책과 경기도 내 교육실태〉, 《경기도사》 7, 경기도사편찬위원회, 2006, 74쪽.

13 평안남도, 〈소화 17년 4월 도지사 훈시 요지〉, 1942.

14 최유리, 《일제 말기 식민지 지배정책연구》, 국학자료원, 1997, 153쪽.

15 조선총독부, 《조선총독부 조사월보》 9-7 · 10-6 · 11-6, 1938 · 1939 · 1940.

16 조선총독부, 《조선총독부 조사월보》 11-6, 1940, 53~54쪽.

17 《자유신문》 1945년 10월 9일, 〈주시경 선생의 훈업, 세종 이후 우리글의 거인〉.

18 《황성신문》 1907년 1월 12일 잡보, 〈국문연구회취지서〉: 김형목, 《대한제국기 야학운동》, 경인문화사, 2005, 117~119쪽.

19 김성준, 《일제강점기 조선어 교육과 조선어 말살정책》, 경인문화사, 2010, 172~174쪽.

20 《조선중앙일보》 1934년 8월 15일~8월 24일, 〈한글의 지지와 수정, 조선어학회의 한글맞춤법통일안에 대하여 1~완〉.

21 《동아일보》 1937년 6월 11일, 〈안도산도 소환, 동우회사건확대〉: 《국민보》 1938년 4월 20일, 〈수양단의 비참한 액화〉.

22 《동아일보》 1938년 12월 25일, 〈수양동우회 관계자가 사천원헌금〉.

23 이지원, 〈조선어학회사건〉, 《한국독립운동사사전》 6, 독립기념관 한국독립운동사연구소, 2004, 543~545쪽.

24 김성준, 《일제강점기 조선어 교육과 조선어 말살정책》, 경인문화사, 2010, 180쪽.

25 독립운동사편찬위원회, 《독립운동사》 8, 1980, 1011~1012쪽.

참고문헌

자료

신문과 잡지

《개벽》《경남일보》《경성일보》《경향신문》《공제》《교남교육회잡지》《교육월보》《국민신보》《기독신보》《기호흥학회월보》《농민》《농민독본》《대동공보》《대동보》《대동학회월보》《대조선독립협회회보》《대한매일신보》(국한문혼용판)《대한매일신보》(한글판)《대한민보》《대한유학생회학보》《대한자강회월보》《대한학회월보》《대한협회월보》《대한흥학보》《독립신문》《동명》《동아일보》《만세보》《매일신보》《문교의조선》《반도시론》《별천지》《삼천리》《서북학회월보》《서우》《시대일보》《시사총보》《신가정》《신여성》《신한민보》《야뢰》《어린이》《여즈지남》《제국신문》《조선일보》《조선중앙일보》《중외일보》《친목회회보》《태극학보》《한성순보》《한성주보》《해조신문》《협성회회보》((매일신문))《형평》《호남학보》《황성신문》

기타 자료

《각사등록》《고종실록》《관보》《승정원일기》《일성록》

〈公廨貸與請議書〉,《奏本》136책과 140책(규장각17703)
국사편찬위원회,《한국독립운동사 자료편》, 1968-1974
_____,《고종시대사》1-6, 탐구당, 1967-1972
_____,《대한제국관원이력서》, 신구문화사, 1972

_____,《통감부문서》(영인본), 1985

_____,《한민족독립운동사자료집》, 1988-2006

독립운동사편찬위원회,《독립운동사자료집》, 1972-1978

송병기,《통감부법령자료집》, 국회도서관, 1973

송병기·박용옥·박한설,《한말근대법령자료집》, 국회도서관, 1970-1972

안용식,《대한제국관료사연구》, 연세대 사회과학연구소, 1994-1996

이인섭,《원한국일진회역사》, 문명사, 1911

한국여성연구소,《한국여성관계자료집(근대편)》, 이화여대출판부, 1974

한국학문헌연구소,《한국개화기교과서총서》, 아세아문화사, 1977

학부,《한국교육의 현상》, 1909

일본외무성,《일본외교문서》21

경성일보사,《韓國近現代史人名錄》, 1942

牧山耕藏,《朝鮮紳士名鑑》, 일본전보통신사, 1910

細井肇,《現代漢城の風雲と名士》, 일한서방, 1910

조선총독부,《조선총독부시정연보》, 국학자료원, 1984

_____,《조선총독부통계연보》, 국학자료원, 1982

_____,《조선국세조사보고》, 국학자료원, 1930·1935

_____,《朝鮮人の思想と性格》, 1927

_____,《朝鮮の保護及併合》, 1917

조선총독부학무국,《현행조선교육법규》, 1942

朝鮮總督府內務部學務局學務課,《京城府私立學校現狀一斑》, 1910

金正明,《日韓外交資料集成》(영인본), 엄남당, 1983

大村友之丞,《朝鮮貴族列傳》, 조선총독부인쇄국, 1910

渡部學·阿部洋 編,《日本植民地教育政策資料集成(朝鮮編)》, 龍溪書舍, 1991

王揚濱萬葆元,《朝鮮調查記》, 1915; 全國圖書館文獻縮微復制中心,《朝鮮調查記》,

　　　　國家圖書館藏歷史檔案文獻總刊, 2004에 재수록

문집

김윤식, 《속음청사》, 국사편찬위원회, 1960

단재신채호전집간행위원회, 《단재신채호전집》, 형설출판사, 1975

단재신채호전집편찬위원회, 《단재신채호전집》, 한국독립운동사연구소, 2007

매헌윤봉길전집편찬위원회, 《매헌윤봉길전집》, 매헌윤봉길의사기념사업회, 2012

민영환, 《海天秋帆》(독립기념관 소장)

단국대학교 동양학연구소 편, 《박은식전서》, 1975

백암박은식선생전집편찬위원회, 《백암박은식전집》, 동방미디어, 2002

옥파문화재단옥파기념사업회, 《옥파이종일선생논설집》, 교학사, 1984

유길준, 《노동야학독본》, 경성일보사, 1909

유길준전서편찬위원회 편, 《유길준전서》, 일조각, 1971

이기문 편, 《주시경전집》, 아세아문화사, 1975

장지연전서간행위원회, 《장지연전서》, 단국대출판부, 1983

정교, 《대한계년사》, 국사편찬위원회, 1957

단행본

강동진, 《일제의 한국침략정책사》, 한길사, 1980

경기도사편찬위원회, 《경기도항일독립운동사》, 1995

고려대 교육사철학연구회 편, 《민족교육의 사상사적 조망》, 집문당, 1994

국사편찬위원회, 《한국사론》 25~26, 1995

권대웅, 《1910년대 국내독립운동》, 한국독립운동사편찬위원회 독립기념관 한국독립운사
　　　연구소, 2008

기독교야학연합회, 《민중야학의 이론과 실천》, 풀빛, 1985

김경미, 《한국 근대교육의 형성》, 혜안, 2009

김경일, 《일제하 노동운동사》, 창작과비평사, 1992

김명옥, 《백년을 앞선 선각자 최용신의 외로운 진실》, 책과나무, 2017

김민환 역, 《일제하 문화적 민족주의》, 나남, 1990

김봉희, 《한국 개화기 서적문화 연구》, 이화여대출판부, 1999

김상기, 《윤봉길》, 역사공간, 2013

김성준, 《일제강점기 조선어 교육과 조선어 말살정책 연구》, 경인문화사, 2010

김옥근, 《조선왕조재정사연구》 4, 일조각, 1992

김쾌상 외 역, 《민중교육론》, 한길사, 1979

김태웅, 《우리 학생들이 나아가누나》, 서해문집, 2006

김학준, 《매헌 윤봉길 평전》, 매헌윤봉길의사기념사업회, 1992

김형목, 《1910년 전후 야학운동의 실태와 기능》, 중앙대 박사학위논문, 2001

_____, 《대한제국기 야학운동》, 경인문화사, 2005

_____, 《교육운동》, 한국독립운동사편찬위원회 · 독립기념관 한국독립운동사연구소, 2009

_____, 《김광제, 나랏빚 청산이 독립국가 건설이다》, 도서출판 선인, 2012

_____, 《대한제국기 충청지역 근대교육운동》, 도서출판 선인, 2016

_____, 《최용신, 소통으로 이상촌을 꿈꾸다》, 도서출판 선인, 2016

_____, 《일본어만능시대와 1910년대 국어강습회》, 경인문화사, 2015

_____, 《대한제국기 경기도의 근대교육운동》, 경인문화사, 2016

김형목 · 윤소영 · 이명화 공저, 《일제강점기 한국 초등교육의 실태와 그 저항》, 역사공간, 2016

김형윤, 《마산야화》, 태화출판사, 1973

김호일 편저, 《한국 근현대이행기 민족운동》, 신서원, 2000

노영택, 《일제하 민중교육운동사》, 탐구당, 1979

_____, 《한말 국민국가건설과 국민교육》, 신서원, 2000

대구가톨릭대학교 안중근연구소 편, 《도마 안중근》, 도서출판 선인, 2017

독립운동사편찬위원회, 《독립운동사》 8, 독립유공자사업기금운용위원회, 1970.

류달영, 《농촌계몽의 선구여성 최용신소전》, 성서조선사, 1939

리종현, 《조선부르죠아민족운동사》, 사회과학출판사, 2010

박득준, 《조선교육사》 2, 사회과학출판사, 1995

_____, 《조선근대교육사》(영인본), 한마당, 1987

박용규, 《우리말·우리역사 보급의 거목: 이윤재》, 역사공간, 2013

박용옥, 《한국근대여성운동사연구》, 한국정신문화연구원, 1984

_____, 《여성운동》, 한국독립운동편찬위원회·독립기념관 한국독립운동사연구소, 2009

박찬승, 《한국근대정치사상사연구》, 역사비평사, 1992

손인수, 《한국근대교육사》, 연세대출판부, 1971

신용하, 《박은식의 사회사상연구》, 서울대출판부, 1982

_____, 《한국민족독립운동사연구》, 을유문화사, 1985

오성철, 《식민지 초등교육의 형성》, 교육과학사, 2000

오영교·왕현종, 《원주독립운동사》, 원주시, 2005

유동준, 《유길준전》, 일조각, 1987

유영렬, 《대한제국기의 민족운동》, 일조각, 1987

_____, 《애국계몽운동 1》, 한국독립운동사편찬위원회·독립기념관 한국독립운동사연구소, 2007

윤건차 저, 심성보 역, 《한국근대교육의 사상과 운동》, 청사, 1987

윤병희, 《유길준연구》, 국학자료원, 1998

윤완, 《대한제국말기 민립학교의 교육활동연구》, 도서출판 한결, 2001

윤정란, 《한국기독교 여성운동의 역사》, 국학자료원, 2003

이만규, 《조선교육사》 하, 을유문화사, 1949

이만열, 《한국기독교문화운동사》, 대한기독교출판사, 1986

이승원, 《학교의 탄생》, 휴머니스트, 2005

이용창, 《동학·천도교단의 민회설립운동과 정치세력화 연구(1896~1906)》, 중앙대 박사학위논문, 2004

임중빈, 《천추의열 윤봉길》, 인물연구소, 1975.

정백수, 《한국근대의 식민지체험과 이중언어문학》, 아시아문화사, 2000

정재철, 《일제의 대한국식민지교육정책사》, 일지사, 1985

중동학원 편, 《중동백년사》 1, 2007

차기벽 편, 《일제의 한국식민통치》, 정음사, 1985

천도교청년회중앙본부, 《천도교청년회 80년사》, 2000

천성호, 《한국야학운동사》, 학이시습, 2009

천화숙, 《한국 여성기독교사회운동사》, 혜안, 2000

최경봉, 《한글 민주주의》, 책과함께, 2012

최기영, 《한국근대애국계몽운동》, 일조각, 1997

한국독립운동사연구소, 《한국독립운동사사전》 3-7, 한국독립운동사연구소, 2004

한규무, 《일제하 한국기독교 농촌운동, 1925~1937》, 한국기독교역사연구소, 1997

한상권, 《차미리사 평전》, 푸른역사, 2008

한완상·허병섭 외, 《한국민중교육론》, 학민사, 1985

허재영, 《통감시대 어문 교육과 교과서 침탈의 역사》, 도서출판 경진, 2010

_____, 《일제강점기 어문 정책과 어문 생활》, 도서출판 경진, 2011

홍석창, 《농촌계몽운동의 선구자 최용신의 신앙과 사업》, 세헌, 1984

황공률, 《조선근대애국문화운동사》, 과학백과사전종합출판사, 1990

高橋濱吉, 《朝鮮教育史考》, 제국지방행정학회, 1927

古川宣子, 《日帝時代 普通學校 體制의 形成》, 서울대박사학위논문, 1996

古川昭 저, 이성옥 역, 《구한말 근대학교의 형성》, 경인문화사, 2006

弓削幸太郎, 《朝鮮の教育》, 自由討究社, 1923

大野謙一, 《朝鮮教育問題管見》, 조선교육회, 1938

渡部學, 《朝鮮教育史》, 講談社, 1975

稻葉繼雄, 《舊韓末「日語學校」の研究》, 九州大學出版會, 1997

───, 《舊韓國の教育と日本人》, ふるかわつばん出版, 1999

森田芳夫, 《韓國における國語·國史教育》, 原書房, 1987

桑村寬, 《近代の教育と夜學校》, 明石書店, 1983

佐藤由美, 《植民地教育政策の研究(朝鮮 1905~1911)》, 2000

幣原坦, 《朝鮮教育論》, 六盟館, 1919

논문

강동진, 〈일제지배하의 노동야학〉, 《역사학보》 46, 1970

강재순, 〈한말 유길준의 실업활동과 노동관〉, 《역사와 경계》 50, 2004

강정숙, 〈일제하 안동지방의 농민운동에 관한 연구〉, 《한국근대농촌사회와 농민운동》, 열음사, 1988

고영근, 〈개화기의 국어연구단체와 국어보급활동〉, 《한국학보》 30, 1983

권태억, 〈1904~1910년 일제의 한국침략 구상과 '시정개선'〉, 《한국사론》 31, 1994

김민남·조정봉, 〈1930년대 칠곡지역 야학 재발견〉, 《중등교육연구》 42, 1998

김성은, 〈1920~30년대 차미리사의 현실인식과 여자교육활동〉, 《중앙사론》 36, 2012

김중섭, 〈일제 식민 통치와 주민 교육 운동〉, 《설화와 의식의 사회사》, 1995

김창수, 〈문화운동연구의 현단계와 과제〉, 《한민족독립운동사》 12, 1993

김형목, 〈사립흥화학교(1898~1911)의 교육교육사상 위치〉, 《백산학보》 50, 1998

_____, 〈한말 경기지역 야학운동의 배경과 실태〉, 《중앙사론》 10·11, 1999

_____, 〈1906~1910년 서울지역 야학운동의 전개 양상과 실태〉, 《향토서울》 59, 1999

_____, 〈자강운동기 평안도지방 '야학운동'의 실태와 성격〉, 《한국민족운동사연구》 22, 1999

_____, 〈1920년대 전반기 경기도 야학운동의 실태와 기능〉, 《한국독립운동사연구》 13, 1999

_____, 〈한말·1910년대 여자야학의 성격〉, 《중앙사론》 14, 2000

_____, 〈1910년대 야학의 실태와 성격 변화〉, 《국사관논총》 94, 2000

_____, 〈1920년대 전반기 서울지역 야학운동의 분화·발전과 성격〉, 《중앙우수논문집》 2, 중앙대 대학원, 2000

_____, 〈한말 해서지방 야학운동의 실태와 운영주체〉, 《백산학보》 61, 2001

_____, 〈자료소개, 야학 교사 임대에 관한 문서〉, 《한국근현대사연구》 21, 2002

_____, 〈야학운동의 의의와 연구동향〉, 《사학연구》 61, 2002

_____, 〈윤봉길의 현실인식과 청년운동사상 위치〉, 《한국민족운동사연구》 33, 2002

_____, 〈한말 충청도 야학운동의 주체와 이념〉,《한국독립운동사연구》18, 2002

_____, 〈한말 국문야학 성행 배경과 성격〉,《한국독립운동사연구》20, 2003

_____, 〈대한제국기 인천지역 근대교육운동 주체와 성격〉,《인천학연구》3, 2004

_____, 〈자료 해제, 노백린장군 실기〉,《한국독립운동사연구》22, 2004

_____, 〈한말 야학운동의 기능과 성격〉,《중앙사론》21, 2005

_____, 〈식민지 교육정책과 경기도내 교육실태〉,《경기도사(일제강점기)》7, 2005

_____, 〈일제강점 초기 개량서당의 기능과 성격〉,《사학연구》78, 2005

_____, 〈대한제국 초기(1896~1905년) 야학 현황과 성격〉,《한국민족운동사연구》45, 2006

_____, 〈대한제국기 경기도 야학운동의 성격〉,《덕봉오환일교수정년기념 사학논총》, 2006

_____, 〈1910년대 경기도의 일어보급과 국어강습회〉,《동양학》39, 2006

_____, 〈최용신의 현실인식과 농촌계몽운동〉,《사학연구》88, 2007

_____, 〈1920년대 인천지역 야학운동 현황과 성격〉,《인천학연구》8, 2008

_____, 〈식민교육정책과 교육제도〉,《충남도사》9, 2008

_____, 〈서울의 민족교육운동〉,《서울항일독립운동사》, 서울특별시사편찬위원회, 2009

_____, 〈3·1운동 이전 진주지역의 야학운동〉,《숭실사학》22, 2009

_____, 〈한말 경남지방 야학운동의 전개양상과 운영주체〉,《한국민족운동사연구》63, 2010

_____, 〈한말 호남지방 야학운동과 사회교육적 성격〉,《전북사학》39, 2011

_____, 〈윤봉길의 현실인식과 농촌계몽운동〉,《충청문화연구》7, 2011

_____, 〈안중근의 국내 계몽활동과 민족운동사상 위상〉,《숭실사학》29, 2012

_____, 〈한말 충북지역의 국권회복운동〉,《역사와 담론》68, 2013

_____, 〈한국 문화의 우수성과 일제침략 만행을 세계에 알리다, 헐버트〉,《기록IN》29, 국가기록원, 2014.

_____, 〈일제강점기 홍성의 근대교육운동〉,《홍성의 근대교육 백년대계》, 홍주성역사관, 2014

_____, 〈대한제국기 물장수야학의 근대교육사에서 위상〉,《숭실사학》37, 2016

_____, 〈자료소개, 함경북도 경성의 사립합일학교유지계〉,《한국경기도사》7, 2005

_____, 〈한말 안산지역 근대교육운동의 역사적 성격〉, 《이것이 안산이다》 Ⅷ, 안산학연구원, 2017

_____, 〈내포의 애국계몽운동〉, 《내포의 한말의병과 독립운동》, 충청남도역사문화연구원, 2017.

김형태, 〈민중야학운동의 전개〉, 《계촌민병하교수정년기념 사학논총》, 1988

노영택, 〈일제시기의 문맹률 추이〉, 《국사관논총》 51, 1994

박철하, 〈1920년대 전반기 사회주의 청년운동과 고려공산청년회〉, 《역사와현실》 9, 1993

배민재, 〈1910년대 조선총독부 임시은사금사업의 운영방향과 그 실제〉, 《한국사론》 55, 2009

손인수, 〈일제 식민지 교육정책의 성격〉, 《일제하 교육이념과 그 성격》, 한국정신문화연구원, 1986

신용하, 〈우리나라 최초의 근대학교의 설립에 대하여〉, 《한국사연구》 10, 1974

안건호, 〈1920년대 전반기 청년운동의 전개〉, 《한국근현대청년운동사》, 풀빛, 1995

오영섭, 〈한말 관동학회 결성과 활동〉, 《한국독립운동사연구》 36, 2010

윤종문, 〈하와이 한인중앙학원의 설립과 운영〉, 《사학연구》 88, 2007

이광린, 〈육영공원의 설치와 그 변천〉, 《한국개화사연구》, 일조각, 1989

이광로·전명기, 〈식민지교육과 민족교육〉, 《한국사》 14, 한길사, 1994

이상찬, 〈1906~1910년의 지방행정제도 변화와 지방자치논의〉, 《한국학보》 42, 1986

이현희, 〈어문연구와 문자보급운동〉, 《한민족독립운동사》 9, 국사편찬위원회, 1991

이훈상, 〈구한말 노동야학의 성행과 유길준의 '노동야학독본'〉, 《두계이병도박사구순기념 한국사학논총》, 지식산업사, 1987

장석홍, 〈일제의 식민지 언론정책과 총독부기관지 《매일신보》의 성격〉, 《한국독립운동사연구》 6, 1992

전재관, 〈한말 애국계몽단체 지회의 분포와 구성〉, 《숭실사학》 10, 1999

정숭교, 〈대한제국기 지방학교의 설립주체와 재정〉, 《한국문화》 22, 1998

정재철, 〈교육정책〉, 《한민족독립운동사》 5, 국사편찬위원회, 1989

정중환, 〈박영효 상소문(자료)〉, 《아세아학보》 1, 1965

정창렬, 〈한말의 역사의식〉, 《한국사학사의 연구》, 을유문화사, 1985

정충실, 〈통영청년단의 순회상영과 관객의 영화관람(1921~1923)〉, 《정신문화연구》 139, 한국학중앙연구원, 2015

조동걸, 〈1910년대 민족교육과 그 평가상의 문제〉, 《한국학보》 6, 1977

_____, 〈조선농민사의 농민운동과 농민야학〉, 《한국사상》 16, 1978

조정봉, 〈일제하 야학의 갈등구조에 대한 교육사적 연구〉, 《교육철학》 13, 1995

_____, 〈일제하 야학교재 《농민독본》과 《대중독본》의 체제와 내용〉, 《정신문화연구》 109(30-4), 2007.

조종섭, 〈일제하 대전지역 사회운동〉, 공주대석사학위논문, 1998

지수걸, 〈일제의 군국주의 파시즘과 '농촌진흥운동'〉, 《역사비평》 47, 1999

차석기, 〈일제하 노동야학을 통한 민족주의 교육의 전개〉, 《교육논총》, 1987

천화숙, 〈일제하 조선여자기독교청년연합회의 여성운동〉, 《실학사상연구》 9, 1997

최근식, 〈일제시대 야학운동의 규모와 성격〉, 《사총》 46, 1997

최석규, 〈1930년대 전반기 민중교육운동〉, 《한국학연구》 6·7, 1996

한기언, 〈일제의 동화정책과 한민족의 교육적 저항〉, 《일제의 문화침탈사》, 정음사, 1970

한상권, 〈일제강점기 차리미사의 민족교육운동〉, 《한국독립운동사연구》 16, 2001

홍인애, 〈민족독립운동가 최용신의 생애와 사상 연구〉, 《한국민족운동사연구》 19, 1998

永島廣紀, 〈일진회의 일어학교에 대한 고찰〉, 《한일관계사연구》 7, 1997

石川武敏, 〈1920年代朝鮮における民族敎育の一斷面－夜學運動について－〉, 《北大史學》 21, 北大史學會, 1981

_____, 《東亞日報》にみられる夜學に關する一覽表(1920~1928)〉, 《史朋》 14, 北海道大學文學部東洋史談話會, 1982

찾아보기